民航专业融媒体系列教材

客舱应急处置教程

李娜 张菁 周莉南 孙芮 主编

U0361204

清华大学出版社

北京

内 容 简 介

本书根据飞机上不同的应急情况处置进行编写，分为应急设备、烟雾和起火处置、释压处置、颠簸处置、撤离处置、求生、高原运行、危险品处置八个项目，主要以客舱乘务员在应急情况下所必须掌握的应急处置程序为主要内容，着重于理论与实训相结合，通过案例导入、项目驱动，培养学习者的实践性与应急能力。

本书包括大量案例和知识拓展，并引入本学科新发展教研成果，可作为空中乘务专业本（专）科学生的课堂教学用书，也可作为民航企业及各培训机构的空乘人员岗前培训教材。

图书在版编目（CIP）数据

客舱应急处置教程/李娜等主编.—北京：清华大学出版社，2022.7（2025.2 重印）
民航专业融媒体系列教材
ISBN 978-7-302-60786-1

Ⅰ.①客… Ⅱ.①李… Ⅲ.①民用航空－旅客运输－客舱－突发事件－处理－教材 Ⅳ.①F560.82

中国版本图书馆 CIP 数据核字（2022）第 075853 号

责任编辑：杜　晓
封面设计：常雪影
责任校对：刘　静
责任印制：宋　林

出版发行：清华大学出版社
　　　　　网　　　址：https://www.tup.com.cn, https://www.wqxuetang.com
　　　　　地　　　址：北京清华大学学研大厦A座　　　　　邮　　编：100084
　　　　　社 总 机：010-83470000　　　　　邮　　购：010-62786544
　　　　　投稿与读者服务：010-62776969，c-service@tup.tsinghua.edu.cn
　　　　　质量反馈：010-62772015，zhiliang@tup.tsinghua.edu.cn
　　　　　课件下载：https://www.tup.com.cn, 010-83470410
印 装 者：三河市龙大印装有限公司
经　　销：全国新华书店
开　　本：185mm×260mm　　　印　　张：15.5　　　字　　数：354千字
版　　次：2022年9月第1版　　　　　　　　　　印　　次：2025年2月第3次印刷
定　　价：59.00元

产品编号：091158-01

客舱安全是飞行安全的重要组成部分，对于民航整体安全水平具有直接影响。中国民用航空总局的咨询通告中明确定义了客舱乘务员：客舱乘务员是保障飞机运行安全的人员之一，主要职责是保证客舱安全。在出现严重危及人身安全和财产安全的紧急情况时，客舱乘务员应及时进行有效的处置、降低风险，尽可能减少机上乘员的伤亡，包括发生事故时组织旅客撤离飞机。客舱应急处置是乘务专业的核心内容，目的是培养能够在客舱紧急情况下进行妥善应急处置的专业技能型人才。针对目前空乘教材偏重理论知识的编写而缺乏实训内容的现状，本书以"实用、够用"为主旨，强化实训的教学环节，提高学生的动手实践能力，加强学生的职业安全意识和团队协作能力，也为兄弟院校的创新和个性化教学提供素材。

本书依据空乘岗位要求与职业能力、航空公司岗前培训课程体系、民航乘务员五级和四级职业技能鉴定设计内容，将最新实践经验和专业成果融入教材，将团结合作、民航精神、"三个敬畏"贯穿在内容中，与企业实际培训内容有很大的契合度，可提高学生入职学习的效率和考核通过率，使专业设置与行业需求无缝对接，人才培养目标与岗位技能要求零距离吻合。本书编写组根据空乘专业标准，结合机上典型的特情处置，将教材内容整合成应急设备、烟雾和起火处置、释压处置、颠簸处置、撤离处置、求生、高原运行、危险品处置八个项目。采用"案例导入—知识点—任务实施—任务考核"的结构方式，并配有考核单，以真实的特情任务为驱动，帮助学生在生动的情境中将理论知识运用到实际操作中，培养学生迅速判断、解决问题、高效合作的能力。本书项目一"应急设备"中，考虑特定机型差异，带有 * 的设备可以作为选学内容。

本书的主要特色如下。

（1）本书为新形态教材，以国家职业标准为依据，以典型工作任务为载体，以学生为中心，以培养职业能力为主线，将探究学习、与人交流、与人合作、解决问题、创新能力的培养贯穿教材始终，更强调对职业的针对性和职业技能的培养，空乘专业的学生在掌握必需的文化基础知识和专业基础知识的同时，重点掌握从事本专业领域实际工作的基本技能。

（2）本书按照"以学生为中心、学习成果为导向、促进自主学习"的思路进行教材开发设计，教材内容与职业标准对接，结合实训和相关案例，充分激发学生的学习热情，提高教学效果。

（3）本书旨在体现客舱安全的重要性。空乘专业的学生通过对专业理论基础知识的学习，加强其安全服务的理念，具备良好的职业道德和敬业精神。

（4）本书内容侧重于技能的培养，通过角色扮演、情景模拟灭火、释压、颠簸等处置程序，让学生在完成任务的同时，循序渐进，实现必要知识的积累、动手能力的实践。一方面加强学生的职业安全意识和团队协作能力，另一方面克服了部分学生在面对危急情况的畏惧心理，提高学生岗位任职能力。

（5）本书由四位来自不同院校空乘专业的资深"双师型"教师编写，将最新实践经验和专业成果融入教材，引进素质教育理念，打造教材特色。

（6）遵循新型教学与专业课程打造理念，结合民航国际化特点，力求创新、务实、与时俱进，从而达到与企业无缝隙衔接。

本书编写组成员具有航空公司乘务飞行工作经历和多年的教学经验。李娜，上海民航职业技术学院教师，曾为南方航空公司、上海飞机客户服务有限公司首批客舱乘务教员，具有国际航协空乘教员的资质；张菁，上海旅游高等专科学校教师，曾为东方航空公司培训中心的专职教员；周莉南，上海东海职业技术学院教师，曾为南方航空公司、上海吉祥航空公司标准/行政高级专员；孙芮，中国民用航空飞行学院副教授，研究方向为客舱安全管理。本书项目一、项目八由张菁编写，项目二、项目四由周莉南编写，项目三、项目七由孙芮编写，项目五、项目六由李娜编写。

由于编写时间仓促，书中难免有疏漏和不足之处，敬请各位专家、同行以及业内人士不吝赐教，提出宝贵意见，在此致以衷心的感谢！

《客舱应急处置教程》编写组

2022 年 3 月

目　录

项目一
应急设备

知识目标

- 了解使用各项应急设备的目的；
- 掌握各应急设备的种类；
- 掌握各应急设备的检查方法；
- 掌握各应急设备的操作方法；
- 掌握操作各应急设备的注意事项。

技能目标

- 灵活分辨并指出各应急设备的种类；
- 完成各应急设备单人或双人操作的整个流程（从检查到用完归位）；
- 熟练说出各应急设备操作注意事项。

职业素养目标

- 培养学生的职业意识与职业素养；
- 培养学生在紧急情况下操作各项应急设备的技能；
- 培养学生的团队合作能力。

　　在北京飞往温州的某航班上，一名来自瑞安的旅客突感不适，急需救助。恰好，温州医科大学附属第一医院的医护人员也乘坐了该趟航班，在听到广播后，他们迅速赶到该名旅客身边，使用机上急救设备对其进行施救。之后，该航班返回北京，旅客被送往北京某医院。目前，该旅客身体恢复状况良好。

 知识点

一、便携式氧气瓶

（一）使用便携式氧气瓶的目的

使用便携式氧气瓶的目的是提供急救用氧。

（二）氧气瓶的检查

氧气瓶的检查包括氧气瓶在位，面罩在位，氧气输出口的防尘帽堵塞在位或面罩接插正常，压力表指示最小值为 1600psi。

（三）氧气瓶的种类

（1）种类一：5500A1ABF23A、5500C1ABF23A、5500C6XBF23D、9700G2ABF10A、9700C1AF23AN、9700A1ABF23A，如图 1-1 和表 1-1 所示。

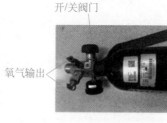

图 1-1　种类一氧气瓶

表 1-1　种类一氧气瓶的输出口数量、输出流量和参考使用时间

型　　号	输出口数量	输出流量 /（L/min）	参考使用时间 /min
5500A1ABF23A	2	4	26
		2	46
5500C1ABF23A	2	4	66
		2	120

续表

型　　号	输出口数量	输出流量/（L/min）	参考使用时间/min
5500C6XBF23D	2	4	66
		2	120
9700G2ABF10A	2	4	66
		2	120
9700C1AF23AN	2	4	66
		FULL（仅限机组）	—
9700A1ABF23A	2	4	26
		FULL（仅限机组）	—

种类一氧气瓶的操作方法如下。

① 确认氧气瓶的面罩插入氧气输出口处。

② 逆时针旋转氧气瓶的阀门。

③ 确认袋子底部的绿色流量指示区鼓起，以确定已有氧气流出。

（2）种类二：3522AAADAACXCD，如图 1-2 所示。

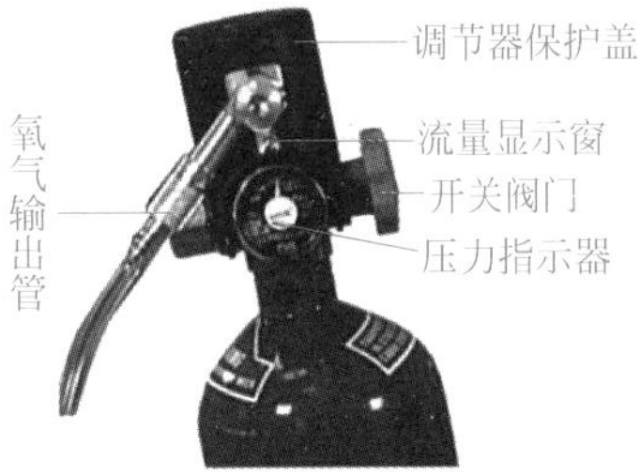

种类二氧气瓶的操作方法如下。

① 把氧气瓶从固定支架上取下。

② 确认氧气瓶面罩接插正常。

③ 逆时针旋转（按箭头指示方向）开关阀门，打开氧气瓶。

④ 通过流量选择显示窗调节需要的氧气输出流量。

⑤ 确认数字"2"或者"4"在显示窗口的中间，并显示清晰。

⑥ 确认氧气袋底部的绿色流量指示袋鼓起或者氧气输出管中的内嵌式流量指示绿色浮珠可视，以确定氧气已经流出。

⑦ 将氧气瓶面罩套在病人口鼻处。

关断种类二氧气瓶方法：顺时针旋转阀门，直到流量显示窗呈红色为止。

（3）种类三：POCA 型氧气瓶，如图 1-3 所示。

图 1-2　种类二氧气瓶

注：氧气流量为 4L/min 时可用 66min；氧气流量为 2L/min 时可用 120min。

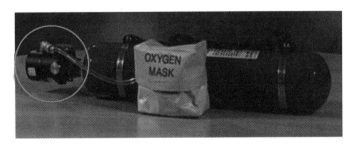

图 1-3　种类三氧气瓶

注：氧气流量为 4L/min 时可用 66min；氧气流量为 2L/min 时可用 120min。

POCA 型氧气瓶的操作方法如下。

①把氧气瓶从固定支架上取下。

②确认氧气瓶面罩接插正常。

③逆时针旋转（按箭头指示方向）开关阀门，打开氧气瓶。

④通过流量选择显示窗调节需要的氧气输出流量。

⑤确认数字"2"或者"4"在显示窗口的中间，并显示清晰。

⑥确认氧气袋底部的绿色流量指示袋鼓起或者氧气输出管中的内嵌式流量指示绿色浮珠可视，以确定氧气已经流出。

⑦将面罩套在病人口鼻处。

关断 POCA 型氧气瓶方法：顺时针旋转阀门，直到流量显示窗呈红色为止。

（四）使用氧气瓶的注意事项

（1）勿将氧气瓶中的氧气放空（留 500psi 氧气），以备应急情况时使用。

（2）使用氧气瓶时前后四排座位（3m）以内禁止任何火源。

（3）操作时手上切勿沾有任何油。

（4）若将阀门拧过头，将无氧气流出或可能造成人员伤亡。

（5）在客舱压力正常的情况下，根据病人情况，高低两种流量都可选择；但是在客舱释压的情况下，只能选择 4L/min 的高流量。

（五）使用后的操作

（1）使用氧气瓶后要归位。

（2）使用氧气瓶后及时报告带班乘务长 / 客舱经理，填写客舱记录本（Cabin Log Book，CLB）。

（六）氧气面罩

氧气面罩如图 1-4 和图 1-5 所示。

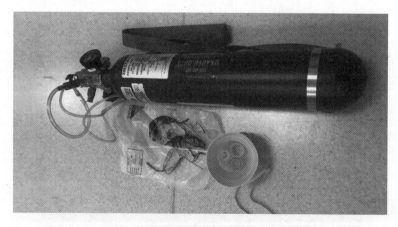

图 1-4　氧气面罩 1

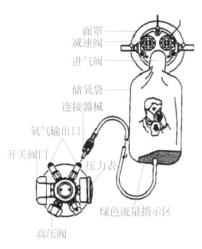

面罩
减速阀
进气阀
储氧袋
连接器械
氧气输出口
开关阀门
压力表
高压阀
绿色流量指示区

图 1-5　氧气面罩 2

二、应急医疗箱和急救箱

（一）目的

使用应急医疗箱和急救箱是为需要急救的旅客或机组人员提供基本的医疗设备及药品。

（二）操作

（1）断开应急医疗箱或急救箱的铅封，打开盒子。

（2）使用应急医疗箱和急救箱内的物品提供救援。

（三）应急医疗箱和急救箱的配备物品及标准

应急医疗箱和急救箱的配备物品及标准如图 1-6、图 1-7 和表 1-2、表 1-3 所示。

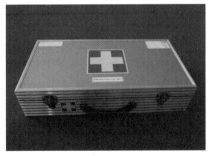

图 1-6　应急医疗箱　　　　　　　　　　　　　　图 1-7　急救箱

表 1-2　应急医疗箱中的药品和物品

序　号	项　　目	局方规章标准
1	血压计	1 个
2	听诊器	1 副
3	口咽气道（7cm、8cm、10cm 三种规格）	各 1 个
4	静脉止血带	1 根

序 号	项 目	局方规章标准
5	脐带夹	1个
6	医用口罩	2个
7	医用橡胶手套	2副
8	皮肤消毒剂、消毒棉	适量
9	体温计（非水银式）	1支
10	注射器（2mL、5mL）	各2支
11	0.9%氯化钠	至少250mL
12	肾上腺素注射液	2支
13	苯海拉明注射液	2支
14	硝酸甘油片	10片
15	阿司匹林（醋酸基水杨酸）口服片	30片
16	应急医疗箱手册（含药品和物品清单及使用说明）	1本
17	紧急医学事件报告单	1本（若干页）
18	应急医疗箱内增配一套急救箱物品	—

表1-3　急救箱中的药品和物品

序 号	项 目	局方规章标准
1	绷带，3列（5cm）、5列（3cm）	各5卷
2	敷料（纱布）（10cm×10cm）	10块
3	三角巾（带安全别针）	5条
4	胶布（1cm、2cm宽度）	各1卷
5	动脉止血带	1根
6	外用烧伤药膏	3支
7	手臂夹板	1副
8	腿部夹板	1副
9	医用剪刀	1把
10	医用橡胶手套	2副
11	皮肤消毒剂和消毒棉	适量
12	单向活瓣嘴对嘴复苏面罩	1个
13	急救箱手册（含物品清单及使用说明）	1本
14	紧急医学事件报告单	1本（若干页）

（四）使用应急医疗箱和急救箱的要求

（1）上机后，客舱乘务员应检查应急医疗箱及急救箱铅封是否完好，如发现铅封已被断开，乘务员应打开并检查箱中的药品及物品，如药品或物品低于局方规章的配备标准，乘务员应立即报告机长，由机长通知相关部门。

（2）除血压计及温度计外，应急医疗箱及急救箱内的药品和医疗器具必须由具有医疗执照、专业证明或机长授权（根据其具有的医疗知识和技术，判断能够使用应急医疗箱中的药品及医疗器具）的人员使用。

（3）使用应急医疗箱及急救箱内的药品和物品前，客舱乘务员应确认使用人员已完全了解药品及物品使用说明，并签署"应急医疗设备和药品使用知情同意书"。

（4）如仅使用了应急医疗箱内的血压计及温度计，则无须填写"药箱使用反馈信息卡"，客舱乘务员应使用应急医疗箱内的铅封重新对药箱进行签封。使用了药箱内的药品及物品后，剩余药品及物品如仍满足局方规章的配备标准，客舱乘务员可使用药箱内的铅封重新对药箱进行签封；如剩余药品及物品低于局方规章的配备标准，则不可使用药箱内的铅封重新签封，以便相关部门及时进行补充或更新。

（5）使用应急医疗箱内的物品和药品后（血压计及温度计除外），客舱乘务员应填写应急医疗箱内的"药箱使用反馈信息卡"，并及时将反馈信息卡交至药箱管理部门，以便药箱管理部门完成药品、器械的补充。

将使用过的注射器放入应急医疗箱中，以便妥善销毁。

*（五）紧急医学事件报告单

1. 目的

紧急医学事件报告单（图1-8和图1-9）用于记录整个治疗过程及用药情况。

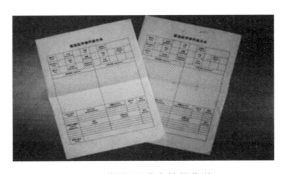

图1-8　紧急医学事件报告单1

2. 位置

紧急医学事件报告单（一式三联）应放置在机上每个应急医疗箱和急救箱内。

3. 操作

（1）紧急医学事件报告单中记录的信息应当至少包括事件发生的时间、航班航段、事件具体情况、涉及人员和处置过程等。

（2）紧急医学事件报告单涉及的签名都必须由本人签署。

（3）报告单第一联（有签名的原件联）和第二联由客舱经理/带班乘务长带回，交所在运行单位客舱管理部门；报告单第三联由客舱经理/带班乘务长交给到达站地面工作人员。

（4）客舱经理/带班乘务长应在航班结束后的24h内将紧急医学事件报告单上交至所在运行单位客舱管理部门。

紧急医学事件报告单

航班号 FLIGHT		机号 AIRPLANE NO.		日期 DATE		备降地 ALTERNATE		
病人姓名 NAME		性别 SEX		国籍 NATIONALITY		年龄 AGE		证件号 PASSPORT NO.	
座位号 SEAT		目的地 DESTINATION		联系电话 TELEPHONE		住址 ADDRESS		

事件情况 EMERGENCY	处理过程 PREPARATION

证明人姓名 WITNESS	地址/电话 ADDRESS/TELEPHONE	国籍及证件号 NATIONALITY& PASSPORT NO.	座位号 SEAT	签名 SIGNATURE

处理人员签名 NAME OF PREPARATION	地址 ADDRESS	联系电话 TELEPHONE	签名 SIGNATURE
乘务长签名 PURSER			

图 1-9　紧急医学事件报告单 2

4. 注意事项

（1）使用机上配备的应急医疗箱和急救箱（除体温计、血压计外）中的药品时，应同时填写紧急医学事件报告单和机上事件报告单。

（2）血压、体温等有待应急医疗箱到位后检查。在之后的抢救过程中应随时观察病人的生命体征（包括体温、呼吸、脉搏和血压），危重病人要求至少 10min 观察一次并做好记录。

三、自动体外除颤仪

（一）目的

使用自动体外除颤仪（Automated External Defibrillator，AED）（图1-10）的目的是为心脏骤停的患者提供急救。

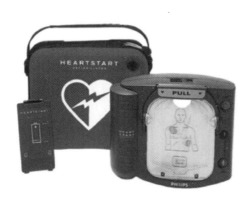

图1-10　自动体外除颤仪

（二）使用前的检查

自动体外除颤仪外观良好、电池充足，观察孔绿色灯3～4s闪亮，表示设备已经通过自检，处于待机可使用状态。

（三）操作

1. 使用步骤

（1）打开仪器电源（ON/OFF），拉开绿色把手。

病人的准备工作：病人应躺于硬地上，脱去或剪开胸部衣服，刮去过多胸毛，清洁皮肤表面。

注意
皮肤表面不能有汗液、体液，应去除金属制品并移开手机等。

（2）揭去电极贴片上的保护纸，按照贴片上的所示位置，将贴片平整地粘在患者胸部。

（3）通过计算机进行分析，确定需要电击或不需要电击的节律。

注意
①无意识、无呼吸、无脉搏的患者需要进行体外心脏除颤。
②在分析和电击之前确定没有任何人接触患者。
③若患者在吸氧，应将氧气设备关闭并移开抢救处。
④如果患者是儿童，需要插入儿童锁（年龄在8岁以下或体重在25kg以下）。

9

（4）如果患者不需要电击。

① 自动体外除颤仪会提示使用人员现在可以安全地接触患者，橙色警示灯会熄灭。

② 自动体外除颤仪会提示使用人员进行 CPR（Cardiopulmonary Resuscitation，心肺复苏）指导操作：按"i–"键激活 CPR 指导，提供 CPR 指导的语音指示，包括双手摆放位置、按压频率和深度，在约 5 个 CPR 周期（约 2min）后，自动体外除颤仪会自动再分析心脏节律，根据婴幼儿电极贴给使用人员提供适用于儿童的 CPR 指导。

2. 数据管理

（1）记录事件和 15min 心电图，可打印或保存成 PDF 格式。

（2）通过红外端口传导数据。

（3）数据可保存 30 天，逾期自动删除。

（4）内存数据不可覆写，数据需及时导出。

（四）CPR 操作

1. CPR 表格

CPR 表格如表 1-4 所示。

表 1-4　CPR 表格

项　目		成　人	儿童（1～12 岁）	婴儿（1 岁以内）
判断意识		轻拍双肩 呼唤双耳	轻拍双肩 呼唤双耳	拍击足底
检查脉搏		颈动脉		肱动脉
胸外按压	部位	胸部正中乳头连线水平（胸骨下 1/2 处）		胸部正中乳头连线下方水平
	方式	双手掌根重叠（十指相扣，手指上翘）	单手掌根	两手指（中指和无名指）
	深度	5～6cm	至少为胸廓前后径的 1/3（3～5cm）	至少为胸廓前后径的 1/3（2～4cm）
	频率	100～120 次/min		
人工呼吸	开放气道	下颌角与耳垂的连线与地面 90°垂直	下颌角与耳垂的连线与地面呈 60°	下颌角与耳垂的连线与地面呈 30°
	方式	口对口		口对口鼻
	吹气	胸廓略微隆起		
	频率	10～12 次/min	12～20 次/min	12～20 次/min
按压∶呼吸		30∶2		
循环次数		5 次		

2. CPR 操作流程

CPR 操作流程如图 1-11 所示。

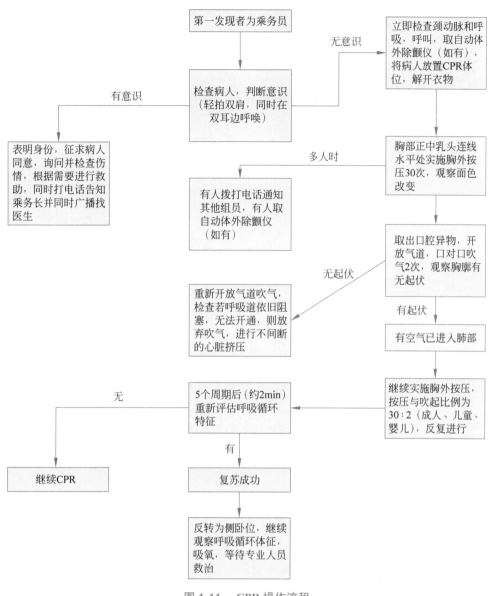

图 1-11　CPR 操作流程

四、辅助医疗设备

（一）操作

（1）机上辅助医疗设备（医疗电源插座）安装在医疗面板内，为医疗设备提供电源，位于行李架下方、旅客服务组件内。

（2）辅助医疗设备通常有 2 个医疗插座，可提供 115V/230V 的交流电或 28V 的直流电，如图 1-12 所示。

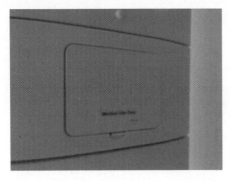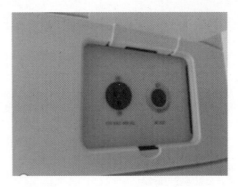

图 1-12　辅助医疗设备

（3）辅助医疗设备外有保护盖板，可通过按压和／或旋转盖板上的按钮或使用人工开氧快速打开或关闭。

（4）辅助医疗设备的总开关（Medical Outlet）位于驾驶舱内或客舱前／后部天花板上的跳开关面板内，使用前乘务员应检查该开关已经接通。

（5）医疗面板内安装了 U 形活动架，用于固定电源插头的电线，不得用于吊挂盐水瓶等重物。

（二）注意事项

（1）只有熟悉使用辅助医疗设备并且得到授权的人员才可以使用此设备。

（2）任何其他电子设备不得使用该医疗插座。

⚠️警告

不可用湿手操作电器开关。

五、供氧系统

（一）驾驶舱供氧系统（图 1-13、图 1-14）

1. 供氧方式

驾驶舱供氧系统一般采用存储在电子舱内的高压氧气瓶供氧，供氧时间可长达 1h 以上，并且可以重复使用。

2. 位置与分布

氧气面罩位于机组人员座位外侧，一般为 3 ～ 4 个，供正驾驶、副驾驶和观察员在紧急情况下快速使用。

3. 驾驶舱氧气面罩结构

驾驶舱氧气面罩结构如图 1-15 所示，使用方法如下。

（1）捏住面罩两侧的红色手柄并将其取出。

（2）继续捏住红色手柄，面罩头带张开，将其戴在头上。

（3）松开红色手柄，面罩头带收缩，调整使面罩紧贴口鼻处。

（4）正常呼吸，可调节氧气流量。

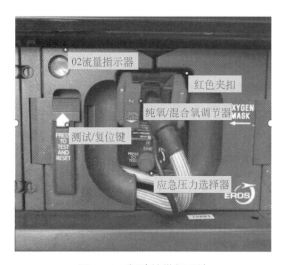

图 1-13　驾驶舱供氧系统

图 1-14　供氧系统内氧气面罩

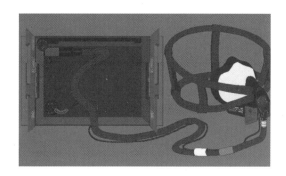

图 1-15　驾驶舱氧气面罩结构

（二）客舱应急氧气系统

1. 目的

客舱应急氧气系统（图 1-16）用于释压下提供氧气。

图 1-16　客舱应急氧气系统

2. 操作

（1）当客舱高度大约在 4200m 时客舱释压，氧气面罩储藏箱盖板自动打开，面罩落下。

（2）用力拉下任何一个面罩，使氧气发生器的锁定销拔出，氧气发生器开始工作。

（3）将面罩罩在口鼻处，然后正常呼吸。

（4）每一个氧气发生器可持续工作 12～15min，B777-300ER/B767-300ER 机型为 22min。不管高度是多少，氧气用完气流会终止，氧气不可被关断。

（5）适用高高原机场运行的飞机上，一旦遇到释压，可向旅客提供至少 55min 的用氧，该氧气非化学合成，可被驾驶舱人工关断。

3. 注意事项

（1）氧气发生组件能够发热并会增加客舱的温度。

（2）使用客舱应急氧气系统时会闻到燃烧的气味。

（3）使用客舱应急氧气系统时会出现一些烟雾。

（4）洗手间内有两个氧气面罩。

（5）客舱乘务员氧气面罩位于每个折叠座椅上方的面板内。

（6）若盖板不能打开，可在盖板上的小孔中插入一个针状物，即可松开盖板的锁机构。

案例与拓展

人工开氧工具 *

人工开氧工具（Manual Release Tool）如图 1-17 和图 1-18 所示，是人工方式打开氧气面罩盖板的工具，位于每个客舱乘务员座椅下的储藏柜内。在机型未配备时，客舱乘务员可使用发卡、圆珠笔等尖锐物品替代。

由此插入孔口

图 1-17　人工开氧工具插入孔

图 1-18　人工开氧工具

任务实施

1. 背景资料

某航班在轻度释压的情况下，客舱乘务员指导旅客带上客舱氧气面罩，并指导抱小孩的旅客先戴上自己的面罩，再戴上小孩的面罩。

2. 实施步骤

步骤 1：地点是模拟舱。将全班分组，每 10 人一组进行情景模拟，随机指定学生扮演客舱乘务员、旅客，提供旅客一个娃娃。

步骤 2：教师根据背景资料提出相关问题，10 人小组讨论并演示。

步骤 3：教师现场指导，针对小组讨论的应急方案的合理性进行有效的分析，培养、引导学生对于客舱供氧系统有更多的理解与深度思考。

 任务考核

供氧系统考核评分表如表 1-5 所示。

表 1-5　供氧系统考核评分表

班级		组别	
题　目	配分	评分人	得分
供氧系统的种类	10 分	教师	
驾驶舱供氧系统	30 分	教师	
客舱供氧系统	30 分	教师	
人工开氧工具	10 分	教师	
释压时氧气面罩的佩戴	20 分	教师	
教师评分	合计		
评语备注			
评分人			

任务二　烟雾和火警设备

 知识点

一、灭火设备

（一）水灭火瓶（图 1-19）

1. 目的

使用水灭火瓶的目的是熄灭 A 类灰烬类物品起火。

图 1-19　水灭火瓶

2. 检查

（1）水灭火瓶在指定位置并固定好，数量正确。

（2）确认水灭火瓶的铅封处于完好状态，无损坏。

（3）通过手柄上的小孔，二氧化碳气瓶可见。

（4）确认水灭火瓶的日期在有效期内。

3. 操作

（1）将提把顺时针方向完全转到底，听到"咝"的一声表示二氧化碳筒心刺穿。

（2）压下触发器。

（3）对准火焰底部喷射。

4. 注意事项

（1）工作范围为 2 ～ 2.5m。

（2）按压一次，灭火剂可持续喷射 20 ～ 25s，可反复按压多次，直至用完。

（3）水灭火剂中含防冰化合物，不可饮用。

（二）Halon 灭火瓶

1. 目的

使用 Halon 灭火瓶的目的是熄灭各种类型的起火。

2. 检查

（1）Halon 灭火瓶在指定位置并固定好，数量正确。

（2）环形安全销穿过手柄和触发器在位。

（3）压力表指示在绿色区域。

（4）确认 Halon 灭火瓶的日期在有效期内。

3. 操作

（1）种类一 Halon 灭火瓶（图 1-20 和图 1-21）操作方法：取出 Halon 灭火瓶；一只手握住瓶体，另一只手取下安全销，或用力按压安全锁扣，断开铅封；垂直握住 Halon 灭火瓶，对准火源底部按压操作手柄，快速扫射并保证流量恒定，直到火被扑灭。

> **注 意**
>
> 释放操作手柄会中断灭火。

图 1-20　种类一 Halon 灭火瓶

图 1-21　取下安全销

（2）种类二 Halon 灭火瓶（图1-22）操作方法：取出 Halon 灭火瓶；将安全扣向上推，打开；保持瓶体垂直，握住操作把手；对准火焰底部，按压操作把手，快速扫射并保证流量恒定，直到火被扑灭。

注 意

释放操作把手会中断灭火。

（3）种类三 Halon 灭火瓶（图1-23）操作方法：取出 Halon 灭火瓶；一只手握住瓶体，另一只手取下安全销；垂直握住 Halon 灭火瓶，对准火源底部按压操作手柄，快速扫射并保证流量恒定，直到火被扑灭。

注 意

释放操作手柄会中断灭火。

图 1-22　种类二 Halon 灭火瓶　　　图 1-23　种类三 Halon 灭火瓶

4. 注意事项

（1）每按压一次，Halon 灭火瓶可持续喷射 9 ～ 12s，可反复按压多次，直至用完。

（2）Halon 灭火剂有微毒，在开放空间可以直接喷洒人体上的着火。

（3）工作范围为 1.5 ～ 2m。

注 意

火熄灭后可能复燃，需密切关注该区域，并做好再次灭火的准备。

（三）自动灭火装置

1. 目的

自动灭火装置设置（图1-24）的目的是熄灭洗手间废物箱中的火。

2. 位置

自动灭火装置位于每个洗手间废物箱上方，如图1-25所示。

3. 检查

（1）空客飞机：压力表指针应在绿色区域。

（2）波音飞机：温度指示牌如图1-26所示。

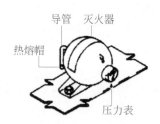

导管　灭火器

热熔帽

压力表

图 1-24　自动灭火装置

温度指示牌

废纸箱

受热喷嘴

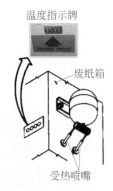

图 1-25　自动灭火装置的位置　　　　图 1-26　温度指示牌

① 检查灭火器旁的温度指示牌，温度指示牌上的任一灰白点变为黑色即表示灭火器已被使用或失效。

② 检查灭火器的喷嘴，黑色为正常，铅色为已使用或失效。

注 意

以上任何一种现象出现，都必须通知地面维修人员处理。

4. 操作

当温度达到约 77℃时，热熔帽化开，灭火剂自动喷射。

（四）防护式呼吸装置

1. 目的

（1）当客舱失火时，防护式呼吸装置（Protective Breathing Equipment，PBE）可以防止烟雾和有毒气体吸入。

（2）当客舱充满烟雾时，防护式呼吸装置可提高对客舱的能见度。

注 意

每个防护式呼吸装置可为使用者提供大约 15min 的用氧。

2. 检查

（1）防护式呼吸装置是否在位。

（2）防护式呼吸装置的包装是否完好。

3. 种类

（1）种类一防护式呼吸装置的位置及实物图如图1-27和图1-28所示。

图1-27 防护式呼吸装置的位置

图1-28 种类一防护式呼吸装置

① 操作：如图1-29所示，双手放入橡胶护颈，用力向两边撑开，观察窗应向地面方向；头向前倾，将防护式呼吸装置的护颈经头顶套入，用双手保护两侧脸颊及眼镜，使之完全遮挡脸部；双手向前、向外用力拉动调节带，并使装置启动；双手抓住带子头，用力向后拉带子，确保里面的面罩罩在口鼻处，且面颊被覆盖；如需调整眼镜，可隔着外罩进行，不要将手伸入罩内调节；确定衣领没有被夹在护颈内，且已完全在护颈中，放下防护式呼吸装置的后颈盖布使它盖住衣领，并处于肩上部。

1. 抓住储藏盒盖的
手柄，拿起盒盖

2. 取出并打开真空袋，从真
空袋中拿出头套

3. 手掌相对，尽量打开
颈部密封

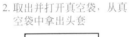

4. 把头套戴在头上，头发都
在头套内，避免氧气泄露

5. 调整头套，呼吸激活
空气再生系统

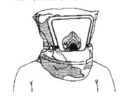

图1-29 种类一防护式呼吸装置操作

② 取下防护式呼吸装置步骤：取下防护式呼吸装置应在远离火焰和烟雾的安全处进行；用双手将靠近观察窗下角的金属片向前推动，松开调节带；双手由颈下插入面部，向上拉起防护式呼吸装置，取下。

③ 注意事项：当拉动调节带后，若无氧气流出，则再用力重复一次，否则取下面罩；当头部有热感或面罩瘪下时，说明供氧结束，离开火源，取下面罩；取下面罩后，因头

发内残留有氧气，故不要靠近有明火或火焰的地方，要充分抖散头发；当观察窗上有水汽和雾气时，迅速取下防护式呼吸装置。

（2）种类二防护式呼吸装置。

①操作：如图1-30所示，防护式呼吸装置装在一个盒装的真空小袋子里，打开盒子后，从真空包装袋中取出防护式呼吸装置；戴上环形面罩，就能释放出使用者所需的氧气，使用者能听到一点轻微噪声；噪声停止后，面罩不应再被使用。该设备工作期间显示器由绿色变为红色时，表示不再工作，应立即取下防护式呼吸装置。

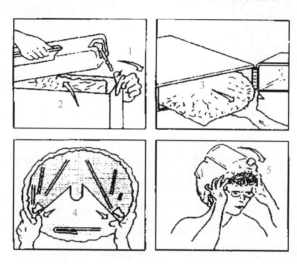

图1-30　种类二防护式呼吸装置操作

②注意事项：种类二防护式呼吸装置可以正常使用内话或面对面交谈；使用种类二防护式呼吸装置时，耳朵可能会出现间歇失聪，也可能会发生轻微头晕。

（3）种类三防护式呼吸装置如图1-31所示。

操作：打开防护式呼吸装置储存盒，从盒内取出包装并撕去袋口封条；从包装内取出防护式呼吸装置；掌心相对伸入橡胶护颈内，用力向两边撑开，观察窗面相地面冲头部套下；将头发放入头罩内，将带子在腰间系扣好；向下拉氧气发生器，使防护式呼吸装置开始工作；移动送话器，使面罩与口鼻完全吻合。

（4）种类四纯氧型防护式呼吸装置如图1-32所示。

图1-31　种类三防护式呼吸装置

图1-32　种类四纯氧型防护式呼吸装置

项目一　应急设备

① 操作：提起储藏箱上的闩扣，即可撕开封条；抓住箱内设备包的把手，把设备包取出；用两膝夹住设备包的底端，用力拉开包的把手；把呼吸装置从袋子中取出；在氧气供给之前，确保呼吸装置上的琥珀色可视窗朝下；把氧气钢瓶安全地抓在手上，每手一个，大拇指指向气瓶的阀门（在每个瓶上细的一头）；立即把两个氧气瓶分开，该动作将启动氧气的发生，并且供氧指示器上的绿色灯亮；双手合十，撑开密封颈套，将呼吸装置从头上套下，可视窗在面部，头发、衣领不得夹在密封颈套间。

② 注意事项：在提升客舱高度时，可视服务指示器会突出箱子的表面，客舱高度下降后，指示器即会恢复；若供氧指示器上的绿灯变成红灯，即为供氧结束，立即到安全区域，取下呼吸装置。

（5）种类五防护式呼吸装置如图 1-33 所示。

① 操作：将防护式呼吸装置组件从盒子中取出；撕掉防护式呼吸装置组件上的红色拉条，将防护式呼吸装置从袋子中取出；拉出作动环（图 1-34），启动供氧；将防护式呼吸装置向前弯曲，用大拇指钩住颈部橡胶圈；先从下巴处套入，然后将面罩拉向脸和头部；向下拉面罩，直到头带固定在前额；颈部橡胶圈与颈部皮肤贴合，头发和衣服不能被夹住。

图 1-33　种类五防护式呼吸装置　　　　图 1-34　拉出作动环

② 注意事项：听到气体流出声响前不要使用，正常操作时会听到面罩内产生气体流动的噪声。当噪声停止时，立即远离火源处，并脱下面罩。

4. 使用防护式呼吸装置后的步骤

（1）使用防护式呼吸装置后，应将其存放在密闭空间内。

（2）化学发生器朝上，面罩朝下，上面不能有任何覆盖物。

（3）报告乘务长，填写客舱记录本。

注 意

应将头发全部放入颈圈内，以防止氧气泄漏，露在外面的头发会直接接触火焰引起燃烧。

（五）烟雾探测器

1. 目的

使用烟雾探测器的目的是指示烟雾发生方位。

2. 位置

烟雾探测器位于洗手间内天花板上、机组休息室内或视频控制中心处。

3. 种类

（1）波音飞机的烟雾探测器。

① 家用型烟雾探测器（部分B737型飞机配备此烟雾探测器，电池供电，如图1-35所示。

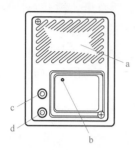

a—警报扬声器。

b—警报指示灯（红色）亮：探测出有烟雾，发出警报声（高音量的尖叫声）。熄灭：一旦烟雾被排除，警报声停止，装置复位。

c—抑制电门按下：使警报声停止报警，指示灯熄灭。

d—电源灯（绿色）。

图1-35　家庭用型烟雾探测器

② 电离式烟雾探测器如图1-36所示。

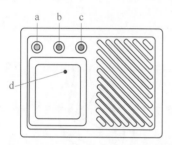

a—电源指示灯：绿色亮起，表明探测器供电情况良好，并处于正常工作状态。

b—中断键：按压后关闭，所有警告指示不被显示，报警声音不会响起。

c—自测键：按压后将激活烟雾探测器的所有视觉和听觉警告。

d—报警指示灯：红色亮起，表明探测到有烟雾存在。

图1-36　电离式烟雾探测器

> **注意**
>
> 当自测结束后，烟雾探测系统将自动重置。

③ 光电式烟雾探测器如图1-37所示。

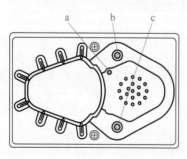

a—状态指示灯：绿色常亮，表明烟雾探测器供电情况良好，并处于正常工作状态；绿色闪烁，表明需要维护。红色稳定亮起，表明探测到有烟雾存在；红色闪烁，表明烟雾探测器故障。

b—自测开关：快速按压一次，报警蜂鸣声持续3s；一直按压，报警蜂鸣声持续响起，直到解除按压为止；状态指示灯红色亮起，外部报警蜂鸣声响起。

c—报警蜂鸣取消键：按压警告声消除，当松开该按键，且30s内未探测到烟雾时，烟雾探测器将自动重置。

图1-37　光电式烟雾探测器

（2）空客类飞机的烟雾探测器（飞机电源供电）。

① 警报模式：探测到烟雾时，A330型飞机发出三声高低谐音，A320型飞机发出三

客舱应急处置教程

声高音量谐音；驾驶舱内指示灯亮，相应的位置外琥珀色灯亮，区域呼叫面板琥珀色灯闪亮；乘务员指示面板（Attendant Indication Panel）上，"烟雾（SMOKE）＜位置＞"信息出现，红色指示灯闪亮（如有）；机组休息室内的烟雾探测器（Crew Rest Smoke Detector）控制面板上，相关烟雾探测器的红色指示灯闪亮（如有）。

② 处置：按照灭火程序进行处置，清除烟雾；关闭视频控制中心的总电源（如有）；检查烟雾发出原因；使用客舱管理系统，在可视范围内进行监控（如有）；报告机长，视设备损坏程度锁闭相关设施。

注意

客舱乘务员应目视检查烟雾探测器外无任何干扰探测烟雾和发出警告信号的外来物（如纸张、塑料袋等），如发现被干扰的迹象，立即通知客舱经理 / 乘务长和机务。

二、防火设备

（一）防烟眼镜

防烟眼镜（图 1-38）供机组成员在驾驶舱充满烟雾时使用，保护眼睛不受伤害，继续飞行。防烟眼镜常存储在机长和副驾驶座位旁边。

防烟眼镜的使用方法如下。

（1）防烟眼镜和氧气面罩一起戴在脸上，把橡胶带套在脑后并固定。

（2）调整防烟眼镜和氧气面罩，使防烟眼镜的密封边紧贴在眼部和氧气面罩边缘。

（二）防火衣

防火衣（图 1-39）主要供灭火者使用，防止灭火者四肢和躯干受到火的侵害。

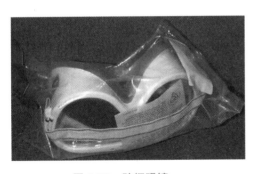

图 1-38 防烟眼镜

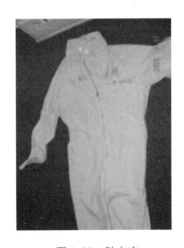

图 1-39 防火衣

注意

进入火场前需将防火衣穿好，并完全扣好。

（三）应急斧

在航班中进行灭火处置时，客舱乘务员可能会需要应急斧（图1-40）进行协助。应急斧可以用于劈凿门窗、舱壁等密闭空间。应急斧/消防斧把手是足以耐2400V电压的绝缘体，可以防止使用者遭到电击。

（四）防火手套

防火手套（图1-41）供机组成员在失火时使用。防火手套为石棉材质，具有防火隔热作用，存储在驾驶舱的储藏箱内。

图1-40　应急斧

图1-41　防火手套

案例与拓展

应 急 灯 光

应急灯光用于在紧急情况下为旅客和机组成员提供目视帮助，包括撤离路径灯或反光条、出口指示灯、出口标志灯及应急滑梯照明灯等。应急灯可通过驾驶舱中的应急灯光键或乘务员面板上的应急灯光键进行控制，工作时间为12～15min。

应急灯光的控制键带有红色保护盖，共有3个档位：ON、OFF、ARMED。

当驾驶舱内的应急照明控制键位于ON或OFF时，所有应急灯光全部开启或关闭；当驾驶舱内的应急照明控制键位于ARMED时，飞机供电系统一旦失效，所有应急灯光将自动开启。

任务实施

1. 背景资料

某航班洗手间出现烟雾，客舱乘务员A立刻报告机长，乘务员B组织灭火，其他乘务员安抚旅客。

2. 实施步骤

步骤 1：地点是模拟舱。将全班分组，每 5 人一组进行情景模拟，随机指定学生扮演客舱乘务员、旅客、机长。

步骤 2：教师根据背景资料提出相关问题，5 人小组讨论并演示。

步骤 3：教师现场指导，针对小组讨论的灭火方案的合理性进行有效的分析，培养、引导学生对于烟雾和火警有更多的理解与深度思考。

 **任务考核**

烟雾 / 起火处置评分表如表 1-6 所示。

表 1-6 烟雾 / 起火处置评分表

班级		组别		
题　目	配分	评分人	得分	
灭火瓶的选择	20 分	教师		
灭火瓶的操作	20 分	教师		
应急处置反应速度及有效性	20 分	教师		
PBE 的使用及操作	20 分	教师		
分工合作的有效性	20 分	教师		
教师评分		合计		
评语备注				
评分人				

任务三　安全设备

 **知识点**

一、客舱记录本

（一）客舱记录本的用处

客舱记录本（图 1-42）主要用于客舱乘务员和维修人员记录飞机客舱内的故障 / 缺陷、维修人员排故措施，以及乘务员应掌握的客舱状况相关信息。

图 1-42 客舱记录本

（二）各机型客舱记录本的存放位置

公司每架飞机都配有客舱记录本，任何机组人员发现飞机客舱存在故障或缺陷时，包括内话系统、广播系统、音像设备、应急设备、灯光照明及各种座椅、舱门 / 滑梯等，应如实告知客舱经理 / 乘务长，客舱经理 / 乘务长应将故障或缺陷填写在客舱记录本上，以便维修人员及时维修。各机型客舱记录本的存放位置如表 1-7 所示。

表 1-7　各机型客舱记录本的存放位置

机　　型	存 放 位 置
B777-300ER	1L 门旁机组休息室楼梯间外储物柜内
B737 系列	驾驶舱内
A350	1L 门后 S1AL-03 储物箱内
A330-300	213B 储物柜内（A330-300L1L 门后下储物柜内）
A330-200	C101A 储物柜内
A321	C04 储物柜内或头等舱左侧行李架 C2-1 内
A320	驾驶舱内
A319	驾驶舱内

（三）填写要求

（1）使用黑色或蓝色墨水笔或圆珠笔填写，字迹工整、清晰。

（2）签名应使用全称，并前后一致，不能代签。

（3）故障或缺陷的描述应使用说明性语言，表述明确。

（4）一个航段记录一页，每页可记录 3 个故障或缺陷。如一个航段超过 3 个故障，应在下一页填写同一航班信息，并记录故障。

（5）每一故障信息栏只记录一条故障或缺陷。

（6）使用中、英文双语填写。

（7）记录填写后原则上不得涂改。如需修改记录，应用单横线将其划掉，并签署姓名和日期，不得用修改液或墨水覆盖。

（8）记录的时间和日期应按北京时间。

二、婴儿安全带

（一）目的

使用婴儿安全带（图1-43）的目的是为婴儿提供防冲击。

（二）操作

使用婴儿安全带时，将座椅安全带从婴儿安全带中间的环中穿过，使之与座椅安全带相连接。

（三）注意事项

（1）此安全带仅限于2岁以下儿童使用。

（2）解开安全带时，先解开婴儿安全带，再解开成人安全带。

三、加长安全带

（一）目的

加长安全带（图1-44）在当安全带的正常长度不够时使用，目的是为旅客提供防冲击的固定装置。

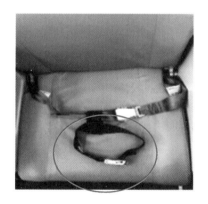

图1-43　婴儿安全带

图1-44　加长安全带

（二）操作

加长安全带应连接在原来的安全带上。

（三）注意事项

（1）加长安全带必须与该机型飞机上的旅客座椅安全带相匹配。

（2）加长安全带不用于客舱乘务员折叠座椅。

四、卫生防疫包

（一）目的

卫生防疫包（图 1-45）主要用于清除客舱内的血液、尿液、呕吐物和排泄物等潜在传染源。

图 1-45　卫生防疫包

（二）操作

（1）穿戴个人防护用品：依次穿戴医用口罩、眼罩、医用橡胶手套、防渗透围裙。

（2）配制消毒液：取 1 片表面清理消毒片放入 250～500mL 清水中，配制成 1∶1000～1∶500 浓度的消毒液，用于对污物污染的座舱内物品表面和地面进行初步消毒。

（3）将消毒凝固剂均匀覆盖于液体、排泄物等污物 3～5min，使其凝胶固化。

（4）使用便携拾物铲将凝胶固化的污物铲入生物有害物专用垃圾袋中。

（5）用配好的消毒液浸泡的吸水纸（毛）巾对污物污染的物品和区域消毒两次，保证每次消毒液在表面滞留 5min；再用清水擦拭清洗两次；最后将使用后的吸水纸（毛）巾及其他所有使用过的消毒用品放入生物有害物专用垃圾袋。

（6）依次脱掉手套、围裙，用皮肤消毒擦拭纸巾擦手消毒；依次脱下眼罩、口罩，用皮肤消毒擦拭纸巾擦手及身体其他可能接触到污物的部位。

（7）将所有使用后的防护用品装入生物有害物专用垃圾袋后，将垃圾袋封闭，填写"生物有害垃圾"标签并粘贴在垃圾袋封口处。

（8）已封闭的生物有害物专用垃圾袋应存放于一个适当的位置，避免丢失、破损或对机上餐食造成污染。

（9）通知机长联系前方到达站地面相关部门做好生物有害物垃圾袋的接收准备。

注意

严禁将生物有害物专用垃圾袋存放在食品、机供品存放处。

28

案例与拓展

护 目 镜*

新冠病毒肺炎疫情期间，机组人员执行航班时会佩戴护目镜（图1-46）。下面介绍护目镜的佩戴事项。

图 1-46 护目镜

（1）佩戴方法：使用双手戴上护目镜，调节舒适度。

（2）摘除方法：捏住靠近头部或耳朵的一边并摘除，放入回收或医疗废物容器内。

（3）注意事项如下。

①佩戴前应检查有无破损、佩戴装置有无松解。

②一旦被患者体液或血液污染，应立即清洁和消毒。

③每次使用后应清洁与消毒。

（4）护目镜消毒处理流程如下。

①将护目镜集中在一起。

②在含有效氯1000～2000mg/L的含氯消毒液中浸泡30～60min消毒。

③用流动水漂洗干净，并用75%医用酒精擦拭。

④根据说明书，可选择高温干燥柜进行热力干燥，有条件的医院也可进行机械热力消毒或低温灭菌。

 任务实施

1.背景资料

疫情期间，某航班一身体肥胖的外籍旅客突然身体不适，在客舱中呕吐起来，客舱乘务员立刻为周边旅客调换座位，使用卫生防疫包等清理污物，将该旅客调换到最后一排，并使用加长安全带。

2.实施步骤

步骤1：地点是模拟舱。将全班分组，每10人一组进行情景模拟，随机指定学生扮演客舱乘务员、旅客。

步骤2：教师根据背景资料提出相关问题，10人小组讨论并演示。

步骤3：教师现场指导，针对小组讨论的应急处置方案的合理性进行有效的分析，培养、引导学生对于安全设备有更多的理解与深度思考。

 任务考核

卫生防疫应急处置评分表如表1-8所示。

表1-8 卫生防疫应急处置评分表

班级			组别	
题　目	配分	评分人		得分
卫生防疫包的位置	10分	教师		
卫生防疫包的使用	30分	教师		
加长安全带的检查和使用	20分	教师		
对旅客的安抚处理	20分	教师		
组员配合及落地后的交接	20分	教师		
教师评分	合计			
评语备注				
评分人				

任务四　应急求生设备

 知识点

一、应急出口/滑梯

图1-47和图1-48分别为翼上单、双通道滑梯。

图1-47　翼上单通道滑梯

图1-48　翼上双通道滑梯

（一）单通道滑梯

1. 目的

单通道滑梯（图 1-49）仅用于陆地迫降、水上迫降时，可拆卸下来作为浮板。

2. 操作

1）充气

（1）通常单通道滑梯可自动充气。

（2）当单通道滑梯自动充气失效时，可拉动地板上的红色人工充气手柄。

2）拆卸

（1）掀开盖布，拉出白色断开手柄。

（2）割断系留绳，使之与机体完全脱离。

3）说明

（1）飞行前必须检查单通道滑梯的压力。

（2）当单通道滑梯充气不足或不充气时，可使用单通道滑梯底部两侧的手柄使之展开，作为软梯使用。

图 1-49 单通道滑梯

（二）双通道滑梯/救生筏

1. 目的

（1）双通道滑梯/救生筏（图 1-50 和图 1-51）在陆地迫降时，作为撤离滑梯使用。

图 1-50 双通道滑梯/救生筏

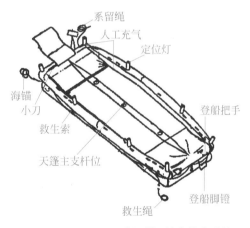

图 1-51 双通道滑梯/救生筏内设施

（2）双通道滑梯/救生筏在水上迫降时，作为救生筏使用。

2. 操作

1）充气

（1）通常门打开后，滑梯即自动充气。

（2）如自动充气失败，可拉出红色人工充气手柄。

2）拆卸

（1）掀开地板上的盖布，拉出白色断开手柄。

（2）割断系留绳，使之与飞机脱离。

3）说明

（1）飞行前必须检查双通道滑梯／救生筏的压力。

（2）双通道滑梯／救生筏充气不足或不充气时，可使用滑梯底部两侧的把手使之展开，作为软梯使用。

二、救生筏及设施

救生筏及设施储藏在行李架内，如图 1-52 所示。

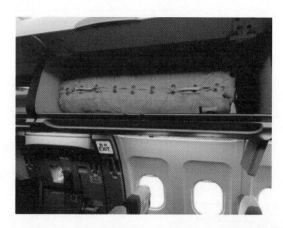

图 1-52　救生筏储藏位

（一）救生筏

1. 目的

救生筏（图 1-53）用于水上迫降时撤离旅客。救生筏为圆形／椭圆形，折叠后装入带有搬运手柄的包装袋中。

图 1-53　救生筏

2. 注意事项

（1）使用时无须解开包装袋上的绳扣。

（2）救生筏包质量一般为 50 ～ 64kg。

（3）两个充气管分别位于船的上下两侧。

（4）无论哪一面在上，救生筏都可以使用。

（5）断开手柄、人工充气手柄，缠绕好的系留绳位于包装袋上一块颜色鲜明的盖布下。

（6）救生包系在展开的船上，由一根绳子连接着漂浮在水中，撤离时必须将其拉入船上。

（二）救生筏内设施

救生筏上的所有设备都有标牌，以便迅速识别，如图 1-54 所示。不使用时，设备必须储藏并固定在船上，以防丢到船外。

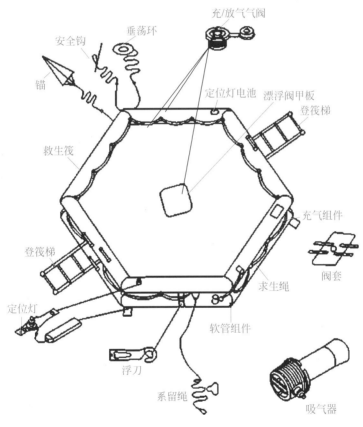

图 1-54　救生筏内设施

天篷（Canopy）和支撑杆如图 1-55 所示。

（1）安装好的圆形救生筏如图 1-56 所示。将中央支撑杆的接头接好，将支撑杆插入救生筏天篷顶部的支撑孔或支撑杆固定位并固定好，再将支撑杆插入底部的支撑孔处并固定好。

图 1-55　天篷和支撑杆

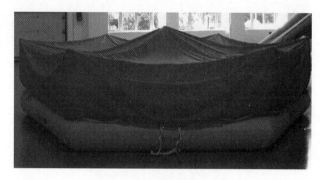

图 1-56　安装好的圆形救生筏

（2）滑梯救生筏如图 1-57 所示。

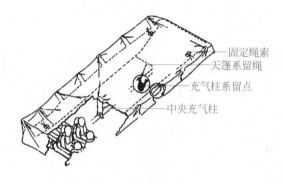

—固定绳索
—天篷系留绳
—充气柱系留点
—中央充气柱

图 1-57　滑梯救生筏

① 从救生包中取出天篷并展开。

② 按照包装袋上的说明，将天篷罩在两侧的充气柱上，将天篷顶部的系留绳与相对应的充气柱的顶部附近的系留点相连接。

③ 用嘴对松软的天篷支柱吹气，将其安放在救生筏中央，支起救生筏中部。

④ 将天篷的系留绳系在对应的中央充气柱系连点上。

⑤ 按下述方法打开位于天篷两端，即可进行对流通风。两个固定绳索位于天篷的表面顶部和对应的内侧顶部；将天篷布向上卷起至固定绳索处，用内外固定绳索将其固定住。

（三）钩形小刀

（1）钩形小刀（Knife，图 1-58）安装在系留绳旁。

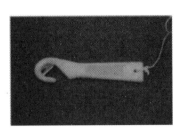
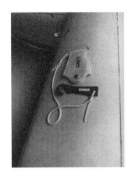

图 1-58　钩形小刀

（2）钩形小刀用来割断系留绳，将船与飞机脱离开。这项工作必须在旅客撤离结束后尽可能早地完成，以防止接触到尖锐的金属残片或溅出的燃油。

（四）救生绳

（1）救生筏上连接有一个带有橡皮环的缆绳，称为救生绳（Heaving Ring），如图 1-59 所示。

图 1-59　救生绳

（2）救生绳用来营救落水旅客或将救生筏与救生筏连接起来。

（五）海锚

（1）海锚（Sea Anchor，图 1-60）是一个小的伞状尼龙织物，系在船的外侧边缘，其位置在船身上有标记。

（2）在一些救生筏上海锚是自动抛放的，另一些救生筏上则必须把海锚从袋中取出并人工抛出。

（3）为便于营救，应将船与船连接后停泊在飞机附近。

（4）应在救生筏逆风的一侧抛锚，以减少救生筏在水上的漂荡打转。

（六）定位灯

（1）定位灯（Locator Light，图 1-61）与救生衣上的指示灯一样，也是利用水驱动电池工作的。

图 1-60　海锚

图 1-61　定位灯

（2）定位灯位于登船位附近，用于帮助旅客从水中登上救生筏。

（3）灯光可以帮助营救人员在狂风暴雨中识别救生筏。

（七）救生包

救生包（Survival Kit，图 1-62）内的物品在陆地和水上应急情况时生存很有用。在所有展开的救生筏、滑梯/救生筏上，救生包都是系在滑梯救生筏上的，某些机型的飞机在水上迫降准备时需人工将储藏在行李架上的救生包连接到滑梯/救生筏的锁扣装置上。在水中救生包由一根绳索连接，拖挂在救生筏外。在救生筏、滑梯/救生筏与飞机脱离后，应尽快将其拉进船内。

1. 人工充气泵

人工充气泵（Hand Pump，图 1-63）用来给救生筏气囊充气不足时充气。

图 1-62　救生包

图 1-63　人工充气泵

（1）插入或拧入阀门（在明显指示处），如果是拧入的，在充气前阀门必须转到打开位置，在拆下气泵时阀门应在关闭位置（必要时卸下气泵后，用手动方式拧紧阀门）。

（2）关闭时应逆时针旋转。

2. 救生筏手册 / 求生手册

救生筏手册 / 求生手册（Raft Management Guide / Survival Manuals，图 1-64）包括救生筏及其设备维护说明和详细的求生说明。

3. 修补钳

修补钳（Repair Clamp，图 1-65）用来修理破损的救生筏面。

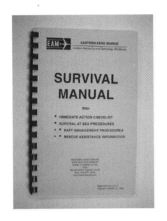

图 1-64　救生筏手册 / 求生手册

图 1-65　修补钳

修补钳的操作方法如下。

（1）小心撕开或用小刀割开小的磨损口，将修补钳下部的垫片穿入磨损口。

（2）面向内层将垫片放平，然后将上方的盖片压下盖好封严。

（3）放下翼形螺帽，将修补钳的两部分垫片拧在一起。

> **注意**
>
> 为便于携带而在修补钳上拴着的长绳必须在手上系好，以防掉出船外。

4. 饮用水

许多救生包中都装有几升饮用水（Package Drinking Water，图 1-66）；若带有罐装饮用水，则必须备有开罐工具。

5. 水净化药片

水净化药片（Water Purification Tablets，图 1-67）并不是去盐药片，其不能使海水 / 咸水可以饮用，而是用来净化收集到的淡水。

图 1-66　饮用水

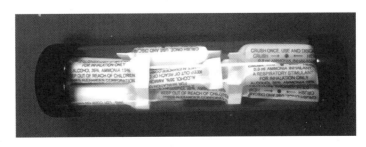

图 1-67　水净化药片

6. 急救用品

急救用品（First Aid Supplies）如图 1-68 所示，包括夹板绷带、碘酒、药膏、氨水吸入器等。

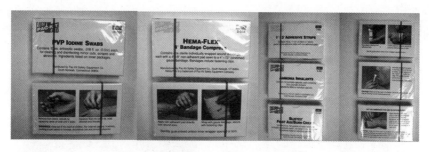

图 1-68　急救用品

7. 通用小刀

通用小刀（Utility knife）作为一般小刀使用，如图 1-69 所示。

图 1-69　通用小刀

8. 烟火信号弹

（1）种类一烟火信号弹（Day/Night Flare）用单筒双端发射求救信号，如图 1-70 所示。

图 1-70　种类一烟火信号弹

白天发射的烟火信号弹一端盖面上摸起来是平滑的，弹筒内喷射出明亮的橘红色 / 红色烟雾，在晴朗、无风的天气可以在 12km 外看到，并且烟雾可持续 20s ；夜晚发射的烟火信号弹一端通过保护盖上的几个突出圆点区分，烟火信号弹喷射出闪亮的红色光柱，在晴空的夜晚可以在 5km 外看到，并且亮光持续大约 20s。

种类一烟火信号弹的操作方法如下。

① 确认好端部再使用。

② 水上迫降时，在船的风下侧握住烟火信号弹伸出船外（水面上方），防止热的燃屑烧坏救生船并防止烟火信号弹的烟雾吹向船上的人员；陆地迫降时，应在高的开阔地带使用。

③ 打开盖子，拉出烟火信号弹中的环形导火线，引燃烟火信号弹。

④ 使用完后，将燃过的一端浸入水中。冷却后，保存好烟火信号弹未用的一部分并存放在救命包内。

（2）种类二烟火信号弹如图 1-71 所示。

种类二烟火信号弹持续燃烧 6s，等于同时点燃3000 支蜡烛产生的光度。

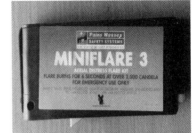

图 1-71　种类二烟火信号弹

种类二烟火信号弹的操作方法如下。

① 取出烟火信号弹装置盒。

② 沿烟火信号弹装置盒开口一端推出烟火信号弹发射器，拉开烟火信号弹装置盒侧的橡胶条。

③ 将烟火信号弹发射器上端推入烟火信号弹装置盒顶部的孔内，顺时针转动到位，使烟火信号弹与发射器相连（连接时禁止扣动发射器扳机）。

④ 拔出带有烟火信号弹的发射器。

⑤ 将发射器竖直举过头顶，大拇指向下扣动扳机并迅速松开，烟火信号弹即射出。

⑥ 逆时针旋转烟火信号弹的残余部分，将其从发射器上卸下，将发射器推进烟火信号弹装置盒内，合上侧面的橡胶胶条。

注意事项：若在咸水中浸泡过，则用清水冲洗发射器和储藏烟火信号弹的凹槽，以防烟火信号弹装置盒内的金属受海水腐蚀；发射装置工作时会产生巨大的热量，切勿射向人群；发射前不要扣动扳机。

9. 海水染色剂

海水染色剂（Sea Dye Marker）如图 1-72 所示。

图 1-72　海水染色剂

1）注意事项

（1）只有在看到搜寻和营救人员并且海水相对比较平静时使用。

（2）含有的化学试剂可以将救生筏周围 300m 的水染成荧光绿色。

（3）持续时间约为 45min。若是波涛汹涌的海面，则持续时间会短一些。晴天和日光下平静的海面上容易被看到。

2）操作方法

（1）将短绳系在救生筏逆风的一方。

（2）拉下盖片释放染色剂。

（3）将染色剂扔到水中。

10. 水驱动手电筒

水驱动手电筒（Flash Light）如图1-73所示，其操作方法如下。

（1）靠电池工作时利用开关或浸入水中接通。

（2）在15km的海域内可以看到亮光。

（3）不用时保存好电池。

11. 信号反射镜

信号反射镜（Signal Mirror）如图1-74所示。

图1-73　水驱动手电筒

图1-74　信号反射镜

1）注意事项

（1）用来向过往的飞机和海上的船只反射太阳光。

（2）镜面上反射光的视程可超过23km。

（3）反射镜可反复使用，若在白天连续使用，则可以给船上的人员互相传用。

（4）拴在镜角上的绳子必须在手上套好，以免掉入水中。

2）操作方法

（1）将太阳光从镜子上反射到一个近旁的表面（筏、手等）。

（2）渐渐将镜子向上移到眼睛水平处并能通过观察孔观看到一个光亮点，这就是目标指示光点。

（3）慢慢地转动身体，调节镜子方向，使目标指示光点落在目标上。

12. 哨子

在雾天或晚上时，哨子（Whistle，图1-75）用于召唤幸存者，或其他救生筏或水上最近区域的船只。

图1-75　哨子

13. 舀水桶和吸水海绵

舀水桶（Water Bailer，图1-76）和吸水海绵（Dehydrated Sponge，图1-77）用来收集水或清除船内积水。

图 1-76 舀水桶

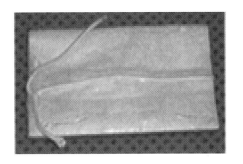

图 1-77 吸水海绵

三、坐垫

旅客的坐垫如图 1-78 所示。

图 1-78 坐垫

（一）目的

坐垫可作为漂浮用的工具。

（二）操作方法

（1）上拉并拔出客舱坐垫。

（2）将带子展开，把垫子压在胸前，紧抵下颌。

（3）双臂从带子中伸出，坐垫紧抵下颌，双手相扣或抓住两侧的带子。

四、救生衣

救生衣如图 1-79 和图 1-80 所示。

（一）目的

救生衣供漂浮时使用。

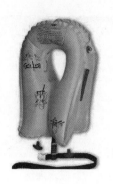

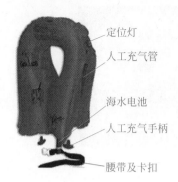

定位灯

人工充气管

海水电池

人工充气手柄

腰带及卡扣

图 1-79　旅客救生衣　　　　　　　图 1-80　机组救生衣

（二）操作方法

1. 对于成人

（1）拉黄色标签带，打开塑料包，取出救生衣。

（2）将救生衣从头上穿过，红色充气阀门应在身前。

（3）将带子从后向前扣好、系紧。

（4）调节带子的松紧，使救生衣下端与腰部吻合。

（5）在离开飞机前拉下红色充气阀门，使气囊充气。

（6）如果救生衣漏气或不能充气，则用人工充气管充气。

2. 对于儿童

（1）拉黄色标签带，打开塑料包，取出救生衣。

（2）将救生衣从儿童的头上穿过，红色充气阀门应在身前。

（3）将背后的救生衣拉下，使其完全展开。

（4）将带子从儿童的两条腿间打叉穿入前面的环中扣好、系紧。

（5）调节带子的松紧，使救生衣下端与腰部吻合。

（6）多余长度的带子缠在儿童的腰间。

（7）离开飞机前拉下一个充气阀门，使一个气囊充气。

（8）若救生衣漏气或不能充气，则用人工充气管充气。

3. 对于婴儿

婴儿救生衣如图 1-81 所示。

图 1-81　婴儿救生衣

（1）打开塑料包，取出救生衣。

（2）将救生衣从婴儿的头部套进。

（3）把一条腿从环形绳索中间跨过，慢慢抽动两腿间的绳索，但不要太紧。

（4）扣好腰间的带子，并系紧。

（5）拉动红色充气手柄或用人工充气方式使救生衣充气。

4. 注意事项

（1）救生衣正反可以调换。

（2）若要释放出救生衣内的气体，可压下充气管内的阀门并挤压救生衣使气体挤出。

（3）旅客救生衣是黄色的，机组救生衣是红色/橘黄色的。

（4）示范用救生衣是黄色的，并设计为不可充气。

（三）救生衣定位灯

救生衣定位灯用于在夜间确定落水旅客的方位。当海水浸入救生衣中底部电池块上的两个小孔内时，电池即开始工作。

> ⚠ **警告**
>
> 定位灯将在几秒内亮并可持续亮 8～10h。

五、应急定位发生器

（一）目的

（1）飞机迫降后，应急定位发生器（Emergency Locator Transmitter，ELT）可为援救提供一个方位信号。

（2）在应急情况时，应急定位发生器可发射无线电频率，频率为 121.5MHz、243MHz、406MHz。

（二）操作方法

1. 种类一应急定位发生器

种类一应急定位发生器如图 1-82 所示。

图 1-82　种类一应急定位发生器

1）操作

（1）在水上。

①将应急定位发射器上的绳索绑在船上。

② 将应急定位发生器投入水中，绳索自动松开（在海水中 5s 后开始工作，在淡水中 5min 后开始工作）。

③ 放入水中后天线即自动伸直。

④ 使应急定位发生器与船体保持尽可能大的距离。

⑤ 终止发射时，将应急定位发生器从水中取出并把它平放在船上。

（2）在陆地上。

① 按应急定位发生器上的说明。

② 将应急定位发生器放到最高处，尽可能周围无障碍物。

③ 松开绳索，伸直天线，取下缠绕在瓶体上的塑料袋。

④ 将应急定位发生器放入盛满水的塑料袋中，不停晃动。如果条件允许，应经常更换塑料袋中的水。塑料袋中的水必须高于应急定位发生器的注水孔。

> **⚠ 警告**
>
> 不可使用带颗粒状物体的液体。

2）注意事项

（1）一旦接通，应急定位发生器将持续发射 48h 以上，作用范围大约为 350km。

（2）应急定位发生器在咸水中比在淡水中发射时间长，在冷水中比在热水中发射时间长。

（3）每次只能使用 1 个应急定位发生器。

2. 种类二应急定位发生器

种类二应急定位发生器（ELT ADT 406S）如图 1-83 所示。

图 1-83　种类二应急定位发生器

1）操作

（1）遇水触发。

① 松开尼龙缚带。

② 从支架上取下应急定位发生器，伸直天线。

③ 将应急定位发生器投入水中，在投入水中之前，确认开关在 ARMED 位（指示灯和声音表示应急定位发生器已触发）。

（2）人工触发（水触发失效或找不到水源的情况下）。

① 松开尼龙缚带。

②从支架上取下应急定位发生器，将开关放置在 ON 位（开关上拉并扳动）。

③应急定位发生器自动开始测试，指示灯闪亮后熄灭（指示灯和声音表示应急定位发生器触发）。

> ⚠️**警告**
>
> 　　无论任何形式的触发，都应确保天线展开，天线应处于垂直状态并位于空旷的区域，远离任何金属片。

2）注意事项

（1）应急定位发生器传递信号的最佳状况是悬浮在水中（如果在船上使用应急定位发生器，应先将应急定位发生器上的绳索绑在船上）。

（2）使用时间：至少48h。

（3）使用范围：卫星接收，全球范围。

（4）获救后或误操作后，应将拨动开关放在 OFF 位。

3. 种类三应急定位发生器

种类三应急定位发生器（KANNAD 406）如图 1-84 所示。

1）操作

（1）遇水触发。

①从固定装置上取下。

②取下应急定位发生器时应拔出安全销（安全销连接在固定支架上，取下时安全销会自动脱开。如未成功拔出脱开，则用力拉断），伸直天线。

③将应急定位发生器投入水中。在投入水中之前，确认开关在 ARMED 位（指示灯和声音表示应急定位发生器已触发）。

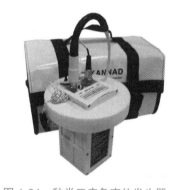

图 1-84　种类三应急定位发生器

（2）人工触发（水触发失效或找不到水源的情况下）。

①从固定装置上取下。

②取下应急定位发生器时应拔出安全销（安全销连接在固定支架上，如未成功拔出，则用力拉断），伸直天线。

③开关拨至 ON 位（指示灯和声音表示应急定位发生器已触发）。

> ⚠️**警告**
>
> 　　①拨动开关拨至 ON 位前，必须先拔出安全销。
> 　　②无论任何形式的触发，都应确保天线展开。天线应处于垂直状态并位于空旷的区域，远离任何金属片。

2）注意事项

（1）应急定位发生器传递信号的最佳状况是悬浮在水中，水上迫降时，先将应急定位发生器上的绳索绑在救生筏上，再将应急定位发生器抛入水中。

（2）使用时间：至少48h。

（3）使用范围：卫星接收，全球范围。

（4）可识别遇险飞机的数码数据（飞机类型、乘客人数、紧急情况类型），方便搜救操作。

（5）获救后或误操作后，应将拨动开关放在OFF位。

4. 种类四应急定位发生器

种类四应急定位发生器（RESCU 406 SE）如图1-85所示。

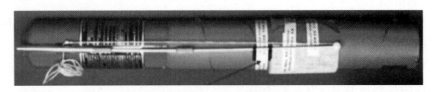

图1-85　种类四应急定位发生器

（1）确认底部的拨动开关在ARM位置。

（2）拉断固定应急定位发生器绳索的水溶绑带，将绳索拉出。

（3）将应急定位发生器上的绳索绑在救生筏上，将应急定位发生器投入水中。

（4）应急定位发生器投入水中后，天线会自动伸展至竖直位，并开始工作（天线是由水溶性的绑带固定在应急定位发生器上的，投入水约2min后，绑带溶化，装有弹簧的天线会自动伸直）。

（5）将应急定位发生器与船体保持尽可能大的距离（绳索约有50ft长）。

（6）暂时关闭方法：将应急定位发生器从水中捞起，将拨动开关放在OFF位。

（7）恢复发射方法：将拨动开关放在ARM位，投入水中。

（8）获救后关闭方法：将拨动开关放在OFF位。

> **注意**
>
> 只有当天线伸展开至竖直位以后，才能有效地发送求救信号。

> **案例与拓展**
>
> **撤　离　绳**
>
> 所有飞机驾驶舱都有两根撤离绳，分别位于左右飞行机组的座椅上方（图1-86）。使用时，先将撤离绳储藏空间的盖板打开，取出撤离绳，确认撤离绳与机体连接固定。打开驾驶舱的窗口，将撤离绳抛出机体，攀附撤离绳离开机体（图1-87）。
>
> 某些飞机机翼旁备有小孔是为了应急撤离时系留救生筏/滑梯而设计的，应急撤离时翼上出口也有救生筏/滑梯，该小孔和系留绳可辅助旅客从襟翼上滑下撤离。

图 1-86　驾驶舱撤离绳储藏位

图 1-87　驾驶舱撤离绳

应急出口撤离绳（图 1-88～图 1-91）的操作如下。

（1）从储藏袋内取出撤离绳。

（2）将撤离绳顶端的挂钩连接在机翼的固定环扣内。

图 1-88　撤离绳的位置

图 1-89　撤离绳

图 1-90　撤离绳上的挂钩

图 1-91　撤离绳与机翼连接处

 任务实施

1. 背景资料

从水上撤离后，来到安全的海域，客舱乘务员将旅客 7～8 人分组，利用求生设备进行工作，如撑开天篷、获取食物和饮用水、海上发射信号等。

2. 实施步骤

步骤 1：地点是模拟舱游泳池 / 空旷的操场等。将全班归为一组进行情景模拟，随机指定学生扮演客舱乘务员、旅客。

步骤2：教师根据背景资料提出相关问题，学生实景带着设备进行讲述、演练。

步骤3：教师现场指导，针对完成任务的完整性、合理性进行有效的分析，培养、引导学生对于水上求生时使用应急求生设备有更多的理解与深度思考。

 任务考核

水上求生设备考核评分表如表1-9所示。

表1-9　水上求生设备考核评分表

班级		组别		
题　目	配分	评分人	得分
滑梯、救生筏的区别及使用	10分	教师	
说出救生筏内的设备（说出5项即可）	20分	教师	
说出救生包内的设备及使用方式（说出5项即可）	20分	教师	
简述水上求生坐垫的使用方法	5分	教师	
分别讲述3种旅客救生衣的使用方法	15分	教师	
说出应急定位发生器的种类及使用（说出2种即可）	20分	教师	
团队协作，对旅客的指挥、安抚等	10分	教师	
教师评分	合计		
评语备注			
评分人			

 项目总结

客舱乘务员在实施飞行的全过程中，应始终对可能发生的各种应急情况保持警戒，根据应急情况的种类及时做出决策，为有可能做出的迫降决策争取更多的准备时间，降低无准备迫降中的伤亡率，提高撤离的速度。其中，最基本的一条就是必须在飞行前认真检查各类应急设备，并实时汇报。

航班急救时带班人员的处置（结合急救设备各任务具体展开）如下。

（1）接到辅助急救客舱乘务员报告后，应第一时间赶往急救现场了解情况，以便安排、参与后续抢救工作。

（2）报告机长，报告内容包括但不限于：

①患病旅客的姓名、性别、年龄和目的地。

②主要症状，包括有无意识。

③ 如果出现威胁生命的紧急情况，可建议机长采取备降程序，使旅客尽快得到完善的医疗救治。

④ 如果机上找不到专业的医护人员或无法立即着陆，机长可与飞行控制台联系，该台可 24h 与国际空港急救组织（AAI）联系。

⑤ 着陆后需要的医疗帮助：轮椅、担架、救护车以及相应的急救药物等。

⑥ 如疑似传染病，必须通知地面检疫部门。

（3）填写相关单据。

应急医疗箱内配备药品器材配备清单、医疗设备和药品使用知情同意书、紧急医学事件报告单和药箱使用反馈信息卡，带班人员应正确规范填写单据，并在航班结束后及时向值班领导汇报，并将事件在任务书中反馈。

 学习笔记

一、单项选择题

1. 压力表指示最小值为（   ）psi，使用后保留的氧气余量是（   ）psi。

    A. 1600，600   B. 1600，500

    C. 1500，500   D. 1500，600

2. POCCA 氧气瓶使用时要确认数字（   ）或者（   ）在显示窗口的中间，并显示清晰。

    A. 2，4   B. 2，3

    C. 3，6   D. 4，2

3. 每个应急医疗箱内配备（   ）支肾上腺素注射液。

    A. 5   B. 4

    C. 3   D. 2

4. 辅助医疗设备通常有 2 个医疗插座，可提供（   ）V/230V 的交流电或（   ）V 的直流电。

    A. 110，25   B. 115，28

    C. 110，28   D. 115，25

5. 当客舱高度大约为（   ）m 时，氧气面罩储藏箱盖板自动打开，面罩落下。

    A. 3000   B. 3200

    C. 4200   D. 4000

二、多项选择题

1. 航班急救时报告机长的内容包括（   ）。

    A. 患病旅客的姓名   B. 性别

    C. 年龄和目的地   D. 有无意识

2. 飞机上未配备人工开氧工具时，客舱乘务员可使用（   ）替代。

    A. 发卡   B. 圆珠笔

    C. 其他尖锐物品   D. 应急斧

3. 航班急救着陆后需要的医疗帮助有（   ）。

    A. 轮椅   B. 担架

    C. 救护车   D. 相应急救药物

4. 客舱供氧系统使用时会发生（   ）的现象。

    A. 氧气发生组件能够发热并会增加客舱的温度

    B. 会闻到燃烧的气味

    C. 会出现一些烟雾

    D. 客舱洗手间上部会自动掉落 2 个氧气面罩

三、简答题

1. 救生筏设施有哪些？各有什么作用？

2. 简述救生包内的物品。

项目二
烟雾和起火处置

知识目标

- 正确识别机上火灾的类型；
- 掌握机上烟雾和起火的基本处置程序；
- 掌握特定设备起火的处置方法；

技能目标

- 机上火灾特性及预防和处置；
- 合理制定灭火方案；
- 灭火操作无不安全行为；
- 正确应对特定设备的灭火处置。

职业素养目标

- 培养学生做好旅客管理和自身保护；
- 培养学生在紧急情况下的灭火施救能力；
- 培养学生团队的合作能力；
- 培养学生较强的安全意识。

案 例 导 入

　　北京飞大连的某航班，准点起飞时间为20时20分，飞机在飞行过程中，因旅客张某某纵火导致后舱突然起火，旅客们惊慌失措，涌向前舱，致使机身失去重心，顷刻间俯冲而下，重重的一头扎进海里。机头和机尾当即解体，机上全部人员遇难。

知识点

飞机起火后容易引发爆炸。机上的火情是民航航班上极为严重和危急的事件，一旦处置不当，将会引发不堪设想的后果，危及机上人员的生命财产安全。一旦发生起火，火势就会快速蔓延，从而难以控制。作为机组人员，必须要时刻保持警惕，及时发现苗头，采取及时、有效的灭火方式。在客机飞行过程中，任何类型的火灾都有可能发生，灭火工作需要飞行机组与客舱机组积极地密切配合。

客舱内常见的火灾分为 A、B、C、D 共 4 类，具体如表 2-1 所示。

表 2-1　火灾的种类

火灾类型	A 类	B 类	C 类	D 类
燃烧物	纸、织物、木类、橡胶、塑料类	易燃液体、油脂类	电器设备类	充电宝、锂电池金属类
失火区域	座椅、衣帽间、行李架	机上烤箱	机上烤箱、烧水杯、坐便器抽水马达、客舱壁板	行李架
适用灭火设备	水灭火瓶、Halon 灭火瓶	Halon 灭火瓶	Halon 灭火瓶	水灭火瓶、Halon 灭火瓶
常见原因	衣物受到高空静电压力的影响自燃	食物加热时间过长，餐食油脂溢出，高温加热后油脂燃烧	电气故障、设备操作失误	电池内部缺陷，电池受到高空静电压力的影响自燃
预防	加强易燃空间的安全检查	每次使用烤箱前检查烤箱内有无油脂残留，掌握正确烘烤时间及温度，不得在烤箱里存放报纸、毛巾等	严格按照电器设备操作规范操作机上电器，监控旅客的不安全行为	控制旅客携带可燃性物质上机，严格进行客舱安全检查
处置	取出相应的灭火设备灭火，避免二次火灾	切断厨房设备电源，及时取出相应设备灭火	第一时间切断设备电源。对于烧水杯，要及时拔下烧水杯电源插头。取出相应的灭火设备灭火	取出相应的灭火设备灭火，必要时紧急迫降撤离飞机

火灾吸入浓烟对身体造成的危害

火灾吸入浓烟有可能致人死亡，也会导致人吸入性损伤。

浓烟致人死亡的主要原因是一氧化碳中毒。在一氧化碳浓度达1.3%的空气中，人吸上两三口气就会失去知觉，呼吸13min就会导致死亡。而常用的建筑材料燃烧产生的烟气中，一氧化碳的含量高达2.5%。

此外，火灾中的烟气里还含有大量的二氧化碳。另外，还有一些材料，如聚氯乙烯、尼龙、羊毛、丝绸等纤维类物品燃烧时能产生剧毒气体，对人的威胁更大。同时，火场中的浓烟和气体还可导致人吸入性损伤。吸入性损伤，就是指热空气、蒸汽、烟雾、有害气体、挥发性化学物质中某些化学成分被人体吸入会造成呼吸道、肺实质的损伤，以及毒性气体和物质吸入引起的全身性化学中毒。

轻度吸入性损伤多限于口鼻腔和咽部，临床可见含炭粒的痰液、口腔红肿、时有水泡，喉部常有轻微疼痛和干燥感；中度吸入性损伤主要侵及咽、喉和气管，常伴有声音嘶哑、上呼吸道发红、水肿；重度吸入性损伤往往伤及支气管、细支气管和肺泡，产生气道黏膜脱落、肺水肿、肺不张等现象，出现严重的呼吸困难。

任务实施

1.背景资料

某架从上海飞往北京的飞机上，客舱出现火情，客舱乘务员根据火情点进行判断，制定合理的灭火方案。

2.实施步骤

步骤1：地点、客舱模拟器。将学生分组，每5～7人一组进行情景模拟，学生扮演客舱乘务员。

步骤2：客舱机组成员根据火灾的类型制定合理的灭火方案。

步骤3：教师现场指导，针对小组讨论的处理方案的合理性进行有效的分析，培养、引导学生对于机上火灾种类以及灭火处置有更多的理解与深度思考。

任务考核

灭火方案考核评分表如表2-2所示。

表2-2 灭火方案考核评分表

班级			组别	
题 目		配分	评分人	得分
客舱内常见的4类火灾适用灭火设备		20分	教师	
A类火灾的灭火方案		15分	教师	

题　目	配分	评分人	得分
B 类火灾的灭火方案	15 分	教师	
C 类火灾的灭火方案	15 分	教师	
D 类火灾的灭火方案	15 分	教师	
Halon 灭火瓶的使用方法、注意事项	10 分	教师	
水灭火瓶的使用方法、注意事项	10 分	教师	
教师评分	合计		
评语备注			
评分人			

任务二　灭火 / 灭烟基本程序

知识点

　　机上烟雾通常由燃烧产生，因此必须要把机上烟雾当作失火来进行处置。机上较易出现烟雾的地方是洗手间、厨房及客舱壁板处，在执行航班时应多注意观察这些地方，同时应密切注意客舱情况，及时回应旅客的呼叫。值班客舱乘务员不得离开岗位，至少每隔 15min 巡视一趟客舱。机上电子设备，如烤箱、热水器、烧水杯、座椅控制开关盒等发生故障时产生的烟雾通常可以直接观察到。但有时可能看不到烟雾，只能闻到特殊气味，客舱乘务员应该保持警觉，要迅速找到气味最浓的地方，以便确定烟雾源的准确位置。

　　飞机内部由人造化工原料制成，在燃烧情况下可产生大量的毒烟。烟雾中含有大量有毒化学成分，烟雾会快速扩散，其有毒化学成分能够迅速破坏人体的判断力，加上飞机的密闭性高，有毒气体和烟雾都很难散发出去。在这种情况下，机上人员会因吸入有毒的烟气而中毒身亡。

一、灭火 / 灭烟基本处置

　　灭火程序需要至少 3 名客舱乘务员完成，一人负责灭烟 / 灭火，一人负责通信联络，一人负责援助灭火。

（一）确定灭火角色

（1）灭火程序需要至少 3 名客舱机组成员的工作组。团队努力是消灭机上火情的最有效的方法，按照下列人员确定工作：消防员、通信员、辅助消防员。

（2）机组交流和配合是非常重要的，这 3 个客舱机组成员发挥互补作用，因为他 / 她们同时执行自己的分工，以便优化灭火工作。

① 消防员。首先发现失火的机组成员应该承担消防员的工作。

a. 迅速告诉其他的客舱机组成员。

b. 取下最近的灭火瓶。

c. 立刻确定火源。

d. 灭火。

⚠警告

　　实施灭火时必须移走易燃、易爆物；确认附近电器已断电，关闭设备电源，拉断电路断路器（烤箱、烧水器、灯等）。如果此时在飞机上闻到煤油、汽油、酒精或化学物品的味道，不要打开或关闭任何电器，提醒旅客不要按呼唤铃或开阅读灯。

② 通信员。现场第 2 位客舱机组成员为通信员。

a. 立即通知飞行机组失火 / 冒烟的情况，包括如下内容。

- 位置 / 形状。
- 火源 / 烟源。
- 严重程度 / 浓度（烟雾浓度，如浓厚、稀薄、微量；颜色，如灰色、黑色、白色、蓝色、棕色；气味，如腐败味、电气味、橡胶味、油脂味等）。
- 灭火进展。
- 已使用的灭火瓶数量。
- 灭火，开始计时。

b. 立即通知客舱经理 / 乘务长和其他客舱机组人员提供援助。

c. 如未通知其他客舱乘务员，客舱经理 / 乘务长立即使用 PA 广播或应急呼叫全体乘务员并告知起火方位、需要帮助。

③ 辅助消防员。现场第 3 位客舱机组成员为辅助消防员，其工作内容如下。

a. 提供额外的灭火设备。

b. 戴上防护式呼吸装置接替未采取防护措施的客舱乘务员灭火，提供灭火援助。

c. 清除区域中可燃烧的物品。

d. 辅助消防员必须准备代替消防员，并且按需与消防员交换工作。

（3）支援机组成员。

① 支援机组成员并不直接参与灭火工作，但要求他们提供援助。例如，立即把防护式呼吸装置与灭火瓶送往起火处，重新安排旅客的位置，提供急救，让旅客保持冷静并且安抚旅客。

② 出现任何火情或烟雾后，一名机组成员应该在剩余的飞行中负责监控受影响区域，

并且定期向乘务长报告。

（4）客舱经理/乘务长保持和飞行机组的联系，及时向飞行机组提供准确的灭火工作说明以及客舱的形势，保持驾驶舱门关闭。

（5）这些行动应与整个机组行动保持一致，并做好撤离准备。

注意事项如下。

① 为防止飞机失去平衡，影响飞行姿态，控制客舱内旅客的情绪显得尤为重要，严禁旅客大面积纵向移动。

② 随着烟雾和火的持续，在客舱内的氧气会被消耗，应使用 PA 广播或扩音器通知旅客。

③ 在充满烟雾的客舱内：

a. 劝告旅客把头保持在扶手的水平上。

b. 向旅客提供湿毛巾，并让旅客用它来捂住口鼻处；或递上装满水的冰桶，并告诉旅客把衣物、手帕等弄湿，遮在口鼻处。

④ 不要让旅客使用活动氧气瓶上的连续流量氧气面罩或客舱氧气系统的面罩，这些装置不能阻止吸入周围的空气，并且不能过滤烟雾。

（二）地面烟雾和起火的基本处置程序

（1）对烟雾和起火状况进行评估并且请求帮助。

（2）应急撤离。

① 根据驾驶舱机组的指示进行应急撤离。

② 如果驾驶舱没有任何指示信息，在发生极具威胁性的火灾或烟雾时，客舱机组发出应急撤离信号并组织旅客撤离。

③ 撤离时需确认机门待命状况，并进行应急撤离。

> **⚠ 警告**
>
> 任何应急撤离都必须在飞机完全停稳的情况下才能实施。

（三）飞机在起飞、下降阶段出现明火火情

如果飞机在起飞、下降阶段出现明火火情，发现客舱火情的客舱乘务员应迅速报告机长，尽可能及时控制火情，实施灭火程序；大声命令旅客、指挥旅客"低下头、俯下身，用衣袖捂住口鼻"，根据机长的指令执行"撤离或不撤离"的程序。

二、灭火/灭烟结束后的处置

客舱乘务员充分检查失火区域的损毁情况，确认没有影响其他区域；客舱乘务员应在灭火/灭烟结束后对旅客、机组人员及客舱情况进行检查，并报告客舱经理/乘务长，同时报告给机长。如果造成人员伤害，客舱机组应及时进行救治。客舱经理/乘务长应填写机上事件报告单并上报局方，该报告单以电子形式或纸质形式至少保留 24 个日历月。

国航某航班（北京—洛杉矶），北京时间 21∶13 从北京首都国际机场起飞。在俄罗斯空域飞行过程中，飞机出现后货舱火警信息，机组按照火警处置程序及时进行处置。为确保安全，该航班于北京时间次日 2∶55 就近安全备降俄罗斯阿纳德尔机场，并实施紧急撤离程序，人机安全。机组人员的专业处置被网友纷纷点赞，客舱乘务员在旅客安全撤离之后抱团取暖的画面也打动了很多人的心。

但同样是货舱火警，在 1980 年 8 月 19 日，沙特阿拉伯航空某航班起飞不久，驾驶舱接到货舱烟雾报警。机组人员花费了 4min 确认真假，之后才决定降落。飞机降落后并没有停下而是继续滑行，之后机长指示不需启动撤离程序。23min 后，救援人员才进入客舱，而此时机上所有人员已经全部因为吸入浓烟而死亡。

任务实施

1. 背景资料

某架从上海飞往北京的飞机上，厨房烤箱突然失火，厨房烤箱门的缝隙已经出现烟雾，客舱乘务员根据火灾的类型进行相应的灭火处置。

2. 实施步骤

步骤 1：地点是客舱模拟器。将学生分组，每 5 ～ 7 人一组进行情景模拟。教师扮演机长，学生分别扮演乘务长和客舱乘务员。

步骤 2：机组成员根据火灾的类型制定合理的灭火方案，进行相应的灭火处置。

步骤 3：其他学生担任旅客，观察小组之间分工是否合理、灭火过程是否规范并评分。

步骤 4：教师现场指导，针对学生实操训练中存在的问题及出现的错误，教师在纠错的同时进行示范并讨论分析，最后对学生的练习情况给予总结和评价。

任务考核

烤箱灭火处置考核评分表如表 2-3 所示。

表 2-3　烤箱灭火处置考核评分表

班级			组别				
项目	评分标准	配分	评分人	得分			
				消防员	通信员	辅助消防员	其他成员
仪容仪表	妆面淡雅，晕色自然；头发、盘发整洁大方；服装按要求穿着整齐	10分	学生				
			教师				
神态	自信、坚定、积极	10分	学生				
			教师				

项目	评分标准	配分	评分人	得分			
				消防员	通信员	辅助消防员	其他成员
灭火处置	切断烤箱电源	20分	学生				
			教师				
	立刻确定火源,移走易燃易爆物	20分	学生				
			教师				
	取下最近的灭火瓶灭火	20分	学生				
			教师				
	立即通知飞行机组	20分	学生				
			教师				
	报告失火/冒烟具体内容	20分	学生				
			教师				
	立即通知乘务长和其他客舱机组提供援助	20分	学生				
			教师				
	正确戴上防护式呼吸装置	20分	学生				
			教师				
	提供额外的灭火设备	20分	学生				
			教师				
	接替未采取防护措施的乘务员灭火	20分	学生				
			教师				
	传递灭火瓶,移走火源附近的可燃物	20分	学生				
			教师				
	控制旅客情绪,合理转移火源附近旅客	20分	学生				
			教师				
	自身做好防护,指导旅客做防护姿势	20分	学生				
			教师				
灭火后	设备归位并固定	10分	学生				
			教师				
团队协作	小组配合默契,分工明确,具有强烈的紧迫感	10分	学生				
			教师				
学生评分(40%)			合计				
教师评分(60%)							
评语备注							
评分人							

注:表格中灰色部分无须打分。

项目二 烟雾和起火处置

任务三　特定设备起火处置

 知识点

一、厨房烤箱、垃圾箱、烧水杯、其他设备起火

厨房区域如发生火情，首先要关闭该区域的电源，负责灭火的客舱乘务员要使用防护式呼吸装置保护自己。使用 Halon 灭火器进行灭火，通知其他客舱乘务员并报告机长，迅速移走火区的易燃物品。

（一）烤箱起火

（1）第一个发现火情的自动成为消防员，他的职责是切断烤箱电源（图 2-1），断开烤箱开关；确认火情，移走易燃易爆物品，就近取灭火瓶，进行灭火（参考语言："我来灭火，你去报告"）。如果从烤箱四周冒出火苗，将烤箱门关闭，向烤箱周围喷洒灭火剂，以创造惰性气体保护环境；稍微打开一点烤箱门，仅够插进灭火器喷嘴即可，将灭火剂从门缝喷入（图 2-2）。被消防员指定的人员即为通信员，他的职责是确认火情，将起火的方位、火势大小、气味、烟雾颜色等立即报告机长，同时通知其他组员进行支援；在整个灭火过程中，随时确认火情并传递信息。辅助消防员是到达现场的第 3 位成员，其应在远离火源处戴上防护式呼吸装置，接替消防员的工作。

图 2-1　切断烤箱电源

图 2-2　烤箱灭火

（2）在灭火过程中，机组成员都担任着很重要的角色，其他客舱乘务员提供灭火设备、转移失火区域的旅客、控制客舱、指导防烟姿势。可参考口令：低下头、弯下腰，用领口、袖口捂住口鼻处。Keep low, band over. Cover your nose and mouth.

（3）检查烤箱周围的服务设施，专人监控，防止复燃。

（4）在灭火过程中信息畅通、团结协作是灭火的关键。

通过图 2-3 所示的行动图，可以清楚地看到基本的灭火程序。

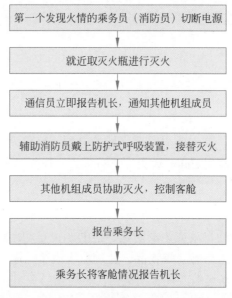

图 2-3　烤箱灭火行动图

灭火中：乘务长保持与机组的联系，保持驾舱门关闭，控制整个客舱；消防员判断火灾类型，就近取灭火瓶立即灭火；通信员确认火情，传递信息；辅助消防员按需接替消防员的工作；其他客舱乘务员继续提供援助，维持客舱秩序。

灭火成功后：通知其他机组成员将灭火设备归位。

后续：检查客舱设备的损坏情况、旅客的伤亡情况、应急设备的使用情况，报告乘务长，乘务长将情况报告机长，机长根据失火情况判断是否需要备降或应急撤离。烤箱灭火具体处置如表 2-4 所示。

表 2-4　烤箱灭火具体处置

操作步骤	操作程序	职　责
1	第一个发现火情的自动成为消防员	切断烤箱电源，断开烤箱开关；确认火情，移走易燃易爆物品，就近取灭火瓶，进行灭火（参考语言："我来灭火，你去报告"）
2	被消防员指定的人员即为通讯员	确认火情，将起火的方位、火势大小、气味、烟雾颜色等立即报告机长，同时通知其他组员进行支援
3	辅助消防员是到达现场的第三位成员	戴上防护式呼吸装置，接替消防员的工作
4	其他客舱乘务员	提供灭火设备，转移失火区域的旅客，控制客舱，指导防烟姿势
5	灭火后	检查烤箱周围的服务设施，专人监控，防止复燃

（二）垃圾箱起火

若垃圾箱起火，应向垃圾箱内释放 Halon 灭火剂，或倒入饮料、茶水和咖啡，关上垃圾箱门。

（三）服务车和储物柜起火

若服务车和储物柜起火，应切断厨房电源，向服务车和储物柜释放 Halon 灭火剂，并把门关上。

（四）控制面板

若控制面板起火，应报告机长，同时迅速切断厨房电源，释放 Halon 灭火剂灭火。

（五）烧水杯起火

若烧水杯起火，应切断电源，拔下烧水杯，释放 Halon 灭火剂进行灭火。

二、洗手间起火

洗手间起火在飞机上火灾中占的比例是较大的，45% 左右的火灾发生在洗手间。如果烟雾探测器发出警告声，表明洗手间可能发生冒烟或起火现象，客舱乘务员应立即执行空中烟雾和起火的处置程序，还应做出如下处置（图 2-4）。

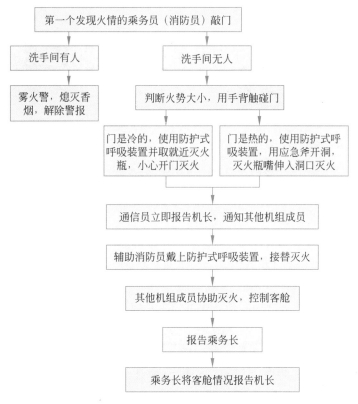

图 2-4　洗手间灭火行动图

（一）敲门，确定是否有人

（1）如果洗手间有人，则尝试与洗手间使用者联系。如果是旅客吸烟导致烟雾探测器报警，则让该旅客熄灭香烟或确认烟头的位置，特别注意垃圾箱，打开门将烟雾从洗手间内清除。警报解除后，婉转地与该旅客进行沟通，并且通知飞行机组和安保组。

（2）如果洗手间无人，则进行灭火处置。

（二）灭火程序

（1）第一个发现火情的自动成为消防员并通知其他客舱乘务员（参考语言："我来灭火，你去报告"），用手背对洗手间门的上、中、下部进行探温并感觉门缝的热度（图2-5），使用防护式呼吸装置并就近取Halon灭火瓶。

① 如果洗手间门和四周舱壁是冷的，则小心地开门（不要正对门缝），如图2-6所示。确认火源的位置，使用Halon灭火器灭火，直至确认火源完全熄灭。为了压住火焰，也可使用潮湿的毛毯打灭火苗。

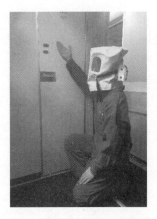

图2-5　用手背感觉门缝的热度

图2-6　小心开门灭火

② 如果洗手间门和四周舱壁是热的，则用应急斧在门/舱壁（高温处）上撬一个洞，将灭火瓶嘴伸入洞口（图2-7），并释放灭火剂。一瓶使用完后，将门关好。如果有烟雾从门四周溢出，则用湿毛毯或毛巾堵住缝隙。

（2）被消防员指定的人员即为通信员，他的职责是确认火情，将起火的方位、火势大小、气味、烟雾颜色等立即报告机长，同时通知其他组员进行支援；在整个灭火过程中，随时确认火情并传递信息。

（3）辅助消防员是到达现场的第3位成员，其应在远离火源处戴上防护式呼吸装置，可接替消防员的工作。

（4）其他客舱乘务员提供灭火设备，移开易燃易爆物品，转移失火区域的旅客，控制客舱，指导防烟姿势。可参考口令：保持低姿态，用领口、袖口捂住口鼻处。（Keep low, band over. Cover your nose and mouth.）

（5）检查洗手间内的服务设施（图2-8），并由专人监控，防止复燃。

图 2-7 应急斧撬洞

图 2-8 检查洗手间

（三）注意事项

（1）打开洗手间门时要小心，防止氧气突然进入，加重火情；门上的洞口与喷嘴大小相同，喷完后应封住洞口。

（2）灭火成功后，关闭该洗手间并报告机长。

（3）检查客舱设备的损坏情况、旅客的伤亡情况、应急设备的使用情况，报告乘务长，乘务长将情况报告机长，机长根据失火情况判断是否需要备降或应急撤离。洗手间灭火具体处置如表 2-5 所示。

表 2-5 洗手间灭火具体处置

操作步骤	操作程序	职责
1	第一个发现火情的自动成为消防员	（1）告诉其他客舱乘务员（参考语言："我来灭火，你去报告"）。 （2）用手背感觉门的热度。 （3）如果门是冷的，取就近的灭火瓶。 （4）如果门是热的，使用防护式呼吸装置并取就近的灭火瓶，用应急斧在门/舱壁（高温处）上劈一个洞，将灭火瓶嘴伸入洞口灭火
2	被消防员指定的人员即为通讯员	确认火情，将起火的方位、火势大小、气味、烟雾颜色等立即报告机长，同时通知其他组员进行支援
3	辅助消防员是到达现场的第三位成员	戴上防护式呼吸装置，接替消防员的工作
4	其他客舱乘务员	提供灭火设备，转移失火区域的旅客，控制客舱，指导防烟姿势
5	灭火后	检查洗手间，并由专人监控，防止复燃

三、衣帽间和储物柜失火

衣帽间和储物柜的灭火处置与洗手间基本相同。如果感觉门是冷的，应将衣帽间和储物柜里未燃烧的衣物和物品移走，不要移动已燃烧的物品。

（一）无门的衣帽间

如果衣帽间只用帘子隔开，没有门，发现烟情火情后，客舱乘务员应：

（1）立即取用灭火瓶灭火。

（2）搬开未燃烧的衣物或物品。

（3）检查火是否被扑灭。

（4）监视衣帽间的物品，保证余火灭尽。

（二）有门的衣帽间

有门的衣帽间如果冒烟／起火，处置程序同洗手间冒烟／起火处置程序（图2-9）。

四、行李架起火

如果发现行李架冒烟，可采取以下措施：将旅客撤离出此区域，同时通知机长；用手背触感行李架表面的温度，找出温度最高的区域，确定烟源／火源位置；将行李架打开一条小缝，仅够插进灭火器喷嘴即可（图2-10）；将灭火剂喷入行李架内，关闭行李架。重复上述灭火步骤，直至火被扑灭。灭火成功后，关闭行李架，报告机长。

图2-9　衣帽间灭火

图2-10　行李架灭火

五、荧光灯整流器起火

荧光灯整流器为客舱侧壁灯提供电流，长时间使用整流器可能会过热，造成具有明显气味的烟雾。如整流器过热，客舱乘务员应通知机长，并关闭该区域的灯光，必要时实施灭火。

案例与拓展

　　河南省机场公安局航站楼派出所接到一航班机组报警称，一名女性旅客在航班起飞过程中使用电子烟。航班落地后民警立即赶到现场，依法将女子带离进行调查。

经民警查证,该名旅客是一名大二在校生,自称知道在飞机飞行过程中不能吸烟,但想着电子烟和普通香烟有区别,没有明火,应该可以使用,于是在座位上吸了一口电子烟,不料被安全员当场发现。经过民警批评教育,该名旅客深刻认识到自己的错误行为,依据《中华人民共和国治安管理处罚法》相关规定,郑州机场警方对该名旅客做出罚款 200 元的行政处罚。

近些年电子烟成为广大烟民的新宠,但电子烟和普通香烟一样也会产生烟雾,极易触发航空器烟感报警系统,同时电子烟产品的电池在使用过程中也存在一定的安全隐患。根据《中国民用航空局公安局关于维护民用航空秩序保障航空运输安全的通告》(以下简称《通告》),"吸烟(含电子香烟)"明确列为航空器内禁止的行为之一。《通告》中写道:违反通告规定的,公安机关将根据《中华人民共和国民用航空安全保卫条例》给予警告、罚款、拘留的处罚;构成犯罪的,依照《中华人民共和国刑法》追究刑事责任;给单位或者个人造成财产损失的,依法承担赔偿责任。

 任务实施

1. 背景资料

某架从上海飞往成都的飞机上,洗手间烟雾探测器突然报警,洗手间门缝已经冒出烟雾,客舱乘务员及时发现,立即展开灭火。

2. 任务实施

步骤 1:地点是客舱模拟器。将学生分组,每 5～7 人一组进行情景模拟。教师扮演机长,学生分别扮演乘务长和客舱乘务员。

步骤 2:机组成员根据洗手间灭火的特点,进行相应的灭火处置。

步骤 3:其他学生担任旅客,观察小组之间分工是否合理、灭火过程是否规范并评分。

步骤 4:教师现场指导,针对学生实操训练中存在的问题及出现的错误,教师在纠错的同时进行示范并讨论分析,最后对学生的练习情况给予总结和评价。

 任务考核

洗手间灭火处置考核评分表如表 2-6 所示。

表 2-6 洗手间灭火处置考核评分表

班级			组别				
项目	评分标准	配分	评分人	得分			
				消防员	通信员	辅助消防员	其他成员
仪容仪表	妆面淡雅,晕色自然;头发、盘发整洁大方;服装按要求穿着整齐	10分	学生				
			教师				

项目	评分标准	配分	评分人	得分			
				消防员	通信员	辅助消防员	其他成员
神态	自信、坚定、积极	10分	学生				
			教师				
灭火处置	敲门，感觉门的温度判断火情大小	20分	学生				
			教师				
	正确佩戴防护式呼吸装置，移走易燃易爆物品	20分	学生				
			教师				
	取下最近的灭火瓶灭火	20分	学生				
			教师				
	立即通知飞行机组	20分	学生				
			教师				
	报告失火/冒烟具体内容	20分	学生				
			教师				
	立即通知乘务长和其他客舱机组提供援助	20分	学生				
			教师				
	接替乘务员灭火或为其提供帮助	20分	学生				
			教师				
	提供额外的灭火设备	20分	学生				
			教师				
	清除区域中可燃烧的物品	20分	学生				
			教师				
	传递灭火瓶	20分	学生				
			教师				
	控制旅客情绪，合理转移火源附近旅客	20分	学生				
			教师				
	自身做好防护，指导旅客做防护姿势	20分	学生				
			教师				
灭火后	设备归位并固定	10分	学生				
			教师				
团队协作	小组配合默契，分工明确，具有强烈的紧迫感	10分	学生				
			教师				
学生评分（40%）			合计				
教师评分（60%）							
评语备注							
评分人							

注：表格中灰色部分无须打分。

客舱应急处置教程

项目二　烟雾和起火处置

任务四　锂电池及便携式电子设备起火处置

知识点

锂电池是指电化学体系中含有锂（包括锂金属、锂合金、锂离子、锂聚合物）的电池。锂电池主要应用于手机、充电宝、电脑主板等。

（一）按性质分

锂电池按性质可以分为锂金属电池和锂离子电池。

（1）锂金属电池（包括锂合金电池）：内含金属态的锂，以金属锂或锂合金为负极材料，金属氧化物或其他氧化剂为正极材料，固体盐类或溶解于有机溶剂的盐类作电解质，通常是不可充电的一次电池。

（2）锂离子电池（包括锂聚合物电池）：不含金属态的锂，以锂化合物为正极材料，石墨为负极材料，锂盐溶于有机溶剂中形成的溶液作电解质，是可以充电的二次电池。

（二）按结构分

锂电池按结构可以分为锂电池芯和锂电池。

（1）锂电池芯（Cell）是由一个正极和一个负极组成且两个电极之间有电位差的单一的、封闭的电化学装置。

（2）锂电池（Battery）是用电路连接在一起的两个或多个锂电池芯，并安装有使用所必需的装置，如外壳、电极端子、标记和保护装置等。

在某些情况下，锂电池的内部会发生多种化学反应而产生大量的热，从而引起电池温度升高，当热量累积到某一个临界值时会导致电池燃烧和爆炸，从而引发火灾。

一、锂电池起火

（一）锂电池起火处置

中国民航法律规定机上禁止使用锂电池移动电源（充电宝）给电子设备充电，且必须放在关闭位。客舱乘务员如发现旅客使用锂电池移动电源（充电宝）给电子设备充电，应立即给予制止，并关闭电源。

（1）锂电池在使用或充电过程中都会因为过热而起火随后爆炸。其产生的火焰会反复爆炸，就像电池的每一个细胞破坏，释放它的组成内容。

（2）一旦锂电池起火，应立即重新安置旅客，远离设备，使用水灭火器或其他灭火设备防止火势蔓延。

（3）在火熄灭之后，倒水或其他不含酒精的液体能提供有效的冷却，防止再次起火。

（二）注意事项

（1）不要试图捡起或移动一个正在冒烟或起火的设备。

（2）不要覆盖起火设备，不要使用冰让其降温，冰不能使锂电池设备完全降温和隔绝氧气。

（3）不要使用防火烧伤袋隔离燃烧的锂电池。

（三）灭火小组

形成灭火小组实施锂电池应急处置程序是锂电池机上应急处置的有效方式之一。灭火小组可以由若干个客舱机组人员组成，处置过程中，灭火小组应至少有一人佩戴防护设备。

灭火小组人员承担的行动角色及主要职责（图2-11）分别如下。

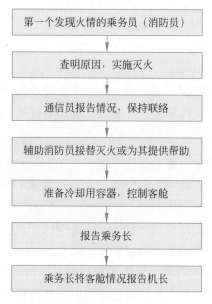

图 2-11　锂电池灭火行动图

（1）消防员：通常是发现火情的人或距离灭火设备最近的人，主要职责是查明火源，根据火情发生位置正确使用灭火设备并实施灭火。

（2）通信员：主要负责机组间的信息传递。通讯员应及时按公司手册要求向机长报告相关信息，并向客舱机组反馈飞行机组的进一步指令。

（3）辅助消防员：作为第二消防员，负责收集机上可使用的灭火设备及其他可利用资源；监控灭火设备使用时间和数量；做好自身防护，及时替换主要消防员或为其提供帮助。

除以上承担灭火小组职责的客舱机组外，其他客舱机组人员应疏散转移安置火源区域人员，指导并协助相关人员采取防护措施；转移或妥善安放相关区域的氧气瓶或其他设备；提前准备好适于冷却锂电池、含锂电池设备或相关行李的容器。其他客舱机组人员应按其号位承担各自的其他客舱安全职责。客舱内锂电池应急处理程序如表2-7所示。

表 2-7 客舱内锂电池应急处置程序

步骤说明	客舱机组行动	飞行机组行动
1. 查明原因，明确信息	（1）查明物品，确认由锂电池引发。 （2）掌握事件发生位置、现象、涉及人员，确定处置措施。 （3）维持客舱秩序，安抚旅客，必要时进行人员疏散转移	
2. 报告情况，保持联络	立即向机长报告，保持联络，在必要时进行持续报告	（1）视情向空中交通管制部门（ATC）报告。 （2）保持与客舱机组的联络。 （3）视情做好防护，按手册启动相应程序。 （4）保持驾驶舱门关闭，做好进一步应急处置准备
3. 切断电源（适用时，此步骤也许已在查明原因环节完成）	（1）关闭含锂电池设备电源。 （2）断开含锂电池设备的外接电源或与该设备相连的机上电源。 （3）断开机上相关电源	按非正常检查单完成相关程序
4. 实施灭火处置	（1）按事发位置实施相应灭火处置，注意人员安全防护。 （2）准备冷却用容器。 （3）做好进一步应急处置准备并向机长报告处置情况	
5. 冷却降温	（1）用水或其他不可燃液体对锂电池、含锂电池设备或相关行李进行淋洒降温（图 2-12） （2）评估灭火后锂电池或含锂电池设备状态是否趋于稳定。如可能，由做好个人防护的人员将其从行李中取出继续进行冷却，或在行李相应位置处开口向内灌水冷却	
6. 移动和监控	（1）确认灭火后的设备不再出现冒烟等现象，状态稳定后，使用注入水的垃圾箱、冰桶等辅助工具（图 2-13）移动其至风险较小区域。 （2）指派专人监控。 （3）记录事件经过，留存相关物证。 （4）向机长报告处置情况	（1）保持与客舱机组的联络。 （2）做好进一步应急处置准备
7. 落地后处置	（1）向相关人员报告并移交相关物证。 （2）配合事件调查和报告的相关工作	（1）向相关人员报告并移交相关物证。 （2）配合事件调查和报告的相关工作

69

注：（1）表格"步骤说明"栏列出了内容提示，"客舱机组行动"栏和"飞行机组行动"栏分别列出了实施应急处置机组和辅助应急响应机组的行动说明。

（2）虽然表格按序号列出了应急处置步骤，但机组人员在实施应急处置时，应根据实际情形酌情对步骤进行合并或调整，以达到更好的处置效果。

（3）风险较小区域包括盥洗室、操作间、最低爆炸风险区等。

（4）如果锂电池、含锂电池设备仅出现发热迹象，并未起火／冒烟，应参照步骤 5 和步骤 6 的相关措施进行处置。

图 2-12　锂电池

图 2-13　冷却用容器

二、便携式电子设备起火

便携式电子设备，如笔记本电脑、移动电话和音乐播放器等，均配装电池，在使用、充电或被挤压时都有可能起火（图 2-14 和图 2-15）。如果某一电子设备开始变热或者散发烟雾或产生火焰时，应做如下处置。

图 2-14　移动电话起火

图 2-15　笔记本电脑起火

（1）按照程序使用最近的灭火器进行灭火。

（2）拔掉设备上的外部电源（如可能）。

（3）将设备浸泡在不可燃的液体中，以充分冷却设备，避免因高温引燃其他邻近的电池。

（4）整个灭火过程中，应保持客舱机组与驾驶舱机组的联系。

（5）建议设备的主人将设备留下，以便后续调查，填写机上事件报告单，并上交至所在运行单位。

如果发生溢出或渗漏，按照以下步骤处置。

（1）提取机上所设应急处理箱，或寻找其他用来处理溢出物或渗漏物的物品，包括纸巾、报纸等吸水性强的纸张或织物，烤箱手套或防火手套，至少 2 个大的聚乙烯袋子，至少 3 个小一些的聚乙烯袋子。

（2）戴上防火手套，保护好自己的手，在防火手套外加一层聚乙烯袋子，能起到适当的保护作用；当有浓烟和火时，应始终佩戴防护式呼吸装置。

（3）如有较浓烟雾，不能使用氧气设备，且烟雾扩散，应立即将乘客转移至安全区域。

（4）把锂电池物品放进聚乙烯袋子中。

三、锂电池机上应急处置报告要素

发生锂电池起火／冒烟事件时，客舱机组应立即将相关情况准确、客观、简洁地向机长报告。在随后应急处置的必要节点，客舱机组应及时和持续地进行报告，以便机长和飞行机组随时了解危险状况及处置效果，判断事态趋势并采取进一步行动。锂电池机上应急处置报告要素如表 2-8 所示。

表 2-8　锂电池机上应急处置报告要素

节　点	报告项	要　素
初发阶段（第一时间）	位置	涉事物品或行李所处位置，如行李架内、座椅下方、走道、相关座位号等
	人员	有无人员受伤、是否已确认涉事物品或行李的所属人、客舱秩序和旅客情况等
	现象	见明火／冒烟、声音、势态（颜色、气味、热度）等
	初判原因	是否由锂电池引发
	处置措施	是否实施应急处置、是否启用应急设备、已经或正在采取的行动等
处置阶段（持续整个处置过程）	位置	涉事物品或行李是否转移
	人员	有无人员受伤、客舱秩序和旅客情况
	现状或趋势	应急处置是否有效、事件是否得到控制、机体是否受损、客舱内烟雾情况等
	确认原因	是否已确认引发事件的原因
	处置措施	应急设备使用情况、采取的应急处置措施等
监控阶段（有效处置后）	位置	涉事物品或行李是否转移到风险较小区域或其他位置等
	人员	有无人员受伤、客舱秩序和旅客情况等
	现状	涉事物品或行李和周围环境的监控情况、机体是否受损、客舱内烟雾情况等
	确认原因	是否已确认引发事件的原因
	处置措施	应急设备使用情况、采取的应急处置措施等
	记录和取证	事件记录以及相关人员的取证情况

注：客舱机组应根据实际情况，以准确简要为原则，在报告时视情合并或省略不重要的报告信息。

四、事件报告及后续工作

（一）报告要求

《危险品航空运输事件判定和报告管理办法》规定，锂电池机上起火、冒烟情形属于危险品紧急事件。境内发生时，经营人应当立即通过电话向事发地（空中发生时为航空器首次着陆机场）监管局运输部门进行初始报告；事发后 12h 内，经营人应使用危险品航空运输事件报告系统向局方报告。境外发生时，经营人应当立即通过电话向公司所属地监管局运输部门进行初始报告；事发后 24h 内，经营人应使用危险品航空运输事件报告系统向局方报告。

（二）后续工作

应在相关文件或手册中对锂电池机上起火/冒烟事件的后续工作进行规范，具体内容包括机组人员的事件记录、相关人员信息及证据的留存以及与地面相关部门的交接、地面相关部门的接管、报告等。

案例与拓展

北京首都机场一架即将出港的某航空客A330飞机起火冒烟，火势迅速蔓延，飞机顶部很快被烧穿，滚滚黑烟在首都机场上空弥漫。该架飞机原定于从北京飞往东京，事发时，已经有不少旅客登机。飞机的火情是旅客在登机过程中发现的，旅客登机时发现飞机前货舱冒烟，立刻向机组反应，机组确认后，组织全部旅客撤离，无人受伤。火势很快从货舱蔓延至客舱，机场方面派出了消防车到场扑救，两三辆消防车瞄准出事飞机不断喷水。这架空客A330无法修复，只能报废，损失惨重。飞机的火灾是由货舱中锂电池着火引起的，这次飞机起火幸好没有造成人员伤亡，但如果着火/冒烟不是发生在地面，而是发生在万米高空，那对全机几百人来说，就是在劫难逃的灭顶之灾。

 任务实施

1. 背景资料

某架从上海飞往广州的飞机上，行李架内突然冒烟，机上客舱乘务员及时发现，立即展开灭火。据某旅客反映，是自己行李中的锂电池起火。

2. 任务实施

步骤1：地点是客舱模拟器。将学生分组，每5～7人一组进行情景模拟。教师扮演机长，学生分别扮演乘务长和客舱乘务员。

步骤2：机组成员根据锂电池灭火特点进行相应的灭火处置。

步骤3：其他学生担任旅客，观察小组之间分工是否合理、灭火过程是否规范并评分。

步骤4：教师现场指导，针对学生实操训练中存在的问题及出现的错误，教师在纠错的同时进行示范并讨论分析，最后对学生的练习情况给予总结和评价。

 任务考核

锂电池灭火处置考核评分表如表2-9所示。

表2-9　锂电池灭火处置考核评分表

班级			组别				
项目	评分标准	配分	评分人	得分			
				消防员	通信员	辅助消防员	其他成员
仪容仪表	妆面淡雅，晕色自然；头发、盘发整洁大方；服装按要求穿着整齐	10分	学生				
			教师				

续表

项目	评分标准	配分	评分人	得分			
				消防员	通信员	辅助消防员	其他成员
神态	自信、坚定、积极	10分	学生				
			教师				
灭火处置	感觉行李架温度，判断火情大小	20分	学生				
			教师				
	移走易燃易爆物品	20分	学生				
			教师				
	取下最近的灭火瓶灭火	20分	学生				
			教师				
	立即通知飞行机组	20分	学生				
			教师				
	报告失火/冒烟具体内容	20分	学生				
			教师				
	立即通知乘务长和其他客舱机组提供援助	20分	学生				
			教师				
	佩戴防护式呼吸装置，接替乘务员灭火或为其提供帮助	20分	学生				
			教师				
	关闭含锂电池设备电源	20分	学生				
			教师				
	清除区域中可燃烧的物品	20分	学生				
			教师				
	传递灭火瓶，准备冷却用容器	20分	学生				
			教师				
	控制旅客情绪，合理转移火源附近旅客	20分	学生				
			教师				
	自身做好防护，指导旅客做防护姿势	20分	学生				
			教师				
灭火后	设备归位并固定	10分	学生				
			教师				
团队协作	小组配合默契，分工明确，具有强烈的紧迫感	10分	学生				
			教师				
学生评分（40%）			合计				
教师评分（60%）							
评语备注							
评分人							

注：表格中灰色部分无须打分。

现代客机为了给旅客提供舒适的环境，客舱内部设施一应俱全，但这也使客舱成为可燃物聚集的地方。一旦客舱起火，火势就会快速蔓延至其他舱位，从而难以控制。客舱是一个密闭狭小的空间，客舱内的空气会随温度的上升而急剧变化；另外，高温对发动机舱也有很大的威胁，一旦发动机舱因高温燃烧，爆炸就难以避免。

客舱内的可燃物大多为有机物质，这些物质燃烧过程中会产生大量的有毒气体和烟雾。加上客机的密闭性高，有毒气体和烟雾很难散发出去，在这种情况下，机上人员极易因吸入有毒烟气中毒身亡。

当飞机发生火灾时，客舱乘务员必须尽快控制住火情，进行有效的灭火处置。乘务员必须考虑到此类紧急情况的时间关键性，一定不要尝试在灭火期间浪费任何一秒，从而把飞行的风险降低到最低程度。

学习笔记

74

客舱应急处置教程

❀ 综 合 测 试 ❀

一、单项选择题

1. 飞行过程中，第一位发现火情的客舱乘务员应（　　　）。

　　A. 报告机长再灭火

　　B. 立即灭火再通知附近的客舱乘务员

　　C. 立即关闭所有的通风口，并灭火

　　D. 立即疏散周围旅客

2. 灭火过程中如果有闻到煤油的味道，应当（　　　）。

　　A. 打开通风口　　　　　　　　　　　　　B. 立即关闭所有电源

　　C. 不要打开任何电器设备　　　　　　　　D. 马上寻找气味来源

3. 当洗手间发出烟雾警告时，客舱乘务员应该（　　　）。

　　A. 敲洗手间的门，确认是否有人　　　　　B. 用安全斧头凿一个洞灭火

　　C. 立即执行灭火程序　　　　　　　　　　D. 报告机长

4. 客舱内旅客座位着火，应使用（　　　）。

　　A. 水灭火瓶　　　　　　　　　　　　　　B. Halon 灭火瓶

　　C. 水灭火瓶或 Halon 灭火瓶　　　　　　　D. 都不对

5. 飞行中客舱发生了火灾，客舱乘务员组织旅客防护，应该（　　　）。

　　A. 使用氧气瓶　　　　　　　　　　　　　B. 报告机长

　　C. 低下头、弯下腰，用领口、衣袖捂住口鼻　　D. 使用氧气面罩

二、多项选择题

1. 以下属于 A 类火的燃烧物质有（　　　）。

　　A. 衣服　　　　　　　B. 纸张　　　　　　　C. 油漆　　　　　　　D. 木材

2. 以下属于 B 类火的燃烧物质有（　　　）。

　　A. 汽油　　　　　　　B. 油脂　　　　　　　C. 润滑油　　　　　　D. 棉布

3. 正确的灭火程序包括（　　　）。

　　A. 正确使用灭火设备　　　　　　　　　　B. 组织灭火

　　C. 立即判断火灾类型　　　　　　　　　　D. 观察有无复燃的可能

4. 灭火组至少是 3 人为一组，这 3 人分别担任（　　　）角色。

　　A. 通信员　　　　　　B. 消防员　　　　　　C. 乘务长　　　　　　D. 辅助消防员

5. 关于锂电池失火处置，说法正确的是（　　　）。

　　A. 使用 Halon 灭火器或水灭火器灭火

　　B. 断开失火设备上的外接电源

　　C. 立即持续用水或其他非易燃液体浸透失火的电子设备

　　D. 灭火期间与驾驶舱保持不间断地联络

三、简答题

1. 说出 3 人灭火的具体程序和步骤。

2. 客舱乘务员在检查工作中如何才能做到预防火灾的发生？

项目三
释压处置

知识目标

- 掌握客舱释压的定义；
- 掌握客舱释压的类型及迹象；
- 掌握客舱释压对机上人员的影响；
- 熟练掌握客舱释压时的直接处置程序；
- 熟练掌握客舱释压后的客舱安全检查。

技能目标

- 完成客舱释压时的直接处置；
- 完成客舱释压后的客舱检查。

职业素养目标

- 培养学生的职业意识与职业素养；
- 培养学生在客舱释压下的应对能力；
- 培养学生的团队合作能力。

案例导入

3月16日，一架从柬埔寨暹粒机场飞往武汉天河机场的澜湄航空LQ876航班，因客舱释压紧急返航，更换飞机后，全部旅客于17日早上8点安全抵达武汉天河机场。该航班为武汉往返柬埔寨暹粒的旅游包机，机型为A321，共有214个座位。

3月16日22点05分，澜湄航空LQ876航班从暹粒机场起飞前往武汉，起飞后35min，发动机突发引气失效故障，造成客舱释压，机组按照飞行机组操作手册，沉着应对；客舱机组保持镇定，维护客舱秩序，处置得当，通知旅客佩戴氧气面罩，系好安全带。飞机于当地时间23点35分安全降落暹粒机场。事件发生后，澜湄航空立即启动应急处置程序，启用备机执行原航班任务，妥善安排旅客，并对故障飞机进行及时排故。

任务一　客舱释压的类型

知识点

一、客舱释压的定义

现代民航飞机多以商用载客飞机为主，为了增加旅客乘坐的舒适性，保证机上人员的正常生理活动，飞机机舱均为增压舱。飞机释压是指飞机从增压状态到与外界气压值相同的气压变化过程。飞机释压分为正常释压、压差过大的系统控制减压和意外释压3种。直接威胁机上人员安全和飞行安全的是飞行中的客舱意外释压。飞机机体结构破损、飞机增压系统故障以及人为因素都有可能引起客舱释压。

二、客舱释压的类型

（一）缓慢释压

缓慢释压是指逐渐失去客舱压力，可能是由于舱门或应急窗的密封泄漏或因增压系统发生故障引起的。

（二）快速释压

快速释压是指迅速失去客舱压力，可能是由于密封金属疲劳破裂、炸弹爆炸或武器射击引起的，在极端情况下，可以把快速释压归类为爆炸性释压。

三、客舱释压时的迹象及机上人员反应

（一）客舱释压时的迹象

（1）缓慢释压：当客舱发生缓慢释压时，客舱环境的变化不容易被机上人员及时发现，但是在舱门或者窗户周围有光线进入，并伴随呼啸声；门或者窗口可能有光线进入，客舱灯光异常明亮，客舱内氧气面罩脱落。

（2）快速释压：当客舱发生快速释压时，释压过程持续时间短，客舱内出现巨大的声响；冷空气快速进入客舱，客舱温度骤降；客舱内会出现水雾；客舱地毯内的灰尘浮起，舱内出现飞动的碎片，未被固定好的物品会被吸到机体破损处；客舱内氧气面罩脱落；失密警告灯亮，飞机会急速下降。

（二）客舱释压时的机上人员反应

高空因空气压力过低，使氧分压过低，会产生高空缺氧性缺氧。在高空飞行中，飞机增压座舱和供氧系统发生故障，机上人员会直接暴露于高空低气压环境，就会出现高

空缺氧反应。不同的人由于自身身体原因，在不同高度会呈现不同的缺氧症状。10000ft[①]以下，人体的缺氧反应不明显，但随着高度的增加，各种缺氧症状随之而来；20000ft以上，人会逐渐失去意识，最终导致失去生命体征，如表3-1所示。

表3-1　不同高度下的缺氧反应

高　度	症　状
海平面	正常
10000ft	头痛、疲劳
14000ft	犯困、头痛、视力减弱、肌肉组织不协调、指甲和嘴唇发紫、晕厥
18000ft	除上述症状外，记忆力减退，重复同一动作
22000ft	惊厥、虚脱、昏迷、休克
28000ft	5min内立即出现虚脱、昏迷

有效知觉时间（Time of Useful Consciousness，TUC）也称为有用意识时间，是指人的大脑在氧气不足的环境下，能够保持足够清醒并能够做出正确判断的时间。在不同的高度，人在静止状态下的有效知觉时间是非常短暂的。从表3-2可以看出不同飞行高度，当飞机在正常爬升和快速释压时的人体有效知觉时间的变化。

表3-2　有效知觉时间

高　度	有效知觉时间（正常爬升）	有效知觉时间（快速释压）
18000ft	20～30min	10～15min
22000ft	10min	5min
25000ft	3～5min	1.5～3.5min
28000ft	2.5～3min	1.25～1.5min
30000ft	1～2min	30～60s
35000ft	30s～1min	15～30s
40000ft	15～20s	7～10s
43000ft	9～12s	5s
50000ft	9～12s	5s

从客舱释压对客舱环境和机上人员带来的影响可以看出，当客舱氧气面罩脱落后，及时用氧能最有效地避免高空缺氧带来的一系列不利影响。

如何正确使用氧气面罩

在客舱中，每一排的氧气面罩数量会比座位数多。无论什么情况，"当氧气面罩脱落后，要用力向下拉面罩"，都是一条重要的安全须知。当客舱发生客舱释压后，

---

① 1ft=3.048×10⁻¹m。

客舱应急处置教程

位于座位上方的氧气面罩会自动脱落,必须用力向下拉面罩,面罩和氧气发生器之间有一根系紧细绳,拉动此绳可触发氧气的产生。客舱内同一排座位的任一旅客正常拉下面罩,同一排的面罩内都会有氧气供应,不向下拉是不会有氧气的。"在帮助别人前,请自己先戴好氧气面罩。"在任何情况下,哪怕身边是小孩或老年人,都必须第一时间带上氧气面罩对抗缺氧反应,才能帮助旁边需要帮助的人。氧气面罩的正确佩戴顺序应该是客舱乘务员→有行为能力的成年人→需要帮助的其他旅客。一旦带上氧气面罩,就要严格听从机长的指令。在没得到机组通知的情况下,不得随意取下面罩或解开安全带离开座位。

 任务实施

1. 背景资料

一架从成都飞往大连的航班上,巡航期间氧气面罩突然脱落,客舱乘务员需要根据信息判别释压类型。

2. 实施步骤

步骤1:地点是客舱模拟器。将学生分组,每5~7人一组进行情景模拟。教师扮演机长,学生分别扮演乘务长和客舱乘务员。

步骤2:教师口头描述客舱内的环境变化,由每一组学生讨论并给出释压类型的判断。

步骤3:其他学生观摩。

步骤4:模拟训练结束后,教师针对学生的练习情况给予评价和总结,通过加强过程分析,培养、引导学生对于客舱释压的基本知识有更多的理解与深度思考。

 任务考核

客舱释压的基本知识考核评分表如表3-3所示。

表3-3　客舱释压的基本知识考核评分表

班级				组别				
项目	评分标准	配分	评分人	得分				
				乘务长	2号	3号	4号	5号
仪容仪表	妆面淡雅,晕色自然;头发、盘发整洁大方;服装按要求穿着整齐	10分	学生					
			教师					
神态语言	自信、坚定、积极,语言短暂、大声、清楚	10分	学生					
			教师					
释压类型	理论基础考查	25分	学生					
			教师					
客舱释压迹象判别	判断正确度	20分	学生					
			教师					
	回答清晰、流畅	15分	学生					
			教师					

项目	评分标准	配分	评分人	得分				
				乘务长	2号	3号	4号	5号
团队协作	小组配合默契	20分	学生					
			教师					
	学生评分（40%）		合计					
	教师评分（60%）							
	评语备注							
	评分人							

任务二 客舱释压的处置

知识点

一、客舱释压时的直接处置

（一）飞行机组人员对释压做出的直接处置

飞行机组需要立即戴上氧气面罩，尽快建立机组通信，判断客舱释压程度，及时了解航空器所在高度，向空中管制人员报告并请求紧急下降许可，将飞行高度迅速下降到安全高度，并打开"禁止吸烟"和"系好安全带"信号灯（图3-1）。

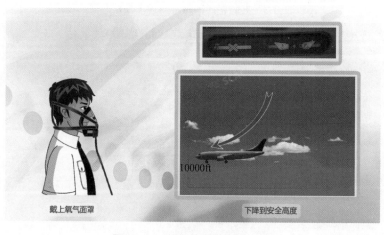

戴上氧气面罩　　　　　　下降到安全高度

图 3-1　飞行机组对释压的处置

当飞机到达安全高度后，飞行机组需及时通知客舱机组，配合检查机上是否有人受伤，并由机长广播告知旅客。

（二）客舱机组对释压做出的直接处置

飞机在巡航期间出现客舱释压，客舱乘务员需要在确保自身安全的情况下，对客舱进行及时有效的管理（图3-2）。

在飞行中，一旦客舱氧气面罩脱落，客舱乘务员立即停止一切活动，戴上离自己最近的氧气面罩（图3-3）。如有可能，客舱乘务员可以通过内话将客舱状况报告机长，然后迅速坐在就近的座位上，系好安全带。如果没有空座位，可以采取蹲下或坐下的动作，抓住结实的部件，如座位下方的挡杆固定住自己（图3-4）。如果正在进行餐饮服务，客舱通道中的推车需要由乘务员根据实际情况采取可行的方式进行固定。同时，客舱乘务员在做好自我保护的前提下，根据实际能力以手势或口令指导旅客进行如下操作。

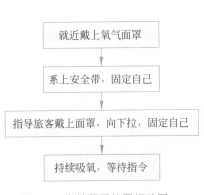

图 3-2　客舱释压处置行动图

图 3-3　就近戴上氧气面罩

图 3-4　乘务员无空座位的固定方式

（1）系好安全带。

（2）帮助难以戴上氧气面罩的旅客或指示旅客戴上氧气面罩。

（3）如果部分旅客无法自己戴上氧气面罩，如戴眼镜的旅客，客舱乘务员可在能到达的范围内迅速指导旅客。

（4）遇到未成年人，指示旁边已经戴上氧气面罩的成年人进行协助（图3-5）。

图 3-5　帮助未成年人戴氧气面罩

（5）向下拉氧气面罩，开始吸氧。

无论是客舱乘务员还是旅客，都必须持续佩戴氧气面罩保持吸氧，并系好安全带，等待飞行机组进一步的通知。

（三）注意事项

（1）在飞机到达安全高度前或释压警告解除前，所有人员停止客舱内的一切活动。

（2）对于高高原等特殊运行，若航路安全高度较高且需要持续供氧至飞机着陆，飞行机组应根据情况将相关信息（预计着陆时间、是否需要用氧等）通知客舱机组。客舱机组应在确保自身安全的前提下，使用活动氧气瓶，按需完成飞机着陆前的安全检查工作。

（3）正在使用机组休息室的人员，释压时休息室伴有相应警告（波音飞机6声高音频谐音，空客飞机一个连续的高谐音声响），客舱机组应迅速戴上氧气面罩，系好安全带，待在休息室内，直到飞行机组告知已到达安全飞行高度，再回到客舱进行检查。

二、客舱释压后

（一）释压后的客舱检查

当飞机到达安全高度后，飞行机组会通过客舱广播联系客舱机组。乘务长则通过内话系统联系驾驶舱获取最新信息，并且确认驾驶舱机组的状况，然后使用内话系统将最新信息传达给其他客舱乘务员，对客舱检查工作进行分工。客舱乘务员在确保自身用氧情况后，完成相应的客舱安全检查工作（图3-6）。

图 3-6　释压后处置行动图

携带手提式氧气瓶
↓
检查洗手间
↓
巡视客舱
↓
为缺氧者继续供氧
↓
检查伤情，提供急救
↓
检查机体、舱门是否异常
↓
汇报情况，保持联络
↓
乘务长将客舱情报告机长

（1）携带手提式氧气瓶，如图 3-7 所示。

（2）检查洗手间内有无旅客，如图 3-8 所示。

图 3-7　携带手提式氧气瓶

图 3-8　检查洗手间内有无旅客

（3）巡视客舱，检查旅客用氧情况。首先护理急救失去知觉的旅客和儿童（图 3-9），然后照顾其他旅客。

（4）对缺氧旅客提供手提氧气瓶，如图 3-10 所示。

图 3-9　给予受伤人员急救

图 3-10　为缺氧旅客继续供氧

（5）检查机体、舱门是否异常。如果机身有裂口，则重新安置旅客的座位，让他们离开危险区域。

（6）检查客舱内有无火源。

（7）在客舱中走动，并让旅客消除疑虑。

（8）对受伤旅客或机组成员给予急救。

（9）如果可能，让旅客把用过的氧气面罩放入前方的座椅口袋内。

在完成客舱检查工作后，客舱乘务员需将信息汇总至乘务长处，由乘务长报告机长，客舱应该根据机长指示做好下一步客舱准备工作。

对于高原航线，客舱释压后客舱检查需要根据驾驶舱的指令进行。在不同的飞行高度，客舱乘务员的客舱安全检查工作会有所细化。

（二）注意事项

（1）如果氧气发生器被启动，那么不要将氧气面罩放回氧气发生器组件箱内，应保持盖板打开，以免出现燃烧气味或者烟雾。

（2）如果氧气面罩意外放出并被启动，必须保持打开盖板。如可能，应该重新安排旅客座位，以保证如果在后续飞行中出现客舱失压时旅客能正常用氧（如果没有多余空座位，则应预先告知失效氧气发生器座位处的旅客如何使用周围备份氧气面罩）。

（3）如果氧气发生器盖板自动脱落，氧气发生器的锁定销未被拉出，那么只需将面罩收回氧气发生器组件内，将盖板复位即可。为避免设备复位时出现问题，如果客舱内有空座位，应更换该氧气组件下方的旅客座位；若无空座位，应告诉旅客在后续飞行中，如果遇到失压现象，座位上方的氧气面罩没有脱落，如何使用周围备份氧气面罩。

（4）对于客舱机组位脱落的面罩，可以切/拉断面罩软管，取下氧气面罩妥善保存，以防影响应急撤离。着陆后，通知机务人员氧气面罩组件已经放出。

（5）如有可能，指导旅客固定脱落的面罩，如将面罩存放到旅客前面的座椅口袋内等，以防影响应急撤离。

三、客舱释压处置原则

由于客舱释压会造成机上人员缺氧反应，因此及时用氧是应对客舱释压最直接的办法。一旦出现客舱氧气面罩脱落，机上人员需要及时佩戴氧气面罩。在客舱中，氧气面罩的佩戴需要遵循一定的顺序：先客舱乘务员，后成年人，再未成年人乘客；也可同时进行。

在客舱释压状态未被解除之前，机上任何人员都应停止活动，需系好安全带，持续佩戴好氧气面罩直到机组通知。客舱释压后，客舱乘务员对有知觉的旅客提供应急用氧时，要使其保持直立位；对没有知觉的旅客提供氧气时，使其采取仰靠位。同时，应准备好机上灭火设备，防止意外明火引燃发生火灾。

客舱释压发生后，客舱乘务员需要主动与驾驶舱机组保持联系，听从机长决定，整个释压过程、旅客和客舱情况要及时向机长通报，保持信息的一致性。

案例与拓展

2018年5月14日6时25分，四川航空公司执行重庆至拉萨的3U8633航班任务的A319飞机从重庆江北国际机场起飞。飞机起飞约40min后，在32100ft（约9800m）高度巡航过程中，机组发现右侧内风挡出现裂纹，立即申请下高度返航。随后，右侧前风挡爆裂。因驾驶舱失压，驾驶舱气温降低到零下40多摄氏度，自动驾驶面板完全损坏，仪器多数失灵，自动驾驶完全失灵，机组按照程序处置，实施紧急下降。与此同时，客舱内氧气面罩落下，客舱乘务员保持冷静，迅速判断，按程序广播和处置。航班于7时46分安全备降在成都双流机场，所有旅客平安落地。

任务实施

1. 背景资料

一架从北京飞往长沙的航班在巡航期间，客舱乘务员正在进行客舱服务。突然，客舱内氧气面罩脱落，每位客舱乘务员需要根据要求进行模拟训练。

2. 实施步骤

步骤 1：地点是客舱模拟器。将学生分组，每 5 ～ 7 人一组进行情景模拟。教师扮演机长，学生分别扮演乘务长和客舱乘务员。

步骤 2：客舱机组成员根据处置程序进行相应的程序操作。

步骤 3：其他学生担任旅客，观察并评分。

步骤 4：模拟训练结束后，讨论分析每位客舱机组成员的操作情况，最后教师针对学生的练习情况给予总结和评价，通过加强过程性的评估与分析，培养、引导学生对于客舱释压的基本知识有更多的理解与深度思考。

任务考核

客舱释压处置考核评分表如表 3-4 所示。

表 3-4　客舱释压处置考核评分表

班级			组别					
项目	评分标准	配分	评分人	得分				
				乘务长	2 号	3 号	4 号	5 号
仪容仪表	妆面淡雅，晕色自然；头发、盘发整洁大方；服装按要求穿着整齐	10 分	学生					
			教师					
神态语言	自信、坚定、积极，语言短暂、大声、清楚	10 分	学生					
			教师					
释压直接处置	戴上氧气面罩	10 分	学生					
			教师					
	就近固定自己	10 分	学生					
			教师					
	提示旅客戴氧气面罩，固定自己	10 分	学生					
			教师					
释压后的客舱检查	携带手提式氧气瓶，巡视客舱	10 分	学生					
			教师					
	检查客舱	10 分	学生					
			教师					
机组沟通	报告内容	10 分	学生					
			教师					
团队协作	小组配合默契	20 分	学生					
			教师					
学生评分（40%）			合计					
教师评分（60%）								
评语备注								
评分人								

项目总结

通过学习本项目，学生应能基本掌握客舱释压定义、客舱释压类型及迹象；掌握客舱释压对机上人员的影响；通过实操练习，能逐步熟悉客舱释压时直接处置程序和客舱释压后处置程序。客舱释压发生期间，客舱乘务员应当保持镇静，与驾驶舱机组建立有效和持续的沟通，协同完成客舱释压的正确应对，保证飞行安全。

学习笔记

✿ 综合测试 ✿

一、单项选择题

1. 缓慢释压时，客舱中的反应是（　　　）。
　 A. 客舱温度急剧下降　　　　　　　　　B. 机上人员失去意识
　 C. 客舱内有很大的噪声　　　　　　　　D. 机上人员耳朵不舒服、发困和感到疲劳

2. 人体在 14000ft 高度的缺氧反应为（　　　）。
　 A. 发困、头痛、肌肉组织不协调、指甲发紫、晕厥
　 B. 疲劳、头痛
　 C. 记忆减退，重复同一动作
　 D. 惊厥、休克

3. 当发生缓慢释压时，（　　　）不属于客舱内现象。
　 A. 氧气面罩可能脱落　　　　　　　　　B. 氧气面罩脱落后紧急用氧广播开始
　 C. 失密警告灯不亮　　　　　　　　　　D. 在舱门和窗户有光线进入

4. 人在 40000ft 高度的有效知觉时间约为（　　　）。
　 A. 2～3min　　　　B. 15s　　　　C. 5～10min　　　D. 30s

5. 释压结束后，飞机到达安全高度后，（　　　）属于客舱乘务员的职责。
　 A. 客舱乘务员继续坐在座位上，等待飞机着陆
　 B. 客舱乘务员携带氧气瓶、灭火瓶和急救箱对客舱进行检查
　 C. 客舱乘务员指导乘客带上氧气面罩
　 D. 客舱乘务员指导乘客取下氧气面罩

二、多项选择题

1. 当发生快速释压时，以下（　　　）属于客舱迹象。
　 A. 巨大的声响　　　　　　　　　　　　B. 客舱温度骤降
　 C. 未被固定好的物品会被吸到机体破损处　D. 氧气面罩脱落

2. （　　　）属于缺氧症状。
　 A. 犯困、头痛　　　　　　　　　　　　B. 肌肉组织不协调
　 C. 指甲和嘴唇发紫、晕厥　　　　　　　D. 口渴

3. 客舱释压时应遵循的原则包括（　　　）。
　 A. 一旦出现客舱氧气面罩脱落，机上人员需要及时佩戴氧气面罩
　 B. 氧气面罩的佩戴需要遵循一定的顺序：先乘务员，后成年人，再未成年人旅客
　 C. 客舱乘务员根据具体情况，自行判断是否可以取下氧气面罩
　 D. 客舱乘务员对有知觉的旅客提供应急用氧时，要使其保持直立位

4. 客舱释压的类型主要有（　　　）。
　 A. 缓慢释压　　　　B. 快速释压　　　　C. 地面释压　　　D. 空中释压

三、简答题

1. 什么是有效知觉时间？
2. 发生客舱释压后，客舱乘务员需要完成哪些工作？

项目四
颠簸处置

知识目标

- 掌握颠簸的分类；
- 掌握不同颠簸的处置原则；
- 掌握颠簸后的处置措施。

技能目标

- 可以准确判断颠簸程度；
- 对不同颠簸的处置；
- 具备保护自身和旅客安全的能力；
- 颠簸后的处置。

职业素养目标

- 培养学生较强的安全意识；
- 培养学生在应对不同颠簸时的处置能力；
- 培养学生的团队合作能力。

案例导入

某航班（执飞机型波音 777）在起飞 20 多分钟后突然遭遇晴空颠簸，剧烈的晃动及数十秒的急速下降造成多名旅客受伤。飞机在上海虹桥机场安全着陆，经医院检查，旅客中一人手臂骨折，另外一人颈部骨折，多名旅客头部、面部擦伤。其多数原因是在发生颠簸时没有系安全带或被重物砸伤，所幸没有生命危险。

颠簸可能在空中任何高度发生，造成飞机空中颠簸的原因较复杂，但最常见、危险性最大的是晴空颠簸，因为没有云团等可见的天气现象，机组难以提前发现并避让颠簸区。晴空颠簸的预报和预防是民航界的难点和重点。

任务一　颠簸的管理及分类

知识点

颠簸是由空中不稳定气流造成的。当飞机进入乱流区时，由于飞机各个部位受到不同方向和速度的气流影响，原有的空气动力和力矩平衡被破坏，使得飞机的飞行高度、速度、姿态发生变化，从而产生不同程度的空中颠簸。因为飞行过程中的颠簸难以避免，为了保障机上人员安全，首先必须要认识它、了解它，才能有效地规避空中颠簸伤人风险。颠簸后的客舱如图 4-1 所示。

图 4-1　颠簸后的客舱

一、颠簸管理要求

（一）航前协作

（1）明确风险等级。乘务组在航前协作中应关注"风险雷达"给出的当日航班颠簸风险等级提示，复习颠簸管理的相关处置措施，明确颠簸预案。

（2）乘务组与飞行机组进行协作时，根据执飞机型及航线特点，明确航行中可能发生颠簸的时间节点、强度、持续时间、范围、沟通方式以及应急措施等信息。

（3）明确工作安排。主任乘务长／乘务长根据风险等级和颠簸预案的内容合理安排客舱服务工作，必要时可删减／调整相应的服务程序，并做好记录，以规避颠簸风险，避免人员受伤。

（4）乘务组人数低于标准定员时，主任乘务长／乘务长可根据航程时间旅客人数、颠簸风险等因素删减服务流程，确保乘务员有充分的时间和精力履行安全职责。

（二）飞行关键阶段

（1）乘务组应在飞行关键阶段开始前落实客舱安全检查工作，确保所有旅客已按照要求系好安全带，固定手提行李等浮动物品，避免颠簸造成人员受伤。

（2）如有旅客解开安全带或在客舱内站立、走动，客舱乘务员应及时劝阻旅客回到座位上，系好安全带。

（3）客舱乘务员在起飞后的 20min（含）、落地前至少 30min（含）除非履行与安全有关的职责，否则必须在指定座位就座并系好安全带，观察客舱动态。

（4）严禁乘务员在此阶段进行与安全无关的客舱工作。

（三）平飞过程中

（1）客舱乘务员应在开启餐车、储物柜／储物间、衣帽间及其他隔间后及时锁闭各种锁扣、门板，避免出现颠簸时浮动物品不受控制的情况。

（2）在进行服务工作时，客舱乘务员应及时将使用完毕的餐车、平板车等服务用具存放回指定的储物空间并按要求固定，严禁将无人看管的餐车、平板车停放在服务台或客舱内。

（3）颠簸期间，严禁在广播暂停客舱服务的情况下仍继续从事客舱服务工作。

（4）主任乘务长／乘务长应根据航班实际情况，在保障安全的前提下安排客舱服务工作，必要时可以删减服务程序，以确保客舱安全。

二、颠簸的分类

飞机颠簸是指飞机飞行中突然出现的急剧下降、左右摇晃及机身颠簸等现象。遇到气流是飞机颠簸的基本原因。空气在较大范围的活动中还有许多升降涡旋等不规则运动，这种不规则的空气运动称为扰动气流，又称乱流、湍流。飞机在飞行中遇到扰动气流，就会产生震颤、上下抛掷、左右摇晃，造成操纵困难、仪表不准等现象。有的气流是飞行机组可以预知的，而有的气流是他们很难发现的，如晴空颠簸。飞机颠簸存在不同的分类标准。从颠簸强度可分类为轻度颠簸、中度颠簸和重度颠簸。

遇到颠簸时，客舱乘务员应及时评估颠簸程度，即使未得到任何来自驾驶舱的指示，仍应采取相应的安全措施，并及时与驾驶舱建立沟通；如发生因颠簸造成人员伤害情况，客舱乘务员应及时向飞行机组报告受伤人员的数量和程度，以及客舱内的其他情况，以便飞行机组做出进一步的决策。

案例与拓展

空中颠簸可预防

空中颠簸防控一直是近年来客舱安全的重点之一。

大部分空中颠簸是可以被预知和防范的。飞行中飞行机组通过机载气象雷达探测航路前方及左右扇形区域内的天气，彩色气象雷达用不同颜色表现对气象目标的探测，显示出前方天气分布情况，供飞行机组做参考，绕开颠簸区。飞行机组可以利用机载雷达避开湍流和雷暴，也可以根据经验避开一部分晴空乱流（Clear Air Turbulence，CAT），但有时依然会遇到一些不可预知的颠簸。

从 2015 年到 2020 年，我国民航由于机上颠簸导致客舱乘务员受伤事件共 48 起，客舱乘务员受伤人数高达 93 人。通过数据综合分析，系统总结出颠簸受伤的高发月份为 1 月、5～8 月，颠簸高风险区域覆盖京津冀以及珠三角地区，重点颠簸风险高度在 3000～6000m 的下降阶段等结论。"颠不颠，还是高度说了算"，在重视下降阶段颠簸风险防控的同时，也不要忽视平飞阶段的颠簸风险。坚持与驾驶舱保持沟通，实时掌握飞行情况，可以更好地规避风险的发生。

 任务实施

1. 背景资料

航班中，为了预防颠簸，客舱乘务员根据颠簸的程度制定合理的预防方案。

2. 实施步骤

步骤 1：地点是模拟舱。将全班分组，每 10 人一组进行情景模拟，学生扮演客舱乘务员。

步骤 2：教师根据背景资料提出相关问题，10 人小组讨论并演示。

步骤 3：教师现场指导，针对小组讨论的应急方案的合理性进行有效的分析，培养、引导学生对于颠簸处置有更多的理解与深度思考。

 任务考核

颠簸预防方案考核评分表如表 4-1 所示。

表 4-1 颠簸预防方案考核评分表

班级		组别		
题　目	配分	评分人	得分	
为了预防颠簸，在航前协作包括的内容	20 分	教师		
为了预防颠簸，在飞行关键阶段需要注意的事项	20 分	教师		
为了预防颠簸，在平飞过程中的注意事项	20 分	教师		
颠簸产生的基本原因	20 分	教师		
颠簸的分类	20 分	教师		
教师评分	合计			
评语备注				
评分人				

知识点

一、飞行机组与客舱机组在颠簸程序中的沟通、协同和处置

（1）起飞前。

① 飞行机组与客舱机组协同准备时，机长会根据获得的最新有效的天气报告，将航路中可能出现的颠簸区域，包括预计遇到颠簸的时间、强度和持续时间等信息告知客舱机组，并做好预案。

② 客舱经理/乘务长应根据此预案确定或调整乘务组服务工作程序和注意事项，客舱机组应提前将可预知的颠簸情况通过广播等方式告知旅客。

（2）飞行过程中。

① 机长会根据实际天气条件及飞行机组工作强度，适时向客舱经理/乘务长告知当前天气状况。如果起飞后20min且飞行平稳，驾驶舱未与客舱联络告知以上内容，客舱经理/乘务长应主动与驾驶舱联络以获得相关信息，以便客舱机组及时根据实际条件开展或调整服务工作。

② 在飞行过程中及下降前，针对航路及目的地特殊的天气情况，机长会向客舱机组做特别提示。如收到机长针对特殊天气做出的特别提示，客舱机组应提前做好防范颠簸伤人措施。

（3）若发生或预计发生轻度颠簸时，飞行机组以接通一次"系好安全带"信号灯的方式通知客舱人员（图4-2）。

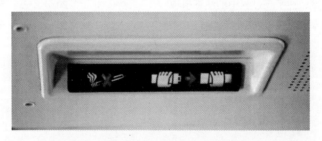

图4-2　"请勿吸烟，系好安全带"信号灯

① 若发生或预计发生中度或以上颠簸时，飞行机组以连续两次接通"请勿吸烟，系好安全带"信号灯的方式通知客舱人员。

② 若遇到突发性重度或以上颠簸时，飞行机组以重复连续两次接通"请勿吸烟，系好安全带"信号灯或客舱广播方式通知客舱人员。客舱机组获取以上颠簸信息后，按照重度颠簸处置执行。

（4）遇到颠簸时，客舱机组应及时评估颠簸程度，即使未得到任何来自驾驶舱的指示，仍应采取相应的安全措施，并及时与驾驶舱建立沟通。

（5）如发生因颠簸造成人员伤害事件，客舱机组应及时向飞行机组报告受伤人员的数量和程度，以及客舱内的其他情况，以便飞行机组做出进一步的决策。

二、不同程度颠簸的客舱现象及处置要求

（一）轻度颠簸

轻度颠簸是指轻微、快速而且有些节奏的上下起伏，但没有明显感觉到高度和姿态的变化或飞机轻微、不规则的高度和姿态变化。机上乘员会感觉安全带或者肩带略微有拉紧的感觉，水杯中的饮料轻微晃动，未固定的物体可能被稍微移动，行走几乎没有困难，不影响客舱服务，如表4-2所示。

表4-2 轻度颠簸客舱现象及处置

项　　目	现象及处置
客舱内部的反应	（1）饮料在杯中晃动但未晃出。 （2）有安全带略微被拉紧的感觉。 （3）餐车移动时略微困难
客舱服务措施	（1）视情况小心服务。 （2）送热饮料需格外小心。 （3）视情况判断是否暂停服务，固定餐车和服务设施
安全带的要求	（1）检查旅客入座和系好安全带（图4-3）。 （2）手提行李已经固定。 （3）视情况检查婴儿摇篮里的婴儿是否被监护人抱出并系好安全带或固定
广播系统	（1）客舱广播或发送信息提示。 （2）视情况增加广播内容
颠簸结束后	客舱乘员应在颠簸结束后巡视客舱，将情况报告客舱经理/乘务长，由客舱经理/乘务长向机长报告客舱情况

图4-3 系好安全带

（二）中度颠簸

中度颠簸是指快速的上下起伏或摇动，但没有明显感觉飞机高度和姿态的改变或飞机有高度和姿态的改变，始终在可控范围内。通常这种情况会引起空速波动。机上乘员

明显感到安全带或者肩带被拉紧，饮料从杯中溅泼出来，客舱服务受到影响，客舱内走动困难，未固定的物体被移动，餐车难以控制，如表4-3所示。

表4-3　中度颠簸客舱现象及处置

项　目	现象及处置
客舱内部的反应	（1）饮料会从杯中晃出。 （2）明显感觉到安全带被拉紧。 （3）行走困难。 （4）没有支撑物较难站起。 （5）餐车移动困难
客舱服务措施	（1）暂停服务。 （2）固定服务设施和餐车，如图4-4和图4-5所示（如有可能，将餐车拉回服务舱并锁扣好）
安全带的要求	（1）视情况检查旅客已入座和系好安全带，手提物品已经固定（撤回餐车的同时可一并处理）。 （2）回乘务员座位坐好，系好安全带、肩带。 （3）视情况检查婴儿摇篮里的婴儿是否被监护人抱出并系好安全带或固定
广播系统	（1）飞行机组广播（若有可能）。 （2）客舱广播。 （3）视情况增加广播内容和次数
颠簸结束后	客舱乘务员应在颠簸结束后巡视客舱，将情况报告客舱经理／乘务长，由客舱经理／乘务长向机长报告客舱情况

图4-4　固定服务设施

图4-5　固定餐车

（三）重度颠簸

重度颠簸时，飞机高度或姿态有很大并且急剧的改变，通常空速会有很大波动，飞机可能会短时间失控，机上乘员的安全带急剧拉紧，物品翻倒，未固定的物体抛起或摔落在地，无法在客舱行走及进行客舱服务，如表4-4所示。

表 4-4　重度颠簸客舱现象及处置

项　目	现象及处置
客舱内部的反应	（1）物品摔落或被抛起。 （2）未固定物品摇摆剧烈。 （3）安全带被猛烈拉紧的感觉。 （4）不能在客舱中服务、行走
客舱服务措施	（1）立即停止一切服务。 （2）立即在原地踩好餐车刹车（图 4-6）。 （3）将热饮料放入餐车内
安全带的要求	（1）马上在就近座位坐好，系好安全带或就地坐下，抓住行李挡杆。 （2）抓住客舱中的餐车并固定好（图 4-7）。 （3）对旅客的呼叫可稍后处理
广播系统	（1）飞行机组广播（若有可能）。 （2）客舱广播。 （3）增加广播内容和次数
颠簸结束后	客舱乘务员应在颠簸结束后巡视客舱，将情况报告客舱经理 / 乘务长，由客舱经理 / 乘务长向机长报告客舱情况

图 4-6　踩餐车刹车

图 4-7　固定餐车并抓好

注意事项如下。

（1）颠簸时，客舱乘务员要告知身处座椅以外的旅客固定身体的方法。

（2）当"请勿吸烟，系好安全带"信号灯闪烁时，必须进行客舱广播或发送信息提示。若是长时间的颠簸，必须做间隔性的广播，提醒旅客系紧安全带，并视情况调整服务程序。

（3）当机组休息室启用后，如果遇到严重颠簸，应使用直接广播，提醒休息中的机组成员。客舱乘务员应当在保证自身安全的前提下，提醒旅客正确地系好安全带；同时，要正确对待机上颠簸的情况。在每次颠簸时，客舱乘务员应严格参照应对处置进行操作，将颠簸带来的伤害降至最低。

三、颠簸后的处置

如果发生因颠簸造成人员伤害事件，客舱机组应及时进行救治，必要时可广播寻求医生或医务从业人员的帮助；同时要密切关注该旅客，防止休克。同时，检查客舱设备受损情况，及时向机长报告客舱受损和人员受伤情况，并听从机长的指示，做好航班后续的各项工作，并记录客舱记录本。客舱经理／乘务长还应填写机上事件报告单和紧急医学事件报告单，并按照机上不正常事件程序处置并上报局方。报告单以电子形式或纸质表格形式保存至少24个日历月。

案例与拓展

机上行李架摆放注意事项

发生颠簸时，旅客时常会因为行李没有规范摆放造成砸伤事件。如何更加安全、合理地摆放行李呢？

（1）注意行李架标牌限重。每个行李架都有固定的限重，客舱乘务员应该协助旅客合理使用，避免将多个大件行李摆放在同一个行李架内，造成总质量超过行李架限重。例如，B777机型行李架如超过载重限制，可能存在上锁不牢靠现象，故乘务组在起飞落地阶段必对客舱行李架做好监控，如发现行李架弹开，在确保自身安全前提下，应及时帮助旅客关闭行李架。

（2）行李切勿叠放。购物袋、计算机包、双肩包等小件行李避免叠放在行李箱上，开口的购物袋、塑料袋等摆放时应注意袋口朝上或朝里，关注行李的搭扣或者拉链是否都是锁闭状态。

（3）确认行李架锁扣到位（无红色指示点）。

（4）有时由于飞机姿态的改变及颠簸情况的发生，原本摆放妥当的行李也会改变位置，因此在需要帮助旅客打开行李架时，一定要注意动作缓慢，先打开一点，确认里面的行李不会滑落再完全打开。

（5）硬质行李箱摆放时务必把摩擦面朝下摆放于行李架内。

（6）在关闭行李架时再次确认旅客自行摆放的行李是否存在隐患。

（7）如行李架锁扣故障无法及时排除，则该行李架不应摆放任何物品。

任务实施

1. 背景资料

某航班突然遇到晴空颠簸，客舱乘务员立即做出相对应的判断并及时处置。在颠簸结束后，检查客舱后并将实际情况报告机长。

2. 实施步骤

步骤1：地点是客舱模拟器。将学生分组，每5～7人一组进行情景模拟。教师扮演机长，随机指定学生扮演乘务长和客舱乘务员。

步骤2：客舱机组根据颠簸的类型及时做出相应的处置。

步骤3：其他学生扮演旅客，配合、观察并评分。

步骤4：教师现场指导，针对学生实操训练中存在的问题及出现的错误，在纠错的同时进行示范，分析各类型颠簸处置的重点和难点以及注意事项，最后对学生的练习情况给予总结和评价。

 任务考核

颠簸处置考核评分表如表 4-5 所示。

表 4-5　颠簸处置考核评分表

班级			组别					
项目	评分标准	配分	评分人	得分				
				乘务长	2 号	3 号	4 号	5 号	6 号
仪容仪表	妆面淡雅，晕色自然；头发、盘发整洁大方；服装按要求穿着整齐	10 分	学生					
			教师					
神态	自信、坚定、积极	10 分	学生					
			教师					
颠簸类型	正确判断颠簸的类型	10 分	学生					
			教师					
	广播通知旅客	10 分	学生					
			教师					
客舱乘务员应对颠簸的动作步骤	步骤完整性	10 分	学生					
			教师					
	指挥旅客的口令	10 分	学生					
			教师					
颠簸结束后的处置	广播找医生	10 分	学生					
			教师					
	根据真实情况报告机长判断是否需要备降	10 分	学生					
			教师					
团队协作	小组配合默契，分工明确，具有强烈的紧迫感	20 分	学生					
			教师					
	学生评分（40%）		合计					
	教师评分（60%）							
评语备注								
评分人								

97

项目总结

近年来，我国民航客机由于空中颠簸而造成机组成员或旅客受伤的不安全事件有所增加。颠簸已成为民航客机非致命事件的主要原因。飞行期间，飞行机组与客舱乘务员应当时刻保持沟通，飞行机组有责任随时向客舱乘务员通报前方可能遇到的颠簸强度和时间长短，给客舱乘务员预知颠簸等级和准备的时间。因颠簸造成客舱人员受伤时，客舱乘务员有责任向机长报告受伤人员的数量和程度，以及客舱内的其他情况，在必要情况下客舱乘务长可向机长提出改航、返航建议和地面医疗急救要求。

由于客舱乘务员的大部分时间是在客舱内，遇到颠簸时受伤的概率较高，因此提高客舱乘务员的自我保护意识是防止客舱人员颠簸伤害的重要内容。

学习笔记

❀✿ 综 合 测 试 ✿❀

一、单项选择题

1. 轻度颠簸指的是（　　　）。

　A. 饮料溢出　　　　　　　　　　　B. 饮料在杯子里晃动

　C. 不能在客舱站立　　　　　　　　D. 餐车难以拉动

2. 中度颠簸指的是（　　　）。

　A. 物品被抛起或摔落　　　　　　　B. 人不能站立

　C. 行走困难　　　　　　　　　　　D. 安全带微微收紧

3. 重度颠簸指的是（　　　）。

　A. 可继续服务　　　　　　　　　　B. 物品被抛起或摔落

　C. 饮料在杯子里晃动　　　　　　　D. 安全带微微收紧

二、多项选择题

1. 在飞行中，飞机随时会遇到颠簸。颠簸分为（　　　）。

　A. 轻度颠簸　　　　　　　　　　　B. 轻微颠簸

　C. 中度颠簸　　　　　　　　　　　D. 重度颠簸

2. 中度颠簸发生时，客舱乘务员应（　　　）。

　A. 固定自身　　　　　　　　　　　B. 广播

　C. 暂停客舱服务　　　　　　　　　D. 继续为旅客服务

3. 发生重度颠簸时，客舱乘务员应（　　　）。

　A. 取下身上的各类尖锐物品

　B. 停止一切服务

　C. 将热饮放入餐车内

　D. 立即固定好自身，同时用语言指导旅客做好自身保护

三、简答题

1. 说出飞机颠簸从强度上区分具体分为哪几类，可以简单概述。

2. 在重度颠簸结束之后，客舱乘务员应该做出哪些处置？

项目五
撤离处置

知识目标

- 理解应急撤离的原则；
- 理解机组的职责；
- 掌握静默 30s；
- 掌握机上指挥权的顺序；
- 掌握报告以及应急通信；
- 掌握援助者的选择；
- 掌握撤离时间和方向；
- 熟练掌握陆地迫降、水上迫降和无准备撤离的处置程序。

技能目标

- 能够运用旅客及客舱乘务员的防冲击姿势；
- 能够有效控制应急撤离时的人群与行李；
- 能够在规定时间内完成陆地 / 水上应急开门；
- 能够完成跳滑梯与返航；
- 能够完成有准备的陆地应急迫降；
- 能够完成有准备的水上应急迫降；
- 能够完成无准备的撤离 / 无须撤离。

职业素养目标

- 培养学生的责任意识和担当精神；
- 培养学生在紧急情况下的应急能力；
- 培养学生的团队合作能力。

中国台湾中华航空的一架客机 737-800 在日本冲绳降落时起火。机上有 157 名旅客，8 名机组人员。飞机落地后 8min 冒烟起火，3min 之后就爆炸。机上

165 名旅客和机组人员用时 94s 全部撤离，只有 3 人受伤，机长是在爆炸前 5s 跳窗而出，情况非常紧急。乘务组出色的指挥能力，以及机上旅客的密切配合是这次撤离成功非常关键的因素。

任务一　应急撤离的基本知识

知识点

一、应急撤离的原则

飞行安全是航空运输企业应当考虑的首要问题。安全就是通过对运行过程实施持续性监控和相应的风险管理过程，将人员伤害或财产损失的概率降至并保持在可接受的水平或其以下的一种状态。一旦发生航空事故，机组人员应当将事故造成的危害程度降至最低。以往的事故调查表明，客舱乘务员的主要工作职责、人数配备、人员搭配、疲劳管控等是影响其应急处置能力的重要因素，合格证持有人应明确客舱乘务员工作的主要职责是保障客舱安全，正确定位客舱乘务员工作。

80% 的航空事故发生在起飞 3min 和着陆前的 8min 之内，通常我们将这段时间称为"危险 11min"。在陆地撤离中，许多旅客由于飞机撤离后进一步发生的烟雾和起火而丧生；而在水上撤离中，发生起火是极为罕见的。在飞行中发生失火和释压的情况，有可能最终会演变成一次撤离。

应急撤离的原则如下。

（1）听从机长指挥。

（2）迅速正确地判断。

（3）准备处置的措施。

（4）随机应变。

（5）沉着冷静。

（6）维持秩序。

（7）团结协作。

二、机组的职责

在任何情况下，都应把确保旅客和机组成员的人身安全放在第一位。当发生的情况危及旅客和机组成员人身安全时，应迅速组织人员撤离危险区，尽可能减少人员伤亡，并立即实施机上应急行动措施。

如果迫降前有时间进行准备，那么在实施准备工作时，应当根据剩余时间和当时的实际情况决定完成预定程序的步骤。在执行程序步骤时还应该根据其重要性采用优先原则，即按照程序重要性的先后顺序优先完成对撤离起关键作用的步骤，并尽可能完成所有步骤，从而最大限度地保证迫降和撤离时的安全。

引起撤离的原因可能是多方面的，做迫降准备时的客观条件也不尽相同，机组如需在诸如颠簸、客舱起火或充满烟雾等特殊环境下完成迫降前的准备工作，则在完成迫降前必要准备程序的同时，还需兼顾特殊情况发生时的必需处置程序，应视其为迫降前准备工作的必要部分，其最终目的都是保证机上人员撤离时的安全。成功处置撤离事件的关键在于全体机组人员，尤其是客舱乘务员在机长指挥下完成撤离的能力，这需要每个机组人员共同努力。

（一）明确职责

值得注意的是，在各种撤离事件中机组的基本职责都是相同的，具体如下。

（1）防止冲击，使机组和旅客在撤离后生存。

（2）撤离飞机，令机组和旅客在撤离后迅速远离飞机。

（3）维持生存，让撤离后的幸存者获得庇护和救助。

（二）密切配合

机组间应尽力密切配合，引导全体旅客脱离飞机。

（三）寻求帮助

信任同伴，在力所不及的情况下寻求他们的帮助。当然，也可以让旅客充当援助者，让援助者协助机组完成撤离。

（四）运用程序

运用手册中的应急程序，通过这种标准化的程序提高处置事故时的效率。

（五）回顾程序

经常回顾程序，能更好地进行自我控制，在处置事故时充分发挥应变能力。

三、静默 30s（STS）

客舱乘务员在实施飞行的全过程中，应始终对可能发生的各种应急情况保持警戒。这可以使客舱乘务员尽早发现问题，充分估计形势，及时做出决策，为有可能做出的撤离决定争取更多的准备时间，最终降低撤离带来的危害。

要想降低无准备迫降中的伤亡率，提高撤离速度，就必须采取如下措施。

（1）飞行前认真检查，尤其是对各类应急设备的检查。

（2）起飞前对旅客做安全须知的介绍。

（3）起飞和着陆前做好（包括客舱与服务舱）安全检查。

① 起飞前检查：应在飞机滑入跑道前完成。

② 着陆前检查：应在着陆前 30min 前完成。

③ 着陆前 30min：客舱机组应归位就座，并系好安全带。

④ 飞机在任何地面移动时，旅客始终坐好并系上安全带。

⑤ 每次起飞和着陆前，客舱乘务员必须做静默 30s（STS），回顾在紧急情况下的职责和撤离程序的要点。

a. Brace for Impact：防冲击姿势。

• 客舱乘务员在不同座位上应采取的防冲击姿势。

• 指导不同旅客采取防冲击姿势的口令。

b. Panic Control：情绪控制。

• 客舱乘务员自我情绪的控制。

• 控制旅客的情绪。

c. Judgement：判断情况

• 飞机是否处于会导致撤离的最严重情况（起火和烟雾、机体严重破损、发动机周围漏油、机体浸水）。

• 机外是否安全（火、油、烟雾、障碍物、水等的影响）、机门是否失效。

d. Coordination：协作配合。

• 帮助同伴一起行动。

• 提示同伴应采取的步骤。

• 思考机组成员间的联络方法。

e. Evacuation：组织撤离。

• 回顾撤离时的每一个步骤／程序。

• 各种不同情况下的撤离方法（如烟雾、黑暗的环境）。

• 撤离的不同阶段应使用的口令（如防冲击、指挥脱出、客舱检查等）。

四、及时报告与应急通信

（一）及时报告

（1）飞行机组人员通常可以凭借丰富的飞行经验、先进的飞行管理系统及时了解飞机运行中发生的各类问题，然而有些情况的出现是驾驶舱机组人员所不能掌握到的，客舱中工作的乘务员却能更早地观察到这些情况。

（2）任何一名客舱乘务员注意到的异常情况都要及时报告机长。客舱乘务员要记住的是，永远不要低估自己的飞行经验和判断力。如果确实没有把握判定身边发生的状况是否危及飞行安全，那么也可以将自己的忧虑与疑惑告诉一起飞行的同伴、客舱经理／乘务长。

（3）飞行中遭遇的以下迹象可能会导致飞机最终采取迫降措施。

① 机外起火。

② 客舱出现火警或烟雾。

③ 不正常的飞机姿态（机体破损）。

④ 异常的声响和撞击。

⑤ 严重燃油泄漏。

⑥ 危及机上人员和飞机安全的其他情况。

（4）任何一名客舱乘务员发现以上迹象后，都应即时将这些情况报告机长。客舱乘务员应当采取以下步骤进行报告。

① 客舱机组应使用"机长优先 / 应急呼叫"键或连续按"机组联络"键 3 次或"机长" /
ALERT 键通知驾驶舱，通过飞机内话系统向驾驶舱报告。

② 如驾驶舱可接听内话，则将所发生情况的类型、位置和程度向飞行机组报告，并
根据机长指示采取行动。

③ 若驾驶舱无法接听乘务员内话，发现情况的客舱乘务员应当向客舱经理 / 乘务长
报告，并听取他 / 她的指示；客舱经理 / 乘务长应立即前往驾驶舱人工传递信息。

④ 注意保持与客舱经理 / 乘务长的联络，一旦情况恶化，立即进行撤离前的准备，
直至实施撤离程序。

（二）应急通信

（1）应急情况下应保证驾驶舱与客舱的通信是通畅、无误的。

（2）机长在应急情况下的首要职责是组织撤离，他 / 她的意图应被准确地传达到客
舱乘务员处，以便应付各种情况，组织有准备或无准备的撤离。

（3）通知客舱发生应急情况（如要求客舱乘务员应急就位）的最佳途径是通过广播。

（4）机组的通信也可以通过各种灯光和声响提示的方式进行。

五、指挥权

飞机上由机长负责飞行安全，所有人员必须听从机长指示。一旦机长或其他机组成
员丧失行为能力，应按图 5-1 和图 5-2 所示的指挥接替顺序确定指挥权接替人。

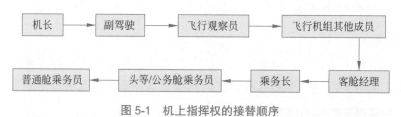

图 5-1　机上指挥权的接替顺序

图 5-2　必须听从机长指挥

案例与拓展

　　法国航空某航班从法国巴黎夏尔戴高乐国际机场飞往加拿大多伦多皮尔逊国际机场。飞机降落时，因飞行机组操作失误以及恶劣的天气，落地时飞机疑似被闪电击中，冲出跑道，造成断裂、起火。机上297名旅客、12名机组成员都奇迹般地及时逃出，而且这12名机组成员是最后撤离飞机。

　　奇迹并不是上天的眷顾或怜悯，奇迹的另一个名字是努力。这与机组成员平时的训练分不开，在最重要的时刻，他们做出了最正确的决定。

任务实施

1. 背景资料

　　某架从上海飞往北京的飞机上，货舱突然起火，情况非常紧急，客舱内已经出现浓烟，每位客舱乘务员根据机长的要求执行相应的程序操作。

2. 实施步骤

　　步骤1：地点是客舱模拟器。将学生分组，每5～7人一组进行情景模拟。教师扮演机长，学生分别扮演乘务长和客舱乘务员。

　　步骤2：客舱机组成员根据机长下达的任务进行相应的程序操作。

　　步骤3：其他学生担任旅客，观察并评分。

　　步骤4：模拟训练结束后，讨论分析每位客舱机组成员的操作情况，最后教师针对学生的练习情况给予总结和评价，通过加强过程性的评估与分析，培养、引导学生对于应急撤离的基本知识有更多的理解与深度思考。

任务考核

　　应急撤离基本知识考核评分表如表5-1所示。

表5-1　应急撤离基本知识考核评分表

班级				组别				
项目	评分标准	配分	评分人	得分				
				乘务长	2号	3号	4号	5号
仪容仪表	妆面淡雅，晕色自然；头发、盘发整洁大方；服装按要求穿着整齐	10分	学生					
			教师					
神态语言	神态自信、坚定、积极，语言短暂、大声、清楚	10分	学生					
			教师					
撤离前客舱安全检查	安全检查的落实性	15分	学生					
			教师					
	与旅客的沟通	10分	学生					
			教师					

项目	评分标准	配分	评分人	得分				
				乘务长	2号	3号	4号	5号
静默30s	内容完整性	10分	学生					
			教师					
	回答清晰、流畅	5分	学生					
			教师					
及时报告	报告的内容	10分	学生					
			教师					
	报告的途径	10分	学生					
			教师					
团队协作	小组配合默契，分工明确，具有强烈的紧迫感	20分	学生					
			教师					
学生评分（40%）			合计					
教师评分（60%）								
评语备注								
评分人								

106

任务二　防冲击姿势

 知识点

防冲击是在紧急情况下维持生存的首要任务。防冲击姿势是当飞机紧急迫降于陆地和水上时，旅客被建议的一个姿势，可以减少撞击带来的伤害。

防冲击姿势具备双重功能，首先减少了身体任意摆动的程度；其次可以保护头部，避免撞到一个物体表面上。当听到飞行机组发出防冲击指令（防冲击、防冲击，Brace、brace；低下头，全身紧迫用力，heads down brace）时，应保持防冲击姿势，直到飞机完全停稳。

一、客舱乘务员的防冲击姿势

（一）面向机头方向的客舱乘务员

面向机头方向的客舱乘务员的防冲击姿势如图5-3所示。

图 5-3　面向机头方向的客舱乘务员的防冲击姿势

（1）确保上背部和下背部紧靠座椅靠背。

（2）系紧安全带和肩带，确保安全腰带在臀部保持低位，并正确地定位锁扣，安全带不应扭曲。

（3）将下颏置于胸部。

（4）将手放在大腿上。

（5）将脚和腿稍微分开。

（6）如果前方没有舱壁，应尽可能伸展腿，将脚平放在地板上；如果前方有舱壁，应将脚平放在地板上，向前直到脚尖碰到舱壁（不要将脚踩到舱壁上）。

（二）面向机尾方向的客舱乘务员

面向机尾方向的客舱乘务员的防冲击姿势如图 5-4 所示。

（1）确保上背部和下背部紧靠座椅靠背。

（2）系紧安全带和肩带，确保安全腰带在臀部保持低位，并正确地定位锁扣，安全带不应扭曲。

（3）向后倾斜并保持头部紧靠靠背或头枕。

（4）胸前交叉手臂（不要握住肩带）。

（5）将脚和腿稍微分开。

（6）将脚平放在地板上。

（7）保持膝盖弯曲 90°。

（三）客舱乘务员无法回到乘务员座位

客舱乘务员无法回到乘务员座位的防冲击姿势如图 5-5 所示，双手撑地，背靠隔板，脑后垫上枕头，屈腿，两脚用力蹬地。

图 5-4　面向机尾方向的客舱乘务　　　图 5-5　客舱乘务员无法回到乘务
　　　员的防冲击姿势　　　　　　　　　　　员座位的防冲击姿势

二、旅客的防冲击姿势

（一）普通旅客

普通旅客的防冲击姿势如图 5-6 所示。

图 5-6　普通旅客的防冲击姿势

（1）紧靠座椅靠背。

（2）系紧安全带，防止因安全带未系紧而向前滑动，安全带不应扭曲。

（3）下巴紧贴胸部，身体向前弯曲，把头抵在前面座椅的椅背上。

（4）将手放在头顶或将手臂放在小腿两侧或抱住小腿（抱住小腿可以提供更稳定的位置）。

（5）将脚平放在地板上，尽量向后。

（6）如果旅客坐在靠舱壁排或不能触及前方座椅的座位时，应向前弯曲，双手放在头顶或将手臂放在小腿两侧或抱住小腿。

（7）当采取防冲击姿势时，旅客应避免头部向后倾斜，即颈部不应该伸展，而是应该向前弯曲，以减少颈部和/或喉部受伤的风险。旅客不应该把头搁在交叉的前臂上，这会使前臂断裂；旅客不应该把头靠在手上，这会使双手和手指断裂（这些建议基于工程及医学专家的解释和意见）。

（8）错误的防冲击姿势会增加受伤风险。旅客应避免直立姿势，因为头部在二次碰撞时可能撞到前面；旅客应避免伸出胳膊或腿，并按压面前的表面；旅客还应避免用身体保护相邻座位上的另一名旅客，或协助另一人保持支撑位置，这也可能增加受伤的风险。

（二）特殊旅客

1. 孕妇、身体受限旅客或受空间限制的旅客

孕妇的防冲击姿势如图 5-7 所示，肥胖旅客的防冲击姿势如图 5-8 所示。

图 5-7 孕妇的防冲击姿势

图 5-8 肥胖旅客的防冲击姿势

（1）紧靠座椅靠背。

（2）将安全带系在低处并系紧，确保安全带在腹部以下，安全带不得扭曲。

（3）尽可能宽的分开腿，身体向前弯曲；尽量靠在前面的座位上。

（4）将手放在头后面，两手交叠，不要交叉手指；肘部缩紧，或者把手臂放在小腿侧面。

（5）如果前方没有座位，应弯腰，双手放在头后面，或者把手臂放在小腿两侧，抱紧小腿。

（6）如果可能，将脚平放在地板上，腿的后部稍微向后倾斜。

2. 儿童

儿童的防冲击姿势如图 5-9 所示。

（1）腰带应系在儿童身体下方，刚好在臀部腿部上方，并系紧。

（2）儿童应在腰带上向前弯曲，并将头部放在两腿之间的坐垫上，或将头部向前弯曲，这样做是为了减少头部摆动。

3. 怀抱婴儿的旅客

怀抱婴儿的旅客的防冲击姿势如图 5-10 所示。

（1）对于仅带腰带的前向座椅，婴儿应直立坐着（使其背部处于垂直位置），面向成人。

（2）成人应将一只手臂放在婴儿躯干周围，另一只手臂支撑婴儿头部。

（3）成人应向前倾斜，并将头部顶部牢牢靠在其前面的座椅靠背上，使婴儿保持在成人和前排座椅靠背之间形成的空间内。对成年人来说，尽可能前倾来保护婴儿是非常重要的，成人离前面的座位越近越好。

（4）不应将婴儿放在成人膝盖上（水平位置），因为这可能导致婴儿的头部在横向飞机移动过程中撞击扶手或机身壁。

图 5-9　儿童的防冲击姿势　　　　图 5-10　怀抱婴儿的旅客的防冲击姿势

注意

在只有前向座椅和腰带的低密度座椅中，成年人抱着婴儿时应采用上述支架位置；但是，成年人应尽可能向前倾斜，一只手臂环绕婴儿躯干，另一只手臂支撑婴儿头部。

如时间允许，建议旅客重复练习一次防冲击姿势，客舱乘务员应逐个进行检查并纠正不正确姿势，对孕妇、身材高大者、肥胖者及怀抱婴儿的旅客等特殊旅客应做个别简介；同时，反复强调在飞机接地前一瞬间应全身紧迫用力。

三、演示防冲击姿势

客舱乘务员应在客舱中的明显位置处进行演示（如坐到椅背上或靠在隔板上踩在座位上进行等）。

客舱乘务员各就各位，随着广播内容演示防冲击的方法。

广播内容如下。

现在乘务员向你介绍两种防冲击姿势，请跟随乘务员练习。

Now, we will explain you brace position to against impact. Please follow the instructions and practice.

当你听到"低下头，全身紧迫有力！"指令时，把两腿平放，两脚向后，收紧下颚，身体前倾，将头抵在前座椅靠背上，双手抱住头部。

When you hear "Heads down, brace!", put your feet flat on the floor, move your feet to the edge of the seats, tighten the chin, bend forward, head against the seat back, held by your hands.

如果前面没有或抵不到座椅靠背，弯下腰，用双手抱住两腿。

If there is no seat back in front of you or the space is far apart, bend forward and hold your legs.

在飞机着陆／着水时可能会有多次撞击，保持防冲击姿势直到飞机完全停稳。

While landing/ditching, there may be more than one impact, keep your brace position until the aircraft comes to a complete stop.

案例与拓展

据英国每日电讯报报道，很多人对防冲击姿势有不同的看法，认为这么做只能保住旅客的牙齿，以利空难之后身份的辨识；或是认为这个姿势增加了死亡概率，因为它会使脖子断裂。对此，英国航空乘务长史蒂夫·欧瑞（Steve Allright）表示，目前许多航空公司采用的防冲击姿势确实拯救过无数生命，飞机是最安全的运输交通工具，虽然使用防冲击姿势的机会非常少，但它是全球公认的安全技术。

澳大利亚一架载有16名旅客的双引擎班机坠毁，所有人都在睡梦中，只有唯一的幸存者当时醒着，他采用了防冲击姿势；紧急迫降于哈得逊河的美国航空1549班机，机上没有人员伤亡，也因为旅客采取了防冲击姿势。

Discovery频道曾经探讨过这个议题，利用假人和感应器进行飞机坠毁实验，证明防冲击姿势确实可以增加意外中旅客生还的机会。比较近期的是英国的Channel 4节目进行的实验，一架客机故意坠毁在墨西哥的索诺兰沙漠，客舱中事先安排好3个假人，以不同的姿势摆放：第1个为防冲击姿势并系上安全带，第2个只系安全带，第3个两者都没有。试验的结论是第1个假人得以在撞击中存活，第2个活下来但头部因严重撞击而受伤，第3个人罹难。

 任务实施一

1. 背景资料

某架从成都飞往上海的客机，飞行机组告之飞机发生严重机械故障，情况非常紧急，

客舱机组进行迫降准备，现在为旅客示范防冲击姿势。

2. 实施步骤

步骤1：地点是客舱模拟器。将学生分组，每5～7人一组进行情景模拟。教师随机让学生扮演乘务长和客舱乘务员。

步骤2：客舱机组根据教师要求，进行防冲击姿势的演示。乘务长广播，客舱乘务员按号位站好，进行示范。

步骤3：其他学生担任旅客，观察并评分。

步骤4：模拟训练结束后，讨论分析每位客舱机组成员的演示情况，教师针对学生的练习情况给予总结和评价。

 任务考核一

客舱机组防冲击姿势演示考核评分表如表5-2所示。

表5-2　客舱机组防冲击姿势演示考核评分表

班级			组别							
项目	评分标准	配分	评分人	得分						
				乘务长	L1	R1	L2	R2	L3	R3
仪容仪表	妆面淡雅，晕色自然；头发、盘发整洁大方；服装按要求穿着整齐	5分	学生							
			教师							
神态	自信、举止大方，体现朝气蓬勃的精神风貌	5分	学生							
			教师							
动作标准	动作未达标准扣10分/次	50分	学生							
			教师							
广播	口齿清晰，中、英文标准	50分	学生							
			教师							
团队协作	小组配合默契，动作整齐划一	20分	学生							
			教师							
	演示动作与广播词保持同步	20分	学生							
			教师							
学生评分（40%）			合计							
教师评分（60%）										
评语备注										
评分人										

注：表格中灰色部分无须打分。

任务实施二

1. 背景资料

某架从成都飞往上海的客机，飞行机组告之飞机出现严重机械故障，情况非常紧急。客舱机组进行迫降准备，为旅客示范防冲击姿势后，时间允许，旅客重复练习一次防冲击姿势。客舱乘务员应逐个进行检查并纠正不正确姿势，对孕妇、身材高大者、肥胖者及怀抱婴儿的旅客等特殊旅客做个别简介。

2. 实施步骤

步骤1：地点是客舱模拟器。将学生分组，每12人一组进行情景模拟。教师随机让学生分别扮演客舱乘务员、旅客/特殊旅客。

步骤2：旅客重复练习一次防冲击姿势，客舱乘务员逐个进行检查并纠正不正确姿势。

步骤3：根据教师要求，学生扮演特殊旅客，客舱乘务员进行单独指导。

步骤4：其他学生担任旅客，配合、观察并评分。

步骤5：教师现场指导，针对学生实操训练中存在的问题及出现的错误，教师在纠错的同时进行示范并讨论分析，最后对学生的练习情况给予总结和评价。

 任务考核二

旅客防冲击姿势考核评分表如表5-3所示。

表5-3　旅客防冲击姿势考核评分表

班级			组别					
项目	评分标准	配分	评分人	得分				
				L1	R1	L2	R2	L3	R3
仪容仪表	妆面淡雅，晕色自然；头发、盘发整洁大方；服装按要求穿着整齐	5分	学生					
			教师					
神态	自信、坚定、积极	5分	学生					
			教师					
语言表达	短暂、大声、清楚	10分	学生					
			教师					
动作标准	一般旅客的防冲击姿势	10分	学生					
			教师					
	坐在靠舱壁或不能触及前方座椅背的旅客的防冲击姿势	10分	学生					
			教师					
	孕妇的防冲击姿势	10分	学生					
			教师					
	儿童的防冲击姿势	10分	学生					
			教师					
	肥胖者的防冲击姿势	10分	学生					
			教师					
	怀抱婴儿的旅客的防冲击姿势	10分	学生					
			教师					

113

项目	评分标准	配分	评分人	得分					
				L1	R1	L2	R2	L3	R3
团队协作	小组配合默契，分工明确，具有强烈的紧迫感	20分	学生						
			教师						
	学生评分（40%）		合计						
	教师评分（60%）								
	评语备注								
	评分人								

任务三　选择援助者

知识点

一、出口援助者

（1）选择出口援助者。使用出口援助者协助客舱乘务员组织撤离。在选择援助者时，应首先选择下列人员：机组人员，航空公司雇员（包括其他航空公司），军人、警察、消防员和执法人员。

（2）为每个出口选择 3 名援助者，如图 5-11 所示。其中，1 名援助者在机上帮助客舱乘务员指挥撤离；另外 2 名援助者先下机，在机下协助其他旅客。

（3）让援助者清楚以下职责。

① 飞机刚停稳时，在机门处，手挽手挡住涌来的旅客，如图 5-12 所示。

图 5-11　援助者分工

图 5-12　手挽手挡住涌来的旅客

② 当客舱乘务员不能开门时，帮助打开出口。

③ 判断出口安全，无火、水、烟雾或障碍物等，如图 5-13 所示。

④ 打开出口，如图 5-14 所示。

图 5-13　判断出口安全

图 5-14　打开出口

⑤ 协助指挥旅客撤离，如图 5-15 所示。

⑥ 滑梯／救生筏人工充气。

⑦ 断开滑梯／救生筏（仅水上迫降）。

⑧ 在客舱乘务员受伤时提供帮助：解开安全带，并带走客舱乘务员，如图 5-16 所示。

⑨（若时间许可）让援助者重复各自职责。

图 5-15　协助指挥旅客撤离

图 5-16　解开安全带

（4）简令。

① 对机上协助指挥撤离的援助者进行简介，可使用下列口令组织旅客快速撤离。

a. 陆地迫降。

- 应急门："坐、滑，Sit、slide""跳、滑，Jump、slide""快离开飞机，Evacuate"等。
- 应急窗（站在机翼上）："跨出去，从机翼后部滑下；Go out，slide down from the rear of the wing"等。

b. 水上迫降

- 滑梯/救生筏(在机门处)："上船，On board""救生衣充气，Inflate your life vest""爬过去，Climb over""相对坐下，Sit down face to face"。
- 救生筏（在应急窗处）："跨出去，Go out""上船，On board""救生衣充气，Inflate your life vest"。

② 对机下协助撤离的援助者进行简介。

a. 陆地迫降。

- 在滑梯底端/在机翼下方协助其他旅客撤离。
- 让旅客远离飞机。

b. 水上迫降。

- 滑梯/救生筏：让援助者先上船，引导旅客向船头方向爬过去；指导船内旅客相对坐下。
- 圆形救生筏：让援助者先上船，协助其他旅客登船；指导船内旅客均匀分布、坐下。

（5）调整援助者的座位。

（6）重新确定防冲击姿势。

> **注意**
>
> （1）在撤离准备中，客舱经理/乘务长可根据实际情况对客舱准备内容做最终决定。当撤离准备时间充裕时，按照简令纸完成所有准备内容；当撤离准备时间有限（陆地迫降少于8min，水上迫降少于10min）时，视情况完成简令纸中的准备内容。
>
> （2）当撤离准备时间有限时，客舱乘务员可直接让紧靠应急出口的旅客或乘务员位对面的旅客做援助者。
>
> （3）在撤离准备时间充裕时，客舱乘务员应对援助者如何操作应急出口做详细的介绍，以便更有效组织撤离旅客。

陆地、水上撤离援助者的分工如表5-4和表5-5所示。

表5-4　陆地撤离援助者的分工

援助者	应急门	应急窗
机上援助者	（1）协助客舱乘务员打开舱门。 （2）挡住旅客，直至滑梯完全充气。 （3）协助客舱乘务员指挥旅客撤离。 （4）提醒旅客脱掉高跟鞋，不要带行李。 （5）在客舱乘务员受伤、失能的情况下代替其指挥，并将其带下飞机	（1）判断窗外情况，如果不能使用，则指挥旅客去最近的有效出口。 （2）判断窗外情况，如果安全，则打开出口。 （3）站在机翼上，协助旅客撤离。 （4）提醒旅客脱掉高跟鞋，不要带行李。 （5）在客舱乘务员受伤、失能的情况下代替其指挥，并将其带下飞机

续表

援助者	应 急 门	应 急 窗
机下援助者	（1）在滑梯底端两侧协助其他旅客撤离。 （2）协助将未充气滑梯做成软梯（图5-17）。 （3）让旅客远离飞机，到安全区域	（1）在机翼下方协助其他旅客撤离。 （2）让旅客远离飞机，到安全区域

图 5-17　协助将未充气滑梯做成软梯

表 5-5　水上撤离援助者的分工

援助者	应 急 门	应 急 窗
机上援助者	（1）协助客舱乘务员打开舱门。 （2）挡住旅客，直至滑梯/救生筏完全充气。 （3）协助客舱乘务员指挥旅客撤离。 （4）提醒旅客脱掉鞋，不要带行李。 （5）提醒旅客救生衣充气。 （6）在客舱乘务员受伤、失能的情况下代替其指挥，并将其带下飞机	（1）判断窗外情况，如果不能使用，则指挥旅客去最近的有效出口。 （2）判断窗外情况，如果安全，则打开出口。 （3）协助搬运救生筏。 （4）将救生筏的系留绳固定在机翼上，猛拉系留绳，使救生筏充气。 （5）站在机翼上，协助旅客撤离，指示旅客将撤离绳作为扶手。 （6）提醒旅客救生衣充气。 （7）在客舱乘务员受伤、失能的情况下代替其指挥，并将其带下飞机
机下援助者	（1）引导旅客向船头方向爬过去。 （2）指导船内旅客相对坐下	（1）先上船，协助其他旅客登船。 （2）指导船内旅客均匀分布、坐下

二、安排旅客志愿协助者

为需要特殊帮助的旅客，如老年人、残疾人、无人陪同的儿童和不能行走的旅客等，安排志愿协助者。

（1）重新安置旅客和志愿者的座位，但避免与家人分开就座。

（2）向志愿协助者指导协助不能行走旅客移到出口处的方法。

（3）使用以下方法中的一种来帮助不能行走的旅客撤离。

① 毛毯法（图5-18）：首选运送法，把一块毛毯放在座椅靠背之上和不能行走的旅客的座椅底部。为了协助其到出口处，由2位志愿协助者将需帮助的旅客放在毛毯上，拉起毛毯的角，从而把旅客移动到出口处。

② 抬送法（图5-19）：为了协助旅客到出口处，把座椅向后倾，并且让他/她向前倾，使得援助者能够从背后靠近。协助者上臂穿过旅客的腋下，在旅客的胸廓之间滑动他/她的手，协助者用他/她的右手握住旅客的左手腕，并用他/她的左手握住旅客的右手腕。协助者在紧握旅客两个手腕的情况下，向旅客的身体方向拉动手腕和手臂，并将身体抬起来。如有另一名协助者，则可以抱住旅客的膝盖，把旅客送到出口处。

图 5-18　毛毯法

图 5-19　抬送法

（4）在机门口处不能行走的旅客的撤离方法如下。

① 对于具有上肢力量的旅客，让旅客在双臂伸出的情况下坐在滑梯的顶部滑下。

② 对于没有足够的上肢力量的旅客，将旅客移至滑梯的顶部，让协助者坐在旅客后面并双腿叉开，随同他/她一起滑下。

③ 协助者应当帮助这些旅客离开滑梯并远离飞机。

注意

> 应急撤离时这类旅客无优先权。

三、撤离服务犬

（1）为了防止服务犬被撞击，可用枕头或毛毯垫在隔板处，或在旅客前面的座位底下铺垫好，以减缓冲击。

（2）建议旅客卸下服务犬的挽具并套上皮带。

（3）撤离时应当由主人负责牵住服务犬滑下。

四、选择援助者简令

（一）选择援助者（陆地撤离）

女士们、先生们请注意：如果你是航空公司的雇员、执法人员、消防人员或军人，请与乘务员联络，我们需要你的协助。同时，根据机长的要求，我们将调整一些人的座位。

Ladies and gentlemen, please contact our cabin crew if you are an employee of airlines, law enforcement personnel, firefighter or military service personnel. We need your assistance. We may need to change some passengers' seats according to the instructions from captain.

1. 机门口援助者分工（Helpers at the Door Exit）

请做我的援助者，跟我来。

Please be my helper and follow me.

飞机完全停稳后，像这样 示范 挡住涌过来的旅客，直到滑梯完全充气。如果我不能开门，请帮我像这样打开 示范并指导开门及滑梯人工充气方式 。

After the aircraft comes to a complete stop, please block passengers like this *DEMO* until the slide is fully inflated. If I can't open the door, please help me *Direct how to open it and inflate the slide* .

开门前先观察机外情况 指示观察窗 。

Before open the door, observe the outside situation *Show observation window* .

如机外有烟雾、起火或碎片/障碍物（不安全），不要开门，指挥旅客去其他出口 向援助者说明最近的其他出口 。

If there is a situation like smoke, fire or obstruction（Unsafe），don't open the door and direct passengers to other exits *Show helpers the nearest exits* .

如机外安全（无烟、无火、无障碍），打开门 示范门的操作和滑梯充气方法 ，你们两个先跳下滑梯，在滑梯两侧帮助旅客撤离，并指挥他们远离飞机；你在门口像我这样 示范 抓住这个把手，指挥旅客"快！到这边来！跳！滑！"。

If it's safe outside（No smoke, fire or obstruction），open the door *Explain how to open it and Inflate the slide* , Both of you jump the slide first, stand at both sides of the slide to help passengers and direct them to run away from the plane. You should hold the door handhold like this *DEMO* and direct passengers "Hurry! Come this way! Jump! Slide!" .

如果我受伤，将我带下飞机，我的安全带是这样解开的 示范乘务员安全带的解开方法 。

If I am injured, please take me off the plane. *Explain how to release the cabin crew's seat belt* .

重复你们的任务。

Repeat your assignment.

更换援助者座位，确认防冲击姿势及安全带。

Change helper's seats, confirm their brace position and seat belts fastened.

2. 应急窗援助者分工（Helpers at the Over-wing Exit）

请做我的援助者。

Please be my helper.

飞机完全停稳后，观察窗外情况 指示观察窗 。

After the aircraft comes to a complete stop, observe the outside situation first *Show observation window* .

如机外有烟雾、起火或碎片/障碍物（不安全），不要打开，指挥旅客去其他出口向援助者说明最近的其他出口。

If there is a situation like smoke, fire or obstruction (Unsafe), don't open the exit and direct passengers to other exits *Show helpers the nearest exits*, then direct passengers run away from the plane.

如机外安全（无烟、无火、无障碍），打开出口 *示范出口的操作和滑梯充气方法（如有）*，指挥旅客"快! 这边来! 跨出去! "。（A320/319：从机翼后部滑梯滑下飞机；B737：从机翼后部坐、滑下飞机），在机下指挥旅客远离飞机。

If it's safe outside（No smoke, fire or obstruction），open the exit *Explain how to open it and inflate the slide（if exist）*, direct passengers "Hurry! Come this way! Go out!" to run away from the plane.（A320/319: Slide along the backward over-wing slide. B737: Sit and slide along the rear edge of the wing）, then direct passengers run away from the plane.

如果我受伤，将我带下飞机，我的安全带是这样解开的 *示范乘务员安全带的解开方法*。

If I'm injured, please take me off the plane *Explain how to release the cabin crew's Seat belt*.

重复你们的任务。

Repeat your assignment.

更换援助者座位，确认防冲击姿势及安全带。

Change helper's seats, confirm their brace position and seat belts fastened.

（二）选择援助者（水上撤离）

女士们、先生们请注意：如果你是航空公司的雇员、执法人员、消防人员或军人，请与乘务员联络，我们需要你的协助。同时，根据机长的要求，我们将调整一些人的座位。

Ladies and gentlemen, please contact our cabin crew if you are an employee of airlines, law enforcement personnel, firefighter or military service personnel. We need your assistance. We may need to change some passengers' seats according to the instructions from captain.

1. 机门口援助者分工（Helpers at the Door Exit）

请做我的援助者，跟我来。

Please be my helper and follow me.

飞机完全停稳后，像这样 *示范* 挡住涌过来的旅客，直到滑梯/救生船完全充气。如果我不能开门，请帮我像这样打开 *示范并指导开门及滑梯/救生船人工充气方式*。

After the aircraft comes to a complete stop, please block passengers like this *DEMO* until the slide/raft is fully inflated. If I can't open the door, please help me *Direct how to open it and inflate the slide/raft*.

开门前先观察机外情况 *指示观察窗*。

Before open the door, observe the outside situation *Show observation window*.

如机外有火或水位过高（不安全），不要开门，指挥旅客去其他出口 *向援助者说明最近的其他出口*。

If there is a situation like fire or high water level (Unsafe), don't open the door and direct passengers to other exits *Show helpers the nearest exits*.

如机外安全（无火或水位正常），打开门 示范门的操作和滑梯／救生船充气方法 ，你们两个先上船，在船头引导旅客分两边坐下，你在门口像我这样 示范 抓住这个把手，指挥旅客"快！到这边来！救生衣充气！上船！"。

If it's safe outside (No fire or normal water level), open the door *Explain how to open it and inflate the slide/raft* , both of you board the raft first and get to the different end of the raft, direct passengers to sit separately for balance. You should hold the door handhold like this *DEMO* and direct passengers "Hurry! Come this way! Inflate your vest! Board the raft!".

如果我受伤，将我带下飞机，我的安全带是这样解开的 示范乘务员安全带的解开方法 。

If I am injured, please take me off the plane *Explain how to release the cabin crew's seat belt* .
重复你们的任务。

Repeat your assignment.

更换援助者座位，确认防冲击姿势及安全带。

Change helper's seats, confirm their brace position and seat belts fastened.

2. 翼上窗援助者分工（Helpers at the Over-wing Exit）

请做我的援助者。

Please be my helper.

飞机完全停稳后，观察机外情况 指示观察窗 。

After the aircraft comes to a complete stop, observe the outside situation first *Show observation window* .

如机外有火或水位过高（不安全），不要打开出口，指挥旅客去其他出口 向援助者说明最近的其他出口 。

If there is a situation like fire or high water level (Unsafe), don't open the exit and direct passengers to other exits *Show helpers the nearest exits* .

如机外安全（无火或水位正常），打开出口 示范出口的操作方法 （示范出口的操作和滑梯，取出救生绳 指示救生绳的位置 ，连接到机翼上的扣环内（如有），指挥旅客"快！这边来！救生衣充气！跨出去！从机翼上登船"。

If it's safe outside (No fire or normal water level), open the exit *Explain how to open it* , take out the escape rope *Show the location* and connect it to the wing (If exist), direct passengers "Hurry! Come this way! Inflate your vest! Go out! Board the raft!" .

B737：协助我取出天花板上（行李架内）的救生船，跟随我的指令操作。

B737: Help me to take out the raft from the ceiling（overhead lockers）, follow my instructions to operate it.

如果我受伤，将我带下飞机，我的安全带是这样解开的 示范乘务员安全带的解开方法 。

If I am injured, please take me off the plane *Explain how to release the cabin crew's seat belt* .
重复你们的任务。

Repeat your assignment.

更换援助者座位，确认防冲击姿势及安全带。

Change helper's seats, confirm their brace position and seat belts fastened.

案例与拓展

出口座位担责任

紧急出口的座位主要是为了方便紧急撤离，腿部空间留得大，但不是想坐就能坐的。一般来说，航空公司地服人员会锁住紧急出口的座位，不在网上、自助值机机器上公开发放。

按照航空公司的规定，一般会把这一排位置安排给那些身强力壮的人，老弱病残孕幼、语言不通的外国人、醉酒、过于肥胖的人以及行动不便等特殊旅客不会被安排在这个位置上。

在紧急出口旅客入座后，航空公司客舱乘务员第一时间会对旅客进行评估，评估分为目视评估和口头评估两种。目视评估是看旅客是否适合坐在这里，是否年满15岁，双手双臂是否有足够的运动能力，是否兼具体力和灵活性，视力、听力、口头传达能力如何。口头评估是为旅客介绍紧急出口座位的特殊性，介绍应急门及打开方法，告知旅客紧急情况下的职责，正常情况下千万不要触碰机门尤其是红色把手，引导其阅读紧急出口座位旅客须知和安全须知，最后观察其是否具备良好的阅读理解能力。

如果旅客无法满足须知内所列条例，即使旅客登机之后坐了这个座位，客舱乘务员也会进行二次调换。另外，在旅客身体不适或者不能有效听从乘务员的指导或沟通的情况下，也会进行二次调换。

 任务实施

1. 背景资料

某架飞机需要应急撤离，客舱机组根据机长的指令进行陆地/水上撤离，客舱乘务员根据自己的号位选择援助者并进行分工。

2. 实施步骤

步骤1：地点是客舱模拟器。将学生分组，每20～25人一组进行情景模拟。教师扮演机长，学生分别扮演客舱机组、援助者。

步骤2：根据机长随机下达的撤离类型，负责出口、应急窗的客舱乘务员进行相应的选择援助者简介。

步骤3：其他学生担任旅客，配合、观察并评分。

步骤4：教师现场指导，针对学生实操训练中存在的问题及出现的错误，教师在纠错的同时进行示范并讨论分析，最后对学生的练习情况给予总结和评价。

任务考核

选择援助者考核评分表如表 5-6 所示。

表 5-6　选择援助者考核评分表

班级			组别						
项目	评分标准	配分	评分人	得分					
				L1	R1	L2	R2	L3	R3
仪容仪表	妆面淡雅，晕色自然；头发、盘发整洁大方；服装按要求穿着整齐	10分	学生						
			教师						
神态	自信、坚定、积极	10分	学生						
			教师						
语言表达	短暂、大声、清楚	10分	学生						
			教师						
简令	陆地撤离机门口援助者分工	15分	学生						
			教师						
	陆地撤离翼上窗援助者分工	15分	学生						
			教师						
	水上撤离机门口援助者分工	15分	学生						
			教师						
	水上撤离翼上窗援助者分工	15分	学生						
			教师						
团队协作	小组配合默契，分工明确，具有强烈的紧迫感	10分	学生						
			教师						
学生评分（40%）			合计						
教师评分（60%）									
评语备注									
评分人									

123

![知识点图标] 知识点

一、人群的控制

有效撤离的重要因素之一是客舱机组成员有效地控制人群的管理能力。在撤离期间，客舱乘务员的行为和命令将直接影响旅客的行为表现。机组成员必须绝对控制住局势，并且必须以坚定的语气向旅客发出口令和指示。所有旅客的反应不是完全相同的。曾经有一些撤离执行得非常有效，因为旅客愿意配合机组成员的指示。其他一些撤离，尤其在感觉生命受到威胁的情况时，旅客有着各种不同的反应，具体如下。

（1）惊恐（尖叫、哭泣、歇斯底里）。

（2）消极的惊恐（没有反应、发呆）。

（3）没有感到有危险。

（4）坚持从他们登机的舱门撤离飞机。

（5）带着手提行李撤离。

（6）返回座椅，重新放好行李。

（7）企图控制撤离。

（8）推搡。

（9）从椅背上跳过去，排到队伍的前面，忽略了其他人。

机组成员绝对需要坚定他／她们的权威，以避免延迟冲滑梯的时机而造成旅客的危险。客舱乘务员的目标是：在每一个可用的出口快速组织旅客尽快地逃离飞机。

为了有效地指挥旅客向最近的出口撤离并帮助他们跳下滑梯，客舱乘务员必须使用积极的口头命令和肢体动作（图 5-20）。如果需要，在使一些旅客从飞机上撤离时，客舱乘务员也必须准备好使用一些强制性的动作。客舱乘务员使用的命令应该是坚定的、积极的、短暂的、响亮的、清楚的，必须坚定地完全控制住撤离。

在撤离过程中，全局意识将起到很大作用，客舱乘务员不仅需要知道出口发生的情况，而且需要知道客舱内正在发生的情况。客舱乘务员必须能够从出口接近旅客流，并意识到旅客流改变的速率；意识到其他出口的作用，特别是当重新给旅客指方向时；当客舱拥挤或一个出口不能使用时，要调整好旅客的行为和对他们的命令，这样做是为了使撤离通畅和最大限度地使用所有出口。

图 5-20　控制旅客

二、行李的控制

在应急撤离过程中，如允许旅客携带他／她们坚持携带的物品，可能导致的后果包括但不限于：出口速度减慢、对旅客或其他使用滑梯的人员造成伤害、对滑梯底部协助的人员造成伤害、对滑梯造成损坏、滑梯底部碎片堆积。

在应急撤离过程中，客舱乘务员应使用清晰、简单的指令，命令旅客不得携带任何手提行李。如果旅客无视客舱乘务员的指示，乘务员应采取必要的行动。

（1）当出现下列情况时，客舱乘务员应在出口处强制取走旅客携带的手提行李。

①由于物品堆积导致堵塞出口路线。

②由于旅客不配合导致出口撤离速度减缓。

③远离出口的座椅靠背上托举行李对客舱乘务员造成伤害。

（2）在确保不发生下列情况下，客舱乘务员可将手提行李扔到飞机外。

①对飞机外人员的伤害。

②对执行任务的客舱机组人员的伤害。

③对地面设备或滑梯的损坏。

案例与拓展

一架沙特阿拉伯航空公司的波音747客机在科伦坡国际机场的跑道上滑行，准备起飞，突然接到炸弹恐吓电话，飞机随即停飞。机组人员打开多个紧急逃生出口撤离旅客，但惊恐的旅客一片混乱，酿成踩踏事故，造成1名旅客死亡，64人受伤。

一架载有73名旅客和5名机组人员的俄罗斯航空某班机由谢列梅捷沃国际机场飞往俄罗斯北部摩尔曼斯克机场。飞机起飞后不久，在爬升过程中遭到雷击，机长随即报告紧急状况折返。执行该航班的是苏霍伊超级喷气机（SSJ-100）支线客机，起飞后27min于谢列梅捷沃机场跑道迫降时，起落架坍塌，燃油从机翼溢出，并着火。大火吞没了飞机的后部，有41人无法撤离并丧生，其中包括两名儿童。社交媒体上传播的事故现场视频显示，许多旅客为了抢拿行李，阻碍了紧急撤离，导致飞机撤离被延误。

 任务实施

1. 背景资料

某架从广州飞往重庆的飞机上，洗手间突然起火，客舱内已经出现浓烟，情况非常紧急，机长下达陆地撤离的指令，客舱内一片混乱。飞机迫降后，应急出口部分不能使用，很多旅客撤离时携带行李，客舱乘务员要进行有效的控制。

2. 实施步骤

步骤1：地点是客舱模拟器。将学生分组，每5～7人一组进行情景模拟，教师扮演机长，学生分别扮演客舱机组。

步骤 2：机长下达撤离的指令，客舱机组成员根据应急出口状况、旅客的情况进行相应的处置。

步骤 3：其他学生担任旅客，配合、观察并评分。

步骤 4：教师现场指导，针对学生实操训练中存在的问题及出现的错误，教师在纠错的同时进行示范并讨论分析，最后对学生的练习情况给予总结和评价。

 任务考核

人群与行李控制考核评分表如表 5-7 所示。

表 5-7　人群与行李控制考核评分表

班级				组别						
项目	评分标准	配分	评分人	得分						
				乘务长	2号	3号	4号	5号	6号	
仪容仪表	妆面淡雅，晕色自然；头发、盘发整洁大方；服装按要求穿着整齐	10分	学生							
			教师							
神态	自信、坚定、积极	10分	学生							
			教师							
语言表达	短暂、大声、清楚	10分	学生							
			教师							
应急处置	客舱混乱拥挤时	10分	学生							
			教师							
	当出口不能使用时	10分	学生							
			教师							
	当出口拥挤时	10分	学生							
			教师							
	对携带行李的旅客	10分	学生							
			教师							
	对不配合的旅客	10分	学生							
			教师							
团队协作	小组配合默契，分工明确，具有强烈的紧迫感	20分	学生							
			教师							
	学生评分（40%）		合计							
	教师评分（60%）									
	评语备注									
	评分人									

任务五　应急开门

 知识点

一、应急开门（陆地撤离）

（一）有效出口的选择

客舱乘务员应能够根据当时环境和机长指令以及紧急着陆时的机身姿态选择可用和有效的应急出口（表5-8）。

表5-8　有效出口的评估

情　形	可以使用的出口
正常陆地迫降	所有出口均可使用
所有起落架非正常收起/折断（机腹着陆）	除翼上应急出口，其他出口均可使用
飞机主轮一侧折断	除接近地面一侧的翼上应急出口，其他出口均可使用
前轮折断	所有出口均可使用，但要考虑后机舱门离地面的高度和滑梯的可用长度
机尾触地	所有出口均可使用，但要考虑前机舱门离地面的高度和滑梯的可用长度

注意

（1）在收起起落架着陆的情况下，某些机型如果出口离地很接近，则在启用出口之前应当解除机门待命。

（2）在可使用部分起落架着陆的情况下，出口可能离地过高，会导致滑梯过于陡直而不能正常使用，此时应改换其他安全出口。

（二）应急开门

（1）如果出口可以使用，应迅速确定机门处于待命状态，并打开出口。

（2）如果出口无法打开，则试着再次打开它。如确实无法打开出口，则使用以下口令："这个门不能使用！走那边！ This door can't be used! That way!"，以重新把旅客引导到另一个可用的出口。

（3）除非附近的出口已没有客舱乘务员指挥，否则不要离开已经失效的出口，以防旅客擅自使用出口。

（4）如果附近的出口没有客舱乘务员操作，立即前往那个出口，在确定该出口可以使用的情况下立即打开出口。

（5）确认滑梯状况（如滑梯角度适当、完全充气）。滑梯状况评估如表 5-9 所示，滑梯人工充气手柄图 5-21 所示。

表 5-9　滑梯状况评估

滑梯状况	解决办法
如果……	那么……
滑梯未能自动充气	拉地板上的红色人工充气把手（Manual Inflation Hanole），待滑梯充气后，引导旅客撤离
滑梯未能完全充气，或使用中漏气	如有充分的时间且计划可行，将滑梯改作软梯使用，并重新引导旅客使用
滑梯完全充气并且处于安全状态	立即引导旅客撤离

图 5-21　滑梯人工充气手柄

（6）陆地撤离此门不能使用口令如表 5-10 所示，操作如图 5-22 所示。

表 5-10　陆地撤离此门不能使用口令

状　态	口　令
当飞机下降到 500ft 时	机长："500 英尺！" 客舱乘务员："系好安全带！ Fasten your seat belt！"
当飞机下降到 50ft 时	机长："50 英尺！" 客舱乘务员："低下头！ 全身紧迫用力！ Heads down! Brace!"
飞机停稳，机长发出撤离指令后，客舱乘务员迅速解开安全带，并从座位上站起	撤离！ Evacuate! 镇静！ 没关系！ Calm down! It's all right!
观察外面的状况，当门被堵住，门把手卡住，舱外有火、烟、障碍物时，面向客舱双臂交叉十字指挥；当门已打开，滑梯充气失效时，双手抓住门边两侧辅助手柄，封门并指挥	此门不能使用！ 走那边！ This door can't be used! That way!

图 5-22　此门不通

（7）陆地撤离应急开门口令如表 5-11 所示，操作如图 5-23 和图 5-24 所示。

表 5-11　陆地撤离应急开门口令

状　态	口　令
当飞机下降到 500ft 时	机长："500 英尺！" 客舱乘务员："系好安全带！ Fasten your seat belt！"
当飞机下降到 50ft 时	机长："50 英尺！" 客舱乘务员："低下头！全身紧迫用力！ Heads down! Brace!"
飞机停稳，机长发出撤离指令后，客舱乘务员迅速解开安全带，并从座位上站起	撤离！ Evacuate！镇静！没关系！ Calm down! It's all right!
观察外面的状况（无烟、无火、无障碍），开门，抓住辅助手柄并拉人工充气手柄，两手抓住两侧辅助手柄封门	解开安全带！脱掉高跟鞋！不要带行李！ Release your seat belt! No high-heeled shoes! No baggage!
滑梯充气完毕后，迅速面向客舱，退到一侧，一只手握住辅助手柄，另一只手指挥旅客撤离	到这边来，坐下，跳！滑！ Come this way! Sit down! Jump! Slide!

图 5-23　应急开门（1）

图 5-24　应急开门（2）

二、应急开门（水上撤离）

（一）有效出口的选择

根据飞机舱门距水面的高度和飞机浸水情况确定有效出口。通过机门上的观察窗或机门旁的客舱舷窗观察机门外的状况，确认出口是否有效、可用。注意结构性损伤、起火的地方，观察出口是否被水淹没或受到阻塞。

注　意

如有迹象显示飞机可能会很快下沉，应迅速将救生筏与飞机脱开。

（二）应急开门

（1）如果出口可以使用，应迅速确定机门处于待命状态，并打开出口。

（2）如果出口打不开，则试着再次打开它；如确实无法打开出口，则使用以下口令："这个门不能使用！走那边！ This door can't be used! That way!"，以重新把旅客引导到另一个可用的出口。

（3）除非附近的出口没有客舱乘务员指挥，否则不要离开已经失效的出口处，以防旅客擅自使用出口。

（4）如果附近的出口没有客舱乘务员指挥，立即前往那个出口，在确定该出口可以使用的情况下立即打开出口。

（5）确认救生筏状况（如救生筏的载量、是否完全充气），救生筏状况评估如表 5-12 所示。

表 5-12　救生筏状况评估

救生筏状况	解决办法
如果……	那么……
救生筏未能自动充气	拉地板上的红色人工充气把手，待滑梯充气后，引导旅客撤离
救生筏不能抛放（出口被堵 / 水位高于机门口）	将救生筏转移至另一适用处
救生筏完全充气并且处于安全状态	立即组织旅客撤离应急开门

（6）水上撤离此门不能使用口令如表 5-13 所示。

表 5-13　水上撤离此门不能使用口令

状　态	口　令
当飞机下降到 500ft 时	机长："500 英尺！" 客舱乘务员："系好安全带！Fasten your seat belt！"
当飞机下降到 50ft 时	机长："50 英尺！" 客舱乘务员："低下头！全身紧迫用力！Heads down！Brace！"
飞机停稳，机长发出撤离指令后，客舱乘务员迅速解开安全带，并从座位上站起	撤离！Evacuate！镇静！没关系！Calm down！It's all right！
观察外面的状况，当门被堵住、门把手卡住、舱外有火、水位过高时，面向客舱双臂交叉十字指挥；当门已打开，滑梯充气失效时，双手抓住门边两侧辅助手柄，封门并指挥	此门不能使用！走那边！ This door can't be used！That way！

（7）水上撤离应急开门口令如表 5-14 所示。

表 5-14　水上撤离应急开门口令

状　态	口　令
当飞机下降到 500ft 时	机长："500 英尺！" 客舱乘务员："系好安全带！Fasten your seat belt！"
当飞机下降到 50ft 时	机长："50 英尺！" 客舱乘务员："低下头！全身紧迫用力！Heads down！Brace！"
飞机停稳，机长发出撤离指令后，客舱乘务员迅速解开安全带，并从座位上站起	撤离！Evacuate！镇静！没关系！Calm down！It's all right！
观察外面的状况（无火、无障碍，水位正常），抓住辅助手柄并拉人工充气手柄，两手抓住两侧辅助手柄封门	解开安全带！脱掉高跟鞋！不要带行李！ Release your seat belt！ No shoes！No baggage！
出口已打开，滑梯充气完毕后，迅速面向客舱，退到一侧，一只手握住辅助手柄，另一只手指挥旅客撤离	到这边来，救生衣充气，上船！ Inflate your life vest！On board！

案例与拓展

　　河南航空有限公司机型为 ERJ-190 的飞机从哈尔滨飞往伊春，机上旅客共计 96 人，其中儿童 5 人。飞机机组在大雾天气、未看见机场跑道的情况下仍未采取复飞措施，继续盲目实施着陆，导致飞机撞地，部分旅客在坠毁时被甩出机舱。事故造成 44 人遇难，52 人受伤。当时，飞机在与地面撞击过程中断成两截，起火燃烧，客舱内迅速充满浓烟。事故发生后逃生的旅客绝大多数是从窗户或者其他地方钻出来的，未见到应急出口打开。小型的飞机应该最少有两个应急出口，如果事故发生时舱门立刻打开，滑梯自动弹出，旅客迅速从滑梯撤离，就不会造成如此大的伤亡。但当时，乘务长在飞机落地时就遇难，其他机组成员没能打开舱门，也没有组织旅客撤离。

事故调查发现，除了飞机机组违反操作规定外，客舱乘务员的应急培训也不符合民航局的相关规定。负责河南航空乘务员应急培训的深圳航空乘务员培训中心没有ERJ-190机型舱门训练器和翼上出口舱门训练器，客舱乘务员没有进行应急开启舱门的实际操作训练，严重影响了乘务员的应急训练质量，难以保障客舱乘务员的应急处置能力。

 任务实施

1.背景资料

某架飞机从北京飞往广州，遇到突发情况，机长决定采取应急撤离。客舱乘务员根据观察窗外情况作出判断，执行陆地/水上应急开门。

2.实施步骤

步骤1：地点是舱门模拟器。教师扮演机长，学生扮演客舱乘务员。

步骤2：飞机到达50ft，客舱乘务员根据乘务员座椅方向采取相应的防冲击姿势，直至机长发出撤离的指令，根据观察窗外情况作出判断，执行陆地/水上应急开门。

步骤3：其他学生观察并评分。

步骤4：教师现场指导，针对学生实操训练中存在的问题及出现的错误，教师在纠错的同时进行示范，讨论分析应急开门的重点和难点，最后对学生的练习情况给予总结和评价。

 任务考核

应急开门考核评分表如表5-15所示。

表5-15　应急开门考核评分表

班级		考核人		
项目	评分标准	配分	评分人	得分
仪容仪表	妆面淡雅，晕色自然；头发、盘发整洁大方；服装按要求穿着整齐	5分	学生	
			教师	
神态	自信、坚定、积极	5分	学生	
			教师	
撤离口令	口令清晰、连贯、准确，有紧迫感而不慌乱；声音85dB以上；水上、陆地撤离口令不混淆	15分	学生	
			教师	
动作达标	动作未达标准扣5分/次（指挥撤离时乘务员站位等）	15分	学生	
			教师	

项目	评分标准	配分	评分人	得分
舱外观察	开门前观察外部情况	15分	学生	
			教师	
充气手柄	拉人工充气手柄	15分	学生	
			教师	
开门速度	限时15s开门	15分	学生	
			教师	
封门	开门后及时封门	15分	学生	
			教师	
学生评分（40%）			合计	
教师评分（60%）				
评语备注				
评分人				

任务六　跳滑梯和返舱

知识点

一、跳滑梯

（一）正常旅客

1. 跳滑的步骤

在应急情况下，舱门打开，滑梯完全充气后，开始进行撤离。跳滑分为3个步骤：双臂伸直、双脚跃起、跳入滑梯。

2. 跳滑梯的姿势

（1）双腿绷直并拢，脚尖内钩。

（2）双臂平举，与肩同宽，手握空心拳，保持身体平衡。

（3）在下滑过程中，腰腹用力，身体保持前倾姿势（图5-25）。

图 5-25　跳滑梯的姿势

3. 注意事项

（1）离开舱门时，双脚起跳，不要在舱门口做过多的停留。

（2）无论在滑梯上何种姿态，不要用手触碰滑梯表面。

（3）到达滑梯底端时，立刻离开滑梯，避免与下滑旅客产生碰撞并且影响撤离速度。

（二）特殊旅客

儿童、孕妇、老年旅客应该采取坐滑姿势；抱小孩的旅客将孩子抱在怀里，也采取坐滑姿势；病残旅客根据情况坐滑或由援助者协助坐着滑下飞机。

二、返舱

返舱的目的是在撤离后，返回客舱携带有用的设备，如水、食物以及一些必要的物品。返舱之前需要确认两件事情：飞机处于安全状态、返舱绳索牢固。

（一）返舱程序

（1）确认飞机处于安全状态，返舱绳索牢固后，将绳索置于腰部位置，身体一侧，脚成外八字，踩住滑梯的气柱部分（不要踩滑梯中间部分，否则重心不稳，容易发生意外），开始攀爬。

（2）返舱过程中始终将返舱绳索置于身体的一侧，不要放在两脚之间，也不要挽于手腕处（如飞机状态发生意外，无法第一时间放开绳索）。

（3）返舱过程中尽可能让身体和滑梯的角度保持90°，以便更安全地进行返舱。当到达舱门处后，抓住滑梯上的把手，尽可能直接跨入客舱，不要用手触碰舱门的任何部位，因为飞机在撤离后，舱门结构有可能发生变化，容易发生危险（图5-26）。

图 5-26　返舱程序

（二）注意事项

返舱过程中，要始终观察飞机的状态，如飞机出现冒烟起火，应立即停止返舱，第一时间放开返舱绳索，转身，以坐滑姿势尽快离开飞机。

案例与拓展

应急撤离试验

为了保证旅客在飞机发生事故时能够以一定的效率离机，民航局在适航规章中对影响撤离的一些飞机设计因素进行了限制，如出口数量、过道宽度等，也要求配备相应的救生设施，如撤离滑梯、救生绳、救生筏等；同时，还需按规定开展地面演示试验，这就是"黄金90s"应急撤离试验。民航客机只有通过应急撤离试验，证明其客舱的安全性能够满足适航要求，才能正式运营。

首先，在试验中使用的应急出口的数目不得超过总数的50%，客舱乘务员事先是不知道的。应急撤离试验须在"漆黑的夜里"进行，外部只用微弱的安全照明系统照明。其次，不得对参加试验的客舱乘务员和志愿者进行训练、排演或描述，任何参试人员也不得在参加应急撤离试验前6个月内参加过任何类似试验。要求参加应急撤离试验的志愿者中35%的年龄必须超过50岁，至少40%必须为女性，而且15%的女性年龄超过50岁，并且要携带3个真人大小的玩偶，以模拟2岁或不到2岁的真实婴孩。

试验开始前，适航管理人员将在过道以及其他地点分放一些物品（如行李等），以模拟轻微的障碍。使用的客舱乘务员数量是按每个出口一名乘务员的要求限定的。试验中，最后一名机上乘务员撤离飞机下到地面后，撤离时间即告结束。应急撤离试验验证的结果可信度高，能够检验飞机的安全性设计，被广泛认可，是适航验证的基础依据。

 任务实施一

1. 背景资料

某架飞机从北京飞往广州，遇到突发情况，机长决定采取应急撤离。客舱乘务员应急打开舱门后，跳滑梯，迅速撤离。

2. 实施步骤

步骤 1：地点是滑梯。一名教师扮演客舱乘务员指挥旅客跳滑，一名教师在滑梯下方保护，学生扮演旅客。

步骤 2：指导学生坐滑。

步骤 3：指导学生跳滑。

步骤 4：其他学生观察并评分。

步骤 5：教师现场指导，针对学生实操训练中存在的问题及出现的错误，在纠错的同时进行示范，分析跳滑步骤的重点和注意事项，最后对学生的练习情况给予总结和评价。

 任务考核一

跳滑梯考核评分表如表 5-16 所示。

表 5-16　跳滑梯考核评分表

班级		考核人		
项目	评分标准	配分	评分人	得分
仪容仪表	妆面淡雅，晕色自然；头发、盘发整洁大方；服装按要求穿着整齐	10 分	学生	
			教师	
神态	自信、坚定、积极	15 分	学生	
			教师	
动作达标	跳滑时，不要在舱门口做过多的停留	15 分	学生	
			教师	
	双腿绷直并拢，脚尖内钩	15 分	学生	
			教师	
	双臂平举，手握空心拳	15 分	学生	
			教师	
	腰腹用力，身体保持前倾姿势	15 分	学生	
			教师	
	到达滑梯底端时，立刻离开滑梯	15 分	学生	
			教师	
学生评分（40%）			合计	
教师评分（60%）				
评语备注				
评分人				

任务实施二

1. 背景资料

某架飞机从北京飞往广州，遇到突发情况，机长决定采取陆地撤离。撤离后，有部分旅客受伤，物资缺乏，客舱乘务员决定返舱。

2. 实施步骤

步骤1：地点是滑梯。教师设计场景，学生扮演客舱乘务员，根据教师要求执行完成返舱、停止返舱并离开的实操练习。

步骤2：其他学生观察并评分。

步骤3：教师现场指导，针对学生实操训练中存在的问题及出现的错误，在纠错的同时进行示范，分析返舱的动作要点和注意事项，最后对学生的练习情况给予总结和评价。

任务考核二

返舱考核评分表如表5-17所示。

表5-17　返舱考核评分表

班级		考核人		
项目	评分标准	配分	评分人	得分
仪容仪表	妆面淡雅，晕色自然；头发、盘发整洁大方；服装按要求穿着整齐	10分	学生	
			教师	
神态	自信、坚定、积极	15分	学生	
			教师	
环境确认	飞机的状态	15分	学生	
			教师	
动作达标	确认返舱绳索牢固	15分	学生	
			教师	
	返舱的动作标准	15分	学生	
			教师	
	返舱时绳索的位置	15分	学生	
			教师	
	完成返舱/停止返舱并尽快离开	15分	学生	
			教师	
学生评分（40%）			合计	
教师评分（60%）				
评语备注				
评分人				

知识点

陆地迫降分为有准备的迫降和无准备的迫降。无准备的陆地迫降通常发生在飞机起飞和着陆过程中，机组没有时间进行应急迫降的准备工作；对于有准备的应急迫降，机组有时间进行着陆前应急迫降的准备工作。

一、有准备的陆地应急迫降程序

（一）有准备的陆地应急迫降

有准备的陆地应急迫降行动图如图 5-27 所示。

1. 机组协调

1）与飞行机组的协调

一旦决定迫降，机长使用应急呼叫或 PA "请乘务长到驾驶舱，Purser to cockpit please" 通知客舱经理 / 乘务长到驾驶舱，客舱经理 / 乘务长必须带好笔、纸、手表立即进入驾驶舱，甚至强行进入驾驶舱（图 5-28）。

（1）如时间允许，双方必须协调以下内容。

① 紧急情况的性质。

② 预知着陆时间。

③ 如何发出防冲击命令（防冲击指令由谁、以何种形式发出）。

④ 如何发出撤离命令（撤离指令由谁、以何种形式发出）。

⑤ 特殊指示（着陆时可能出现的飞机状况、天气情况等）。

⑥ 客舱经理 / 乘务长重复以上信息。

⑦ 核对时间（图 5-29）。

机组协调

打开客舱灯光，通告情况

固定松散物品

取下尖锐物，安全检查

演示防冲击姿势

出口位置指示

介绍安全须知

选择援助者

做最后准备

报告机长

图 5-27　有准备的陆地
应急迫降行动图

图 5-28　与飞行机组协调

图 5-29　与飞行机组核对时间

138

（2）如时间紧迫，应至少包括迫降类型和预知着陆时间，并由客舱经理/乘务长重复以上信息。

2）客舱经理/乘务长和客舱乘务员之间的协调与沟通

客舱经理/乘务长立即以广播召集或内话呼叫的方式通知全体客舱乘务员，双方必须协调以下内容（图5-30和图5-31）。

图5-30　乘务组之间的协调（1）　　图5-30　乘务组之间的协调（2）

（1）传递来自机长的信息。

（2）确定客舱准备的计划。

（3）明确个人职责，安排准备工作。

客舱经理/乘务长还应做到：

（1）根据真实情况，做紧急情况的客舱经理/乘务长广播。

（2）将全部客舱灯光调至100%亮度。

（3）根据实际迫降情况，决定最终客舱准备内容。

3）注意事项

（1）机长告知客舱经理/乘务长预知着陆时间，实际客舱准备时间需减去客舱乘务员回到座位上做个人准备的3min。

（2）迫降准备中，客舱经理/乘务长可根据实际情况对准备内容做最终决定。当迫降准备时间充裕时，按照简令纸完成所有准备内容；当迫降准备时间有限时，陆地迫降少于8min，视情况完成简令纸中的准备内容。如时间紧迫，客舱准备的顺序依次是：固定松散物品，系好安全带；演示防冲击姿势；出口位置指示；选择援助者。

4）客舱经理/乘务长广播

（1）广播应平静、清晰。

（2）应在开始客舱准备以前进行，以引起旅客注意。

（3）事件真相（如发动机起火、飞机漏油等）。

（4）陆地迫降即将采取的对策。

2. 客舱准备

（1）固定松散物品。

① 收好餐具（如适用）。客舱乘务员应将所有餐具、服务用品收藏好，应尽量使用餐车收藏。为节省时间，客舱乘务员也可以直接使用垃圾车或垃圾袋收取餐具。所有物品必须放在封闭的空间内（如储藏间、洗手间、可封闭的餐车位）并上锁。

② 固定好服务舱松散物品。

a.固定餐车、用具箱、烤炉、烤格、烧水壶等服务用具，扣好锁扣。

b.可将散放在服务舱内的餐盒、饮料等收藏在可封闭的储藏空间内。

（2）取下尖锐物，穿上衣服。

① 确保旅客取下发夹、各种首饰（耳环、项链、手镯、戒指、胸针）、手表、眼镜、假牙、笔类等物品。

② 取下领带、丝巾等物品，并让旅客松开衣领。

③ 陆地迫降时脱下高跟鞋，其他鞋不必脱下。

a.将脱下的鞋交由客舱乘务员保管，乘务员可用塑胶袋、毛毯等收取（图5-32）。

b.客舱乘务员应将收取的鞋存放到衣帽间、储藏室或洗手间中（图5-33），但应避免使用门开启方向朝驾驶舱的储藏空间（包括洗手间）。

图 5-32　收取高跟鞋

图 5-33　毛毯打结存放洗手间

c.陆地迫降的着陆地点远离机场时，应将鞋携带下飞机。

④ 若旅客有衣服（外套、夹克）和手套，应让他们穿戴上。

⑤ 其他物品应让旅客存放在行李内，或用清洁袋包好放在行李架内。

⑥确认旅客未将任何物品存放在座椅前面的口袋内。

⑦存放好行李物品，确保所有旅客携带的行李物品存放在行李架内，并关闭行李架。

（3）安全检查。

①检查座椅靠背是否调直。

②检查小桌板、座位上的放像设备与脚踏板是否收起并固定，包括检查、固定客舱与服务舱内的松散物品，关闭各种电器设备。

（4）系好安全带。

①确保所有旅客系好了座椅安全带（安全带应系在身体的低位，并拉紧）。

②提醒旅客协助扣上身边空座位上的安全带（客舱乘务员要加以确认）。

（5）演示防冲击姿势，如图 5-34 所示（详细内容参见本项目任务二）。客舱乘务员应在客舱中的明显位置处进行演示，如坐到椅背上、靠在隔板上或踩在座位上进行等。

（6）出口位置指示（图 5-35）。

图 5-34　演示防冲击姿势

图 5-35　出口位置指示

①旅客分布、火情、着陆姿态、障碍物等因素，都有可能影响原先客舱撤离区域划分预案的实施。

②每位旅客应知道区域内的所有出口，并明确离他/她最近两个出口的位置。当其中一个出口失效时，可使用另一个出口。不应将已经明确迫降后不能使用的出口作为撤离出口向旅客进行介绍。

a. 宽体客机中，另一个较近的出口通常是与最近的出口相对的那个。

b. 窄体客机中，应将相对的两个出口作为一个最近的出口向旅客说明，当这两个出口失效时，最近的出口通常是其他前/中/后部的出口。

③客舱乘务员应向旅客说明应急撤离路径灯的作用。旅客应知道撤离路径灯是用来指示应急出口的，以便旅客在烟雾或黑暗的环境中能找到出口。

（7）指示旅客阅读安全说明书（图 5-36）。

①提醒旅客阅读座位前的"安全须知卡"，确认该飞机任何有关撤离的要领。

②用提问的方式询问旅客，如"坐在这里的旅客，请问您从哪边的出口撤离？如果这边的出口不能使用，从哪边撤离？"

（8）检查随身物品。应让旅客在着陆前取下眼镜、假牙、助听器等尖锐物品（图 5-37），并存放在易于拿到的地方，如放在外衣口袋内或插在短袜内。

图 5-36　指示旅客阅读安全说明书　　　　　图 5-37　指示旅客取下尖锐物品

（9）选择援助者并更换旅客座位（详细内容参见本项目任务三）。

① 每个出口选择 3 名援助者，根据需要特殊帮助的旅客人数安排相应的援助者。

② 更换援助者的座位，让他们坐在出口座位或者需要协助撤离的旅客身边。

（10）做最后准备。

① 约在迫降触地前 3min，当听到飞行机组指令"完成准备、完成准备，Be ready for landing、be ready for landing"时，客舱经理/乘务长应使用PA广播"全体乘务员做着陆准备，All cabin crew ready for landing"，通知所有客舱乘务员回规定的座位入座，并进行个人准备。客舱乘务员应立即完成以下工作：关闭客舱灯光，尤其在夜间，必须关闭客舱灯光，以帮助旅客适应黑暗的环境；打开应急灯，确保飞机正常供电断开后，应急灯光系统能正常工作。

② 客舱乘务员个人准备（图 5-38）。

图 5-38　客舱乘务员个人准备

a. 取下身上的各类尖锐物品，以及领带与丝巾（松开衣领）。

b. 脱下高跟鞋，并去除尼龙丝袜。

c. 弄湿头发，以防被火引燃。

d. 确认手电筒及撤离时应携带的物品的位置（但不要把它从支架上取下）。

e. 在客舱乘务员折叠座椅上坐好，系紧安全带。

f. 做防冲击的准备动作（在接到指令时立即做防冲击姿势）。

g. 回顾撤离分工并做静默 30s 复查。

注意

在紧急情况下，客舱乘务员就座后不能持有便携式电子设备或任何其他设备。

（11）报告机长。

（二）有准备的陆地应急迫降客舱检查单

有准备的陆地应急迫降客舱检查单如表 5-18 所示。

表 5-18　有准备的陆地应急迫降客舱检查单

项 目		客舱经理 / 乘务长	客舱乘务员
机组协调	与飞行机组的协调	完成	
	客舱经理 / 乘务长和客舱乘务员之间的协调与沟通	完成	完成
固定松散物品	检查 / 固定餐具、服务用品	广播	完成
	检查 / 固定服务舱松散物品	广播	完成
对旅客简令	打开灯光，客舱经理 / 乘务长广播	完成 / 广播	
	取下尖锐物，穿上衣服	广播	完成
	安全检查	广播	完成
	系好安全带	广播	完成
	演示防冲击姿势	广播	演示
	出口位置指示	广播	演示
	介绍安全须知	广播	演示
	检查随身物品	广播	完成
选择援助者	选择机门口援助者	广播	完成
	选择翼上窗援助者	广播	完成
	选择志愿协助者	广播	完成
做陆地应急迫降的最后准备	做最后准备	广播	完成
	调暗客舱灯光，打开应急灯光	完成	
	通知机长	完成	
客舱乘务员个人准备	取下身上的各类尖锐物品，以及领带与丝巾	完成	完成
	脱下高跟鞋，并去除尼龙丝袜	完成	完成
	弄湿头发，以防被火引燃	完成	完成
	确认手电筒与撤离时应携带的物品的位置	完成	完成
	系紧安全带，做防冲击的准备动作	完成	完成
	回顾撤离分工并做静默 30s 复查	完成	完成

注：表格中灰色部分客舱乘务员无须操作。

（三）有准备的陆地应急迫降程序简令

1. 打开灯光，召开准备会（Turn On Cabin Lights, Have A Briefing）

打开所有客舱灯光，召开准备会。

Turn on all cabin lights, have a briefing with cabin crew.

2. 通告情况（Circumstance Notice）

客舱经理 / 乘务长广播。

Cabin Manager/Purser's Announcement.

女士们、先生们，请注意，现在是客舱经理 / 乘务长广播。（如同机长所述）我们已决定采取陆地迫降，请回座位坐好，保持镇静，听从乘务员的指挥。

Ladies and gentlemen, attention please! This is cabin manager/purser speaking.（As briefed from the captain）It is necessary to make an emergency landing. Please return to your seats, keep calm and follow our instructions.

3. 固定松散物品（Fix Loosened Items）

取下尖锐物品。

Remove Sharp Objects.

穿上衣服。

Put On Clothes.

系紧安全带。

Fasten The Seat Belt Tight.

将你的餐盘和所有其他服务用具准备好，以便乘务员收取。

Pass your food tray and all other service items for picking up.

整理厨房。

Tidy the galley.

（暂停广播 Pause PA 👈 ）

> **注 意**
>
> 👈 标志表示客舱乘务员完成任务后，向乘务长打确认手势。

为了撤离时的安全，请取下随身的尖锐物品，取下领带、围巾，把这些物品放入行李内，不要把任何东西放在你前面的座椅袋内。

For safety, please remove sharp objects. Remove neckties and scarves. Put them in your baggage. Do not put anything in the seat-pocket in front of you.（暂停广播 Pause PA 👈 ）

现在，请大家取出衣服穿好，把所有行李放入行李架内。

Now, everybody take your clothes out and put them on. Please put all your baggage in the overhead lockers.（暂停广播 Pause PA 👈 ）

脱下高跟鞋交乘务员保管。

Remove high-heeled shoes and hand them to cabin crew.（暂停广播 Pause PA 👈 ）

调直座椅靠背，固定好小桌板，把所有行李放在行李架内，存放好脚踏板和座位上的录像装置。

Return your seat backs to the upright position and stow all tray tables. Put all your baggage in the overhead lockers. Stow footrests and in-seat video units.（暂停广播 Pause PA 👆）

系紧安全带。

Fasten your seat belt tight.（暂停广播 Pause PA 👆）

4. 演示防冲击姿势（Demonstrate Anti-impact Brace）

现在乘务员向你介绍两种防冲击姿势，请跟随乘务员练习。

Now, we will explain you brace position to against impact. Please follow the instructions and practice.

当你听到"低下头，全身紧迫用力！"指令时，把两腿平放，双脚向后，收紧下颚，身体前倾，将头抵在前座椅靠背上，双手抱住头部。

When you hear "Heads down, brace!", put your feet flat on the floor, move your feet to the edge of the seats, tighten the chin, bend forward, head against the seat back, held by your hands.

如果前面没有或抵不到座椅靠背，弯下腰，用双手抱住两腿。

If there is no seat back in front of you or the space is far apart, bend forward and hold your legs.

在飞机着陆时，可能会有多次撞击，保持防冲击姿势直到飞机完全停稳。

While landing, there may be more than one impact, keep your brace position until the aircraft comes to a complete stop. 👆

5. 出口位置指示（Show The Location Of Exits）

现在乘务员将告诉你应急出口的位置，请确认至少两个以上出口。安装在地板上 / 靠近地板的应急灯光 / 发光条将引导到出口处。撤离时，不准携带任何物品。

Now we will show you the location of your nearest exits. The track lights/escape path on the floor will lead you to those exits. Leave everything while evacuating.

乘务员在规定位置进行演示。

Attendants demonstrate in the assigned position.

你所在的区域共有 4 个应急出口，2 个在前，2 个在后。

There are four emergency exits in your area, two in the front, two in the rear.

仅适用双通道客机（Only for double-aisled aircraft）

首先，我们将大家分成两个大组。坐在这一侧的旅客请听从我的指挥，坐在那一侧的旅客请听从他 / 她的指挥。

Firstly, we will divide you into two blocks. Passengers on this side, please follow my instructions, passengers on that side, please follow his/her instructions.

坐在这里的旅客从这边的门撤离，如果这边的门不能使用，从那边的门撤离。

Passengers sitting in this area, evacuate through this door/these doors, if this door/these doors cannot be used, use that door/those doors. 👆

6. 介绍安全须知（Introduce The Safety Instructions Card）

在你座椅前有安全须知卡，请仔细阅读。如有疑问，请向邻座旅客询问。

Take out the safety instructions card from the seat pocket in front of you and read it carefully. If you have any question, ask your neighbors.

7. 检查随身物品（Check Your Belongings）

现在请拿下眼镜、假牙和助听器，并将它们放在袜套中或外衣口袋内。

Now remove glasses，dentures, hearing-aids, put them in your socks or pocket. （暂停广播 Pause PA 🔊 ）

8. 选择援助者并更换旅客座位（Choose Helpers And Relocate Passengers）

女士们，先生们请注意：如果你是航空公司的雇员、执法人员、消防人员或军人，请与乘务员联络，我们需要你的协助。同时，根据机长的要求，我们将调整一些人的座位。

Ladies and gentlemen, please contact our cabin crew if you are an employee of airlines, law enforcement personnel, firefighter or military service personnel. We need your assistance. We may need to change some passengers'seats according to the instructions from captain. 暂停广播 Pause PA

1）机门口援助者分工（Helpers at the Door Exit）

请做我的援助者，跟我来。

Please be my helper and follow me.

飞机完全停稳后，像这样（示范）挡住涌过来的旅客，直到滑梯完全充气。如果我不能开门，请帮我像这样打开（示范并指导开门及滑梯人工充气方式）。

After the aircraft comes to a complete stop, please block passengers like this (DEMO) until the slide is fully inflated. If I can't open the door, please help me. (Direct how to open it and inflate the slide).

开门前先观察机外情况（指示观察窗）。

Before open the door, observe the outside situation (Show observation window).

如机外有烟雾、起火或有碎片／障碍物（不安全），不要开门，指挥旅客去其他出口（向援助者说明最近的其他出口）。

If there is a situation like smoke, fire or obstruction (Unsafe), don't open the door and direct passengers to other exits（Show helpers the nearest exits）.

如机外安全（无烟、无火、无障碍），打开门（示范门的操作和滑梯充气方法），你们两个先跳下滑梯，在滑梯两侧帮助旅客撤离，并指挥他们远离飞机；你在门口像我这样（示范）抓住这个把手，指挥旅客"快！这边来！跳！滑！"。

If it is safe outside (No smoke, fire or obstruction), open the door (Explain how to open it and inflate the slide), both of you jump and slide first, stand at both sides of the slide to help passengers and direct them to run away from the plane. You should hold the door handhold like this (DEMO) and direct passengers "Hurry! come this way! Jump! Slide!".

2）应急出口援助者分工（Helpers at the Over-wing Exit）

请做我的援助者。

Please be my helper.

飞机完全停稳后，观察机外情况（指示观察窗）。

After the aircraft comes to a complete stop, observe the outside situation first (Show observation window).

如机外有烟雾、起火或有碎片/障碍物（不安全），不要打开出口，指挥旅客去其他出口（向援助者说明最近的其他出口）。

If there is a situation like smoke, fire or obstruction (Unsafe), don't open the exit and direct passengers to other exits (Show helpers the nearest exits).

如果机外安全（无烟、无火、无障碍），打开出口（示范出口的操作和滑梯充气方法），指挥旅客"快！这边来！跨出去！"（A320/A319：从机翼后部的滑梯滑下飞机；B737：从机翼后部坐、滑下飞机），在机下指挥旅客远离飞机。

If it's safe outside (No smoke, fire or obstruction), open the exit (Explain how to open it and inflate the slide), direct passengers "Hurry! come this way! go out!" to run away from the plane.

(A320/A319: Slide along the backward over-wing slide. B737: Sit and slide along the rear edge of the wing.), then direct passengers run away from the plane.

如果我受伤，将我带下飞机，我的安全带是这样解开的（示范乘务员安全带的解开方法）。

If I am injured, please take me off the plane (Explain how to release the cabin crew's seat belt).

重复你们的任务。

Repeat your assignment.

更换援助者座位，确认防冲击姿势及安全带。

Change helpers' seats, confirm their brace position and seat belts fastened.

9. 调暗客舱灯光，打开应急灯光

Dim The Cabin Lights, Turn On The Emergency Lights.

女士们、先生们，请注意，我们将调暗客舱灯光。

Ladies and gentlemen, Now we will dim the cabin lights.

10. 乘务员个人准备（Cabin Crew Get Personal Preparations）

全体乘务员做好着陆准备。

All cabin crew ready for landing.

自检项目：头发、尖锐物品、丝巾/领带、丝袜、携带物品、STS 回顾。

Self-check items: hair, sharp objects, scarf/tie, stockings, belongings, STS reviewing.

11. 报告机长（Inform Captain）

客舱准备完毕。

Cabin ready.

二、无准备的陆地撤离/无须撤离

如果出现一次"没有准备的紧急情况"，客舱机组成员可能只有仅存的时间发出极短

的口令，以做好旅客对于紧急灾难的准备。在一次没有准备的紧急情况中，防冲击口令由飞机机组或者由客舱机组发出。由于没有时间为撤离做客舱准备，因此客舱乘务员必须在事先做好充分的防范——做静默30s复查，并在出现第一个撞击迹象时做出反应。

（一）防范措施

起飞前的设备检查、对旅客的安全简介，起飞和着陆的安全检查、静默30s复查都是用于防范无准备迫降事件的重要措施。

（二）防冲击

（1）在飞机撞击地面时，采取防冲击姿势。

（2）在整个撞击期间，直到飞机完全停下来为止，客舱乘务员向旅客下达以下指令："低下头！全身紧迫用力！Heads down, brace!"（中英文交替）

（3）保持防冲击姿势，直到飞机完全停稳。

（4）飞机停稳后立即打开应急灯。

（三）撤离准备

（1）机长使用PA广播"机组各就各位、机组各就各位，Crew at your station、crew at your station"。

（2）客舱乘务员收到"机组各就各位、机组各就各位，Crew at your station、crew at your station"指令或飞机完全停稳后，立即解开安全带，控制客舱；使用口令"镇静，听指挥，Keep calm, follow instructions"，稳定客舱情绪；在客舱得到有效控制的情况下，应及时评估机外及机内的情况，判断是否需要立即组织撤离或视情况联系驾驶舱。

（四）组织撤离/无须撤离

（1）机长使用PA广播"撤离、撤离，Evacuate、evacuate"。

（2）客舱乘务员收到"撤离、撤离，Evacuate、evacuate"指令后，解开安全带，告知旅客"解开安全带！Release seat belt!"，确认滑梯预位，观察窗外无烟、无火、无障碍后，开门，拉动人工充气手柄，封门，待滑梯安全后组织旅客撤离，最后清舱。

（3）若无须撤离，机长使用PA广播"原位坐好、原位坐好，Remain seated、remain seated"，客舱乘务员收到"原位坐好、原位坐好，Remain seated、remain seated"指令后，无须组织撤离，让旅客留在原位，稳定客舱情绪，使用"镇静，听指挥，原位坐好！Keep calm，follow instructions，remain seated"口令。

案例与拓展

在飞机遇险时，机长应当最后一个离开飞机

机长重要的责任之一，就是在自己的职权范围之内行使自己的职责，在危险来临时采取一切手段，指挥机组保护旅客的生命和财产安全，在危急关头沉着冷静地组织旅客撤离，并且自己最后一个离开飞机。

根据《中华人民共和国民用航空法》第四十八条规定，民用航空器遇险时，机长有权采取一切必要措施，并指挥机组人员和航空器上的其他人员采取抢救措施。在必须撤离遇险民用航空器的紧急情况下，机长必须采取措施，首先组织旅客安全离开民用航空器；未经机长允许，机组人员不得擅自离开民用航空器；机长应当最后离开民用航空器。

无论是美国哈德逊河奇迹的萨伦伯格机长，还是华航机长犹建国，他们在应急撤离时都是最后一个离开飞机。最大限度地保证旅客和属下人员安全，将旅客利益永远放在第一位，这是约定俗成而不容妥协的铁律，是规则与传统，更关乎责任和荣誉。

 任务实施

1.背景资料

某架飞机从广州飞往青岛，由于发动机故障，机长决定采取有准备的陆地应急迫降，给客舱的准备时间为15min。

2.实施步骤

步骤1：地点是客舱模拟器。将学生分组，每5～7人一组进行情景模拟，教师扮演机长，随机指定学生扮演乘务长和客舱乘务员。

步骤2：客舱机组根据有准备的陆地应急迫降程序进行客舱准备。

步骤3：其他学生扮演旅客，配合、观察并评分。

步骤4：教师现场指导，针对学生实操训练中存在的问题及出现的错误，在纠错的同时进行示范，分析有准备陆地迫降的重点和难点以及注意事项，最后对学生的练习情况给予总结和评价。

 任务考核

有准备的陆地应急迫降考核评分表如表5-19所示。

表5-19　有准备的陆地应急迫降考核评分表

班级			组别		完成时间					
项目	评分标准	配分	评分人	得分						
				乘务长	L1	R1	L2	R2	L3	R3
仪容仪表	妆面淡雅，晕色自然；头发、盘发整洁大方；服装按要求穿着整齐	5分	学生							
			教师							
神态	自信、举止大方，体现朝气蓬勃的精神风貌	5分	学生							
			教师							
广播	口齿清晰，中、英文标准	50分	学生							
			教师							

项目	评分标准	配分	评分人	得分						
				乘务长	L1	R1	L2	R2	L3	R3
协作	与飞行机组、客舱机组的协作	10分	学生							
			教师							
动作标准	固定松散物品	10分	学生							
			教师							
	取下尖锐物，安全检查	10分	学生							
			教师							
	演示防冲击姿势	10分	学生							
			教师							
	出口位置指示	10分	学生							
			教师							
	介绍安全说明书	10分	学生							
			教师							
	选择援助者	10分	学生							
			教师							
	做最后准备	10分	学生							
			教师							
团队协作	小组配合默契，分工明确，具有强烈紧迫感	10分	学生							
			教师							
	学生评分（40%）		合计							
	教师评分（60%）									
	评语备注									
	评分人									

注：表格中灰色部分无须打分。

任务八　水上应急迫降程序

 知识点

　　水上迫降是指在水上执行的有控制的紧急着陆，即飞机触水时处于控制的状态中。不过，在商业飞行中极少出现这样的事件。水上迫降分为有准备的迫降和无准备的迫降。

一、有准备的水上应急迫降程序

（一）有准备的水上应急迫降

有准备的水上应急迫降行动图如图 5-39 所示。

1. 机组协调

1）与飞行机组的协调

一旦决定迫降，机长使用应急呼叫或 PA 广播"请乘务长到驾驶舱，Purser to cockpit please"，通知客舱经理 / 乘务长到驾驶舱，客舱经理 / 乘务长必须带好笔、纸、手表立即进入驾驶舱，甚至强行进入驾驶舱。

（1）如时间允许，双方必须协调以下内容。

① 紧急情况的性质。

② 预知着陆时间。

③ 如何发出防冲击指令（防冲击指令由谁、以何种形式发出）。

④ 如何发出撤离指令（撤离指令由谁、以何种形式发出）。

⑤ 特殊指示（着陆时可能出现的飞机状况、天气情况等）。

⑥ 客舱经理 / 乘务长重复以上信息。

⑦ 核对时间。

（2）如时间紧迫，应至少包括迫降类型和预知着陆时间，并由客舱经理 / 乘务长重复以上信息。

2）客舱经理 / 乘务长和客舱乘务员之间的协调与沟通

客舱经理 / 乘务长立即以广播召集或内话呼叫的方式通知全体客舱乘务员，双方必须协调以下内容。

（1）传递来自机长的信息。

（2）确定客舱准备的计划。

（3）明确个人职责，安排准备工作。

客舱经理 / 乘务长还应做到：

（1）根据真实情况，做紧急情况的客舱经理 / 乘务长广播。

（2）将全部客舱灯光调至 100% 亮度。

（3）根据实际迫降情况，决定最终客舱准备内容。

3）注意事项

（1）机长告知客舱经理 / 乘务长预知着陆时间，实际客舱准备时间需减去客舱乘务员回到座位上做个人准备的 3min。

（2）迫降准备中，客舱经理 / 乘务长可根据实际情况对准备内容做最终决定。当迫降准备时间充裕时，按照简令纸完成所有准备内容；当迫降准备时间有限时，水上迫降少于 10min，视情况完成简令纸红色方框中的准备内容；如时间紧迫，客舱准备的顺序依次是：固定松散物品，系好安全带；演示防冲击姿势；救生衣演示；出口位置指示；

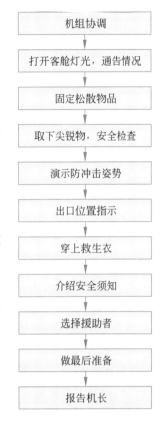

机组协调

打开客舱灯光，通告情况

固定松散物品

取下尖锐物，安全检查

演示防冲击姿势

出口位置指示

穿上救生衣

介绍安全须知

选择援助者

做最后准备

报告机长

图 5-39　有准备的水上应急迫降行动图

151

选择援助者。

4）客舱经理 / 乘务长广播

（1）广播应平静、清晰。

（2）应在开始客舱准备以前进行，以引起旅客注意。

（3）事件真相（如发动机起火、飞机漏油等）。

（4）水上迫降即将采取的对策。

2. 客舱准备

（1）固定松散物品。

① 收好餐具（如适用）。客舱乘务员应将所有餐具、服务用品收藏好，应尽量使用餐车收藏。为节省时间，客舱乘务员也可以直接使用垃圾车或垃圾袋收取餐具。所有物品必须放在封闭的空间内（如储藏间、洗手间、可封闭的餐车位）并上锁。

② 固定好服务舱松散物品。

● 固定餐车、用具箱、烤炉、烤格、烧水壶等服务用具扣好锁扣。

● 可将散放在服务舱内的餐盒、饮料等收藏在可封闭的储藏空间内。

（2）取下尖锐物，穿上衣服。

① 确保旅客取下发夹、各种首饰（耳环、项链、手镯、戒指、胸针）、手表、眼镜、假牙、笔类等物品。

② 取下领带、丝巾等物品，并让旅客松开衣领。

③ 脱下鞋。

● 水上迫降时，脱下所有鞋。

● 将脱下的鞋交由客舱乘务员保管，乘务员可用塑胶袋、毛毯等收取。

● 客舱乘务员应将收取的鞋存放到衣帽间、储藏室或洗手间中，但应避免使用门开启方向朝驾驶舱的储藏空间（包括洗手间）。

④ 若旅客有衣服（外套、夹克）和手套，应让他们穿戴上。

⑤ 其他物品应让旅客存放在行李内，或用清洁袋包好放在行李架内。

⑥ 确认旅客未将任何物品存放在座椅前面的口袋内。

⑦ 存放好行李物品，确保所有旅客携带的行李物品存放在行李架内，并关闭行李架。

（3）安全检查。

① 检查座椅靠背是否调直。

② 检查小桌板、座位上的放像设备与脚踏板是否收起并固定，包括检查、固定客舱与服务舱内的松散物品，关闭各种电器设备。

（4）系好安全带。

① 确保所有旅客适当地系好了座椅安全带（安全带应系在身体的低位，并拉紧）。

② 提醒旅客协助扣上身边空座位上的安全带（客舱乘务员要加以确认）。

（5）演示防冲击姿势（详细内容参见本项目任务二）。客舱乘务员应在客舱中的明显位置处进行演示，如坐到椅背上或靠在隔板上踩在座位上进行等。

（6）穿上救生衣，如图 5-40 所示。

① 演示成人救生衣的穿戴方法。

② 指示旅客适当地穿上救生衣，确认救生衣没有被套在安全带中。

③ 对婴儿救生衣的穿法单独指导。

④ 确保旅客清楚何时对救生衣充气（不要在客舱内充气，在离开机门口时充气）。

图 5-40　演示救生衣的穿戴方法

（7）出口位置指示。

① 旅客分布、火情、舱内水位过高、救生筏的载量等都有可能影响原先客舱撤离区域划分预案的实施。

② 每位旅客应知道区域内的所有出口，并明确离他/她最近两个出口的位置。当其中一个出口失效时，可使用另一个出口。不应将已经明确迫降后不能使用的出口作为撤离出口向旅客进行介绍。

- 宽体客机中，另一个较近的出口通常是与最近的出口相对的那个。

- 窄体客机中，应将相对的两个出口作为一个最近的出口向旅客说明，当这两个出口失效时，最近的出口通常是其他前/中/后部的出口。

③ 客舱乘务员应向旅客说明应急撤离路径灯的作用。旅客应知道撤离路径灯是用来指示应急出口的，以便旅客在烟雾或黑暗的环境中能找到出口。

（8）指示旅客阅读安全说明书。

① 提醒旅客阅读座位前的"安全须知卡"，确认该飞机任何有关撤离的要领。

② 用提问方式询问旅客，如"坐在这里的旅客，请问您从哪边的出口撤离？如果这边的出口不能使用，从哪边撤离？"

（9）检查随身物品。应让旅客在着陆前取下眼镜、假牙、助听器等尖锐物品，并存放在易于拿到的地方，如放在外衣口袋内或插在短袜内。

（10）选择援助者并更换旅客座位（详细内容参见本项目任务三）。

① 每个出口选择 3 名援助者，根据需要特殊帮助的旅客人数安排相应的援助者。

② 更换援助者的座位，让他们坐在出口座位或者需要协助撤离的旅客身边。

（11）做最后准备。

① 约在迫降触水前 3min，当听到飞行机组指令"完成准备、完成准备、Be ready for landing、be ready for landing"时，客舱经理/乘务长应使用 PA 广播"全体乘务员做着陆准备，All cabin crew ready for landing"，通知所有客舱乘务员回规定的座位入座，并进行个人准备。客舱乘务员应立即完成以下工作：关闭客舱灯光，尤其在夜间，必须关闭客舱灯光，以帮助旅客适应黑暗的环境；打开应急灯，确保飞机正常供电断开后，应急灯光系统能正常工作。

② 客舱乘务员个人准备。

• 取下身上的各类尖锐物品，以及领带与丝巾（松开衣领）。

• 脱下高跟鞋，并去除尼龙丝袜。

• 弄湿头发，以防被火引燃。

• 确认手电筒及撤离时应携带的物品的位置（但不要把它从支架上取下）。

• 在客舱乘务员折叠座椅上坐好，系紧安全带。

• 做防冲击的准备动作（在接到指令时立即做防冲击姿势）。

• 回顾撤离分工并做静默 30s 复查。

注意

在紧急情况下，客舱乘务员就座后不能持有便携式电子设备或任何其他设备。

（12）报告机长。

（二）有准备的水上应急迫降客舱检查单

有准备的水上应急迫降客舱检查单如表 5-20 所示。

表 5-20 有准备的水上应急迫降客舱检查单

项 目		客舱经理/乘务长	客舱乘务员
机组协调	与飞行机组的协调	完成	
	客舱经理/乘务长和客舱乘务员之间的协调与沟通	完成	完成
固定松散物品	检查/固定餐具、服务用品	广播	完成
	检查/固定服务舱松散物品	广播	完成
对旅客简令	打开灯光，客舱经理/乘务长广播	完成/广播	
	取下尖锐物，穿上衣服	广播	完成
	安全检查	广播	完成
对旅客简令	系好安全带	广播	完成
	演示防冲击姿势	广播	演示
	穿上救生衣	广播	演示
	出口位置指示	广播	演示
	介绍安全须知	广播	演示
	检查随身物品	广播	完成
选择援助者	选择机门口援助者	广播	完成
	选择翼上窗援助者	广播	完成
	选择志愿协助者	广播	完成
做水上应急迫降的最后准备	做最后准备	广播	完成
	调暗客舱灯光，打开应急灯光	完成	
	通知机长	完成	
客舱乘务员个人准备	取下身上的各类尖锐物品，以及领带与丝巾	完成	完成
	脱下高跟鞋，并去除尼龙丝袜	完成	完成
	弄湿头发，以防被火引燃	完成	完成
	确认手电筒及撤离时应携带的物品的位置	完成	完成
	系紧安全带，做防冲击的准备动作	完成	完成
	回顾撤离分工并做静默 30s 复查	完成	完成

注：表格中灰色部分客舱乘务员无须操作。

（三）有准备的水上应急迫降程序简令

1. 打开灯光，召开准备会（Turn On Cabin Lights, Have A Briefing）

打开所有客舱灯光，召开准备会。

Turn on all cabin lights, Have a briefing with cabin crew.

2. 通告情况（Circumstance Notice）

客舱经理 / 乘务长广播。

Cabin Manager/Purser's Announcement.

女士们、先生们，请注意，现在是客舱经理 / 乘务长广播。（如同机长所述）我们已决定采取水上迫降，请回座位坐好，保持镇静，听从乘务员的指挥。

Ladies and gentlemen, attention please! This is cabin manager/purser speaking. (As briefed from the captain) It is necessary to make a ditching. Please return to your seats, keep calm and follow our instructions.

为携带婴儿的旅客发放婴儿救生衣。

Baby life vests should be provided to passengers with babies.

3. 固定松散物品（Fix Loosened Items）

取下尖锐物品。

Remove Sharp Objects.

穿上衣服。

Put On Clothes.

系紧安全带。

Fasten The Seat Belt Tight And Low.

将你的餐盘和所有其他服务用具准备好，以便乘务员收取。

Pass your food tray and all other service items for picking up.

整理厨房。

Tidy the galley.

（暂停广播 Pause PA　　）

155

注意

标志表示客舱乘务员完成任务后，向乘务长打确认手势。

为了撤离时的安全，请取下随身的尖锐物品，取下领带、围巾，把这些物品放入行李内，不要把任何东西放在你前面的座椅袋内。

For safety, please remove sharp objects. Remove neckties and scarves. Put them in your baggage. Do not put anything in the seat-pocket in front of you.

（暂停广播 Pause PA　　）

现在，请大家取出衣服穿好，把所有行李放入行李架内。

Now, everybody take your clothes out and put them on. Please put all your baggage in the overhead lockers.

（暂停广播 Pause PA　　）

脱下鞋子交乘务员保管。

Remove shoes and hand them to cabin crew.

（暂停广播 Pause PA　　）

调直座椅靠背，固定好小桌板，把所有行李放在行李架内，存放好脚踏板和座位上的录像装置。

Return your seat backs to the upright position and stow all tray tables. Put all your baggage in the overhead lockers. Stow footrests and in-seat video units.

（暂停广播 Pause PA　　）

系紧安全带。

Fasten your seat belt tight and low.

（暂停广播 Pause PA　　）

4. 演示防冲击姿势（Demonstrate Anti-impact Brace）

现在乘务员向你介绍两种防冲击姿势，请跟随乘务员练习。

Now, we will explain you brace position to against impact. Please follow the instructions and practice.

当你听到"低下头，全身紧迫用力！"指令时，把两腿平放，双脚向后，收紧下颚，身体前倾，将头抵在前座椅靠背上，双手抱住头部。

When you hear "Heads down, brace!", put your feet flat on the floor, move your feet to the edge of the seats, tighten the chin, bend forward, head against the seat back, held by your hands.

如果前面没有或抵不到座椅靠背，弯下腰，用双手抱住两腿。

If there is no seat back in front of you or the space is far apart, bend forward and hold your legs.

在飞机着水时，可能会有多次撞击，保持防冲击姿势直到飞机完全停稳。

While ditching, there may be more than one impact, keep your brace position until the aircraft comes to a complete stop.

5. 救生衣演示（Explain The Use Of Life Vest）

乘务员使用机组救生衣进行演示。

Cabin crew use crew life vest to demonstrate.

现在乘务员将向你演示救生衣的使用方法。

Now the cabin crew will demonstrate the use of life vest.

从座位下取出救生衣，撕开包装，随同乘务员演示穿上救生衣，但在客舱内不要充气。

Take out the life vest under your seat, tear the package, follow the demonstration of cabin crew to put it on. But do not inflate it in the cabin.

将救生衣经头部穿好。

Put the vest on, slip it over your head.

将带子扣好，系紧。

Fasten the buckles and pull the straps tight around your waist.

离开飞机时，拉下救生衣上的红色充气把手，但在客舱内不要充气。

Just before leaving the aircraft, pull the red tabs to inflate your vest, But do not inflate it in the cabin.

充气不足时，可将救生衣上部的人工充气管拉出，用嘴向里充气。

If your vest is not inflated enough, you can also inflate it by blowing into the tubes.（暂停广播 Pause PA ）

6. 出口位置指示（Show The Location Of Exits）

现在乘务员将告诉你应急出口的位置，请确认至少两个出口。安装在地板上 / 靠近地板的应急灯光 / 发光条将引导到出口处。撤离时，不准携带任何物品。

Now we will show you the location of your nearest exits. The track lights/escape path on the floor will lead you to those exits. Leave everything while evacuating.

乘务员在规定位置进行演示。

Attendants demonstrate in the assigned position

你所在的区域共有 4 个应急出口，2 个在前，2 个在后。

There are four emergency exits in your area, two in the front, two in the rear.

仅适用双通道客机（Only for double-aisled aircraft）

首先，我们将大家分成两个大组。坐在这一侧的旅客请听从我的指挥，坐在那一侧的旅客请听从他 / 她的指挥。

Firstly, we will divide you into two blocks. Passengers on this side, please follow my instructions, passengers on that side, please follow his/her instructions.

坐在这里的旅客，从这边的门撤离，如果这边的门不能使用，从那边的门撤离。

Passengers sitting in this area, evacuate through this door/these doors, if this door/these doors cannot be used, use that door/those doors.

7. 介绍安全须知（Introduce The Safety Instructions Card）

在你座椅前的口袋里有安全须知卡，请仔细阅读。如有疑问，请向邻座旅客询问。

Take out the safety instructions card from the seat pocket in front of you and read it carefully. If you have any question, ask your neighbors.

8. 检查随身物品（Check Your Belongings）

现在请拿下眼镜、假牙和助听器，并将它们放在袜套中或外衣口袋内。

Now remove glasses, dentures, hearing-aids, put them in your socks or pocket.（暂停广播 Pause PA ）

9. 选择援助者并更换旅客座位（Choose Helpers And Relocate Passengers）

女士们、先生们请注意，如果你是航空公司的雇员、执法人员、消防人员或军人，请与乘务员联络，我们需要你的协助。同时，根据机长的要求，我们将调整一些人的座位。

Ladies and gentlemen, please contact our cabin crew if you are an employee of airlines, law enforcement personnel, firefighter or military service personnel. We need your assistance. We may need to change some passengers'seats according to the instructions from captain.（暂

停广播 Pause PA）

1）机门口援助者分工（Helpers at the Door Exit）

请做我的援助者，跟我来。

Please be my helper and follow me.

飞机完全停稳后，像这样（示范）挡住涌过来的旅客，直到滑梯/救生船完全充气。如果我不能开门，请帮我像这样打开（示范并指导开门及滑梯/救生船人工充气方式）。

After the aircraft comes to a complete stop, please block passengers like this（DEMO）until the slide/raft is fully inflated. If I can't open the door, please help me. (Direct how to open it and inflate the slide/raft).

开门前先观察机外情况（指示观察窗）。

Before open the door, observe the outside situation (Show observation window).

如机外有火或水位过高（不安全），不要开门，指挥旅客去其他出口（向援助者说明最近的其他出口）。

If there is a situation like fire or high water level (Unsafe), don't open the door and direct passengers to other exits (Show helpers the nearest exits).

如机外安全（无火或水位正常），打开门（示范门的操作和滑梯/救生船充气方法），你们两个先上船，在船头引导旅客分两边坐下；你在门口像我这样（示范）抓住这个把手，指挥旅客"快！到这边来！救生衣充气！上船！"。

If it's safe outside (No fire or normal water level), open the door (Explain how to open it and inflate the slide/raft), both of you board the raft first and get to the different end of the raft, direct passengers to sit separately for balance. You should hold the door handhold like this (DEMO) and direct passengers "Hurry! Come this way! Inflate your vest! Board the raft!" .

2）应急出口援助者分工（Helpers at the Over-wing Exit）

请做我的援助者。

Please be my helper.

飞机完全停稳后，观察窗外情况（指示观察窗）。

After the aircraft comes to a complete stop, observe the outside situation first（Show observation window）.

如机外有火或水位过高（不安全），不要打开出口，指挥旅客去其他出口（向援助者说明最近的其他出口）。

If there is a situation like fire or high water level (Unsafe), don't open the exit and direct passengers to other exits (Show helpers the nearest exits).

如机外安全（无火或水位正常），打开出口（示范出口的操作方法），取出救生绳（指示救生绳的位置），连接到机翼上的扣环内（如有），指挥旅客"快！这边来！救生衣充气！跨出去！从机翼上登船"。

If it's safe outside (No fire or normal water level), open the exit (Explain how to open it), take out the escape rope (Show the location) and connect it to the wing (If exist), direct passengers "Hurry! Come this way! Inflate your vest! Go out! Board the raft!".

B737：协助我取出天花板上（行李架内）的救生船，跟随我的指令操作。

B737: Help me to take out the raft from the ceiling/overhead lockers, follow my instructions to operate it.

如果我受伤，将我带下飞机，我的安全带是这样解开的（示范乘务员安全带的解开方法）。

If I am injured, please take me off the plane (Explain how to release the cabin crew's seat belt).

重复你们的任务。

Repeat your assignment.

援助者更换座位、防冲击姿势及确认安全带。

Change helpers' seats, confirm their brace position and seat belts fastened.

10. 调暗客舱灯光，打开应急灯光（Dim The Cabin Lights, Turn On The Emergency Lights）

女士们、先生们，请注意，我们将调暗客舱灯光。

Ladies and gentlemen, Now we will dim the cabin lights.

159

11. 乘务员个人准备（Cabin Crew Get personal Preparations）

全体乘务员做好着水准备。

All cabin crew ready for ditching.

自检项目：头发、尖锐物品、丝巾/领带、丝袜、携带物品、STS回顾。

Self-check items: hair, sharp objects, scarf/tie, stockings, belongings, STS reviewing .

12. 报告机长（Inform Captain）

客舱准备完毕。

Cabin ready.

二、无准备的水上迫降/无须撤离

如果出现一次"没有准备的紧急情况"，客舱机组成员可能只有仅存的时间发出极短的口令，以做好旅客对于紧急灾难的准备。在一次没有准备的紧急情况中，防冲击口令由飞行机组或者由客舱机组发出。由于没有时间为撤离做客舱准备，因此客舱乘务员必须在事先做好充分的防范——做静默30s复查，并在出现第一个撞击迹象时做出反应。

（一）防范措施

起飞前的设备检查、对旅客的安全简介，起飞和着陆的安全检查、静默30s复查都是用于防范无准备迫降事件的重要措施。

（二）防冲击

（1）在飞机撞击地面时，采取防冲击姿势。

（2）在整个撞击期间，直到飞机完全停下来为止，客舱乘务员向旅客下达以下指令："低下头！全身紧迫用力！Heads down, brace!"（中英文交替）。

（3）保持防冲击姿势，直到飞机完全停稳。

（4）飞机停稳后立即打开应急灯。

（三）撤离准备

（1）机长使用 PA 广播"机组各就各位、机组各就各位，Crew at your station、crew at your station"。

（2）客舱乘务员收到"机组各就各位、机组各就各位，Crew at your station、crew at your station"指令或飞机完全停稳后，立即解开安全带，控制客舱；使用口令"镇静，听指挥，Keep calm, follow instructions"，稳定客舱情绪，为携带婴儿的旅客发放婴儿救生衣；在客舱得到有效控制的情况下，应及时评估机外及机内的情况，判断是否需要立即组织撤离或视情况联系驾驶舱。

（四）组织撤离 / 无须撤离

（1）机长使用 PA 广播"撤离、撤离，Evacuate、evacuate"。

（2）客舱乘务员收到"撤离、撤离，Evacuate、evacuate"指令后，解开安全带，告知旅客"解开安全带！Release seat belt!"，确认滑梯预位，观察窗外无烟无火无障碍、舱门高于水位，开门，拉动人工充气手柄，封门，待滑梯安全组织旅客撤离，最后清舱。

若无需撤离，机长使用 PA 广播"原位坐好、原位坐好，Remain seated、remain seated"，客舱乘务员收到"原位坐好、原位坐好，Remain seated、remain seated"指令后，无须组织撤离，让旅客留在原位，稳定客舱情绪，使用"镇静，听指挥，原位坐好！Keep calm, follow instructions, remain seated"口令。

案例与拓展

加拿大全国运输安全局对一些航空公司水上撤离的研究表明，许多事故通常是出乎意料的，并且没有任何准备时间。大多数事故发生在起飞和着陆的飞行阶段，并且通常发生在机场附近的范围以内。许多水上撤发生在夜间，造成飞机巨大的损坏。在一些案例中，客舱很快就被灌满水，飞机在数分钟内沉没。

客舱机组在水上迫降或者在意外的水上着陆期间所表现的行为和反应直接影响着生还的机会。水中训练和水上迫降的练习是客舱机组初始训练和应急训练中的组成部分，向客舱机组提供了无价的信息，这会帮助他们做出有效的反应，并且改善他们在紧急情况中的情景意识技巧。

水上迫降，对商业航班来说，无疑是难得一遇的。水上迫降操作复杂、难度高，飞行员不仅要把飞机飞得足够低、足够慢，同时还要保证飞机不熄火（保证飞机发动机不失效），以水平姿态慢慢贴近水面。

一架全美航空公司的空客 A320 班机，航班号 US1549，2009 年 1 月 15 日下午在从纽约拉瓜迪亚机场起飞过程中，因遭遇飞鸟［每个发动机至少吸入两只（4kg/ 只）］撞击而动力全失（双发失效），飞机飞进哈德逊河河道上空，并以滑翔方式缓缓下降。机组（包括客舱乘务员）训练有素，表现卓越，挽救了 155 名旅客和机组人员。当时飞机距地面2828ft。1549次航班的机长萨伦伯格是一名经验丰富的飞行员，14岁就拿到了飞行驾照。商业航班的飞行员一般不做滑翔飞行，但根据联邦航空管理局的记录，萨伦伯格具有"滑翔飞行员"资格证。

事发点正好在纽约最主要的水路交通路线（纽约哈德逊河）上，在那里有10艘渡船可以在几分钟之内接受调度。消防队5分钟内赶到了现场，整个过程不到一个小时即完成。除一名乘客两腿骨折外，其余乘客没有受重伤。让救援人员感到安慰的是，遇险人员在整个救援过程中大都保持冷静，并且听从机组人员的指挥，使救援工作得以顺利有序展开。

 任务实施

1. 背景资料

某架飞机从广州飞往青岛，由于发动机故障，机长决定采取有准备的水上应急迫降，给客舱的准备时间为20min。

2. 实施步骤

步骤1：地点是客舱模拟器。将学生分组，每5～7人一组进行情景模拟。教师扮演机长，随机指定学生扮演乘务长和客舱乘务员。

步骤2：客舱机组根据有准备的水上应急迫降程序进行客舱准备。

步骤3：其他学生扮演旅客，配合、观察并评分。

步骤4：教师现场指导，针对学生实操训练中存在的问题及出现的错误，在纠错的同时进行示范，分析有准备水上迫降程序的重点和难点以及注意事项，最后对学生的练习情况给予总结和评价。

 任务考核

有准备的水上应急迫降考核评分表如表5-21所示。

表5-21　有准备的水上应急迫降考核评分表

班级			组别			完成时间					
项目	评分标准	配分	评分人	得分							
				乘务长	L1	R1	L2	R2	L3	R3	
仪容仪表	妆面淡雅，晕色自然；头发、盘发整洁大方；服装按要求穿着整齐	5分	学生								
			教师								
神态	自信、举止大方，体现朝气蓬勃的精神风貌	5分	学生								
			教师								
广播	口齿清晰，中、英文标准	50分	学生								
			教师								

项目	评分标准	配分	评分人	得分						
				乘务长	L1	R1	L2	R2	L3	R3
协作	与飞行机组、客舱机组的协作	10分	学生							
			教师							
动作标准	固定松散物品	10分	学生							
			教师							
	取下尖锐物，安全检查	10分	学生							
			教师							
	演示防冲击姿势	10分	学生							
			教师							
	演示救生衣	10分	学生							
			教师							
	出口位置指示、介绍安全说明书	10分	学生							
			教师							
	选择援助者	10分	学生							
			教师							
	做最后准备	10分	学生							
			教师							
团队协作	小组配合默契，分工明确，具有强烈的紧迫感	10分	学生							
			教师							
学生评分（40%）			合计							
教师评分（60%）										
评语备注										
评分人										

注：表格中灰色部分客舱乘务员无须操作。

任务九　陆地撤离

知识点

　　任何时候，当不正常情况升级为紧急情况时，都应实施应急撤离。陆地撤离有效时间为90s，使用所有可用的应急出口，从飞机迫降在地面直至机上人员全部撤离完毕，陆地撤离行动图如图 5-41 所示。

一、撤离决定

（一）驾驶舱发出应急撤离决定

在接到预先安排的应急撤离信号或者听到驾驶舱撤离指令"紧急情况，撤离"时，立即解开安全带，进行应急撤离。若没有来自驾驶舱的指令，则立即解开安全带，乘务长/前舱乘务员立即联络驾驶舱，协调是否需要应急撤离（提供机体结构性损伤、起火等信息）。

（二）客舱乘务员发出应急撤离决定

当客舱发生严重危及机上乘员生命安全的情况时，客舱乘务员才可以发起应急撤离（图 5-42）。

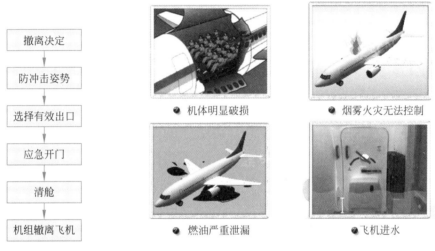

图 5-41 陆地撤离行动图　　　　图 5-42 乘务员发出应急撤离决定

（1）严重的结构性损伤，机体破损。

（2）机上发生烟雾火灾且无法控制。

（3）飞机进水。

（4）燃油严重泄漏。

当飞机已经停稳，且发动机已经关车时，乘务组有权在明显危及生命的情况下实施紧急撤离而不等待驾驶舱的指令。但在任何可能的情况下，乘务组都应尽全力与驾驶舱联系。若不可能与驾驶舱取得联系或时间极其紧迫，乘务组应独立宣布并实施应急撤离，撤离时应按压撤离键，以告知飞行机组客舱已经宣布并正在实施应急撤离；对于客舱内无撤离键的飞机，应按照机组协作会时与飞行机组协调好的撤离通知方式进行。

二、防冲击

当听到飞行机组发出防冲击信号"防冲击、防冲击，Brace、brace"时，向旅客发布防冲击口令"低下头，全身紧迫用力，heads down brace"，口令应清晰有力，语速放缓；保持防冲击姿势及向旅客发布防冲击口令，并持续关注客舱，直到飞机完全停稳。

三、撤离准备

机长发出："机组各就各位、机组各就各位，Crew at your station、crew at your station"。客舱乘务员解开安全带，面向客舱发布："镇静，听指挥，Keep clam, follow instructions"，稳定客舱情绪。

四、选择有效出口

（1）对机门外的状况进行观察，通过机门上的观察窗或机门旁的客舱舷窗，观察确认出口是否有效、可用。

① 机体结构性损伤、起火、障碍物（如金属残片）、机门处的燃油都会导致出口失效。

② 除非没有更好的选择，如果由于浓烟等因素无法对状况进行评估时，那么不要冒险打开这个出口。

（2）对迫降的类型进行评估。

① 在收起起落架着陆的情况下，某些机型如果出口离地很近，则在启用出口之前应当解除机门待命。

② 在部分收起起落架着陆的情况下，某些出口因为离地过高，导致滑梯过于陡直而不能正常使用。

五、打开出口

（一）确认滑梯状况

确认滑梯状况，如滑梯角度是否适当、完全充气，如图 5-43 所示。

图 5-43　滑梯完全充气

（二）指导旅客撤离

在应急撤离期间，应使用手势及口令指示，不要挡住应急撤离路线。

（1）在滑梯充气过程中：

① 两手抓住两侧辅助把手。

② 使用以下口令："解开安全带，不要带行李，脱下高跟鞋！Release seat belt, no baggage, no High-heeled shoes!"。

（2）滑梯充气完毕后：

① 迅速面向客舱，退到一侧。

② 立即指挥旅客撤离，使用以下口令："快到这边来，跳、滑！Come this way, jump, slide!"。

③ 在烟雾环境中撤离时，还应使用以下口令："低下头、伏下身，用衣袖捂住口鼻，Bend over/lie down,cover your nose and mouth"。

④ 在黑暗环境下（应急电源失效）撤离时，应立即拿上手电筒，伏下身，打开手电筒，照射附近的地板并来回晃动，同时使用以下口令："朝灯光方向走，Follow the flash light"。

（三）旅客撤离时

（1）如果出口可以使用，则迅速确定机门处于待命状态，并打开出口，拉动人工充气手柄。

① 在应急门处：

• 指挥旅客撤离，使用以下口令："跳、滑！Jump，slide！"。

• 除非在机门处有旅客犹豫不动，应用力将其推出门外；否则当旅客撤离时，不要碰他们。

② 在应急窗处：指挥旅客撤离，使用以下口令："跨出去，从机翼后部滑下！Go out、slide down from the rear of the wing！""坐！滑！Sit、slide！"（B737 翼上出口）。

（2）如果出口无法打开，则试着再次打开它。

① 如确实无法打开出口，则挡住出口并重新把旅客引导到其他可用出口处，使用以下口令："这个门不能使用！走那边！This door can't be used! That way！"。

② 如果在任何出口处都有旅客们在排队等候，则要把他们引导到不太拥挤的出口。

③ 考虑时间、可用性和离地距离，重新把旅客引导到一个可以使用的出口。

（3）使用未充气滑梯作为软梯：

① 派 2 位援助者先下滑梯。

② 当他们在地面相对站立时，指导援助者抓住滑梯两侧把手，拉出滑梯。

③ 指导援助者与飞机呈 45°拉出滑梯。

④ 客舱乘务员应指导旅客："坐！滑！Sit、slide！"。

⑤ 指导另外的援助者在滑梯底部协助旅客撤离，并让大家远离飞机。

（4）若事先未安排出口援助者：

① 让最前面的一位旅客站到对面，协助客舱乘务员一起指挥旅客撤离。

② 让另两名旅客先下飞机，留在滑梯下面帮助旅客远离飞机。

六、机组撤离飞机

（1）要确保所有旅客已经撤离飞机。

① 客舱乘务员应确保所负责区域的旅客已完全撤出，并从就近的出口撤离。

② 客舱经理 / 乘务长应协同机长由前至后对整个客舱做全面检查，确认其他所有人员撤离后，使用合适的出口撤离飞机。

（2）在检查客舱时，使用以下口令："客舱里还有人吗？听到请回答。anyone else? Answer me"，如图 5-44 所示。

图 5-44　检查客舱

（3）客舱乘务员撤离时应携带舱单。如撤离后能及时获得救援或飞机随时存在起火爆炸的可能，应尽快撤离飞机；如飞机迫降在未能及时获得救援的区域且在预计时间内没有起火爆炸的可能，应携带应急医疗箱、应急定位发射器、扩音器、手电筒、饮料食品等所需备用品。

（4）一旦撤出飞机，不要马上再进入飞机。

注 意

无客舱撤离职责的其他机组成员（包括安全员）应先下飞机，在地面指挥旅客撤离；当全部旅客都撤离之后，客舱机组应该从最近可用的出口撤离飞机。

七、应急撤离后

（1）尽可能多地带上各种必要设备、饮料、食品、毛毯等，必须迅速撤离，飞机随时可能起火并爆炸。

（2）迅速远离飞机，至少应保持100m（待发动机完全冷却，渗出的油类挥发后方可返回机内，搜救队较易在那里发现幸存者）。

（3）提供急救，识别并优先处理严重受伤者，归还旅客的鞋。

（4）将幸存者分成几个组（每组4～25人），带领他们行动并保持平静，领队必须清楚有多少组员，每个组员必须都被安排指定工作。

（5）在每个组里建立互助机制。

（6）如天气恶劣，应建立临时掩体。

（7）准备好充分的救援用信号器具。

（8）清点幸存者。

（9）如果可以返回机舱，则取出机上有用物品，如应急设备、食品和水，把滑梯卸下用来制作掩体。

（10）试着用机载无线电发布求救信号。

（11）求生时不要莽撞行事，注意保存体能。

（12）必要时设一名警卫，看护邮件、包裹或使飞机旅客不受干扰。

案例与拓展

飞机与鸟相撞是世界性难题，对民航飞机和军用飞机的飞行安全都构成威胁。飞机怕鸟，是因为飞机的相对速度大，与物体相撞后的力量就大。据测算，一只近500g重的鸽子撞在800km/h的飞机上会产生2.1万N的力，而一只7kg的大型天鹅与800km/h的飞机相撞会产生恐怖的13万牛顿的力。这样大的冲击力，无论撞在飞机的任何部位上，都是致命的。

很多时候飞机撞鸟都是在起飞和降落阶段发生的，因为低空聚集的鸟儿更多，特别是当鸟儿集体觅食时，那黑压压的鸟群就像一颗颗炮弹对飞机造成严重威胁。据统计，飞机起飞和降落时发生鸟撞的次数分别占总撞击次数的37%、42%，其他则是在飞行时发生的。

现代飞机都采用涡轮喷气发动机，这种发动机都要从周围吸进大量空气，如同一个高速电吹风一样。这种发动机像一张"大嘴"将气流迎面吸入，如果有飞鸟恰好在机身周围，那它们就会随着发动机周围的强大气流，像一颗颗"子弹"冲进发动机，出现故障，从而导致一次应急撤离操作。不过多数情况有惊无险，飞机往往会把鸟撞得粉身碎骨，降落后会看到斑斑血迹留在机体上。严重时，小鸟会把机身撞出一个"小坑"。

 任务实施

1. 背景资料

某架飞机从广州飞往青岛，由于发动机故障，机长决定采取陆地应急撤离。客舱准备完毕，机上所有乘员必须在 90s 之内全部撤离飞机。

2. 实施步骤

步骤 1：地点是客舱模拟器。将学生分组，每 4 ～ 8 人一组进行情景模拟。教师扮演机长，随机指定学生扮演乘务长和客舱乘务员。

步骤 2：客舱机组根据机长的撤离指令组织旅客陆地撤离。

步骤 3：其他学生扮演旅客，配合、观察并评分。

步骤 4：教师现场指导，针对学生实操训练中存在的问题及出现的错误，在纠错的同时进行示范，分析组织陆地撤离的重点和难点以及注意事项，最后对学生的练习情况给予总结和评价。

 **任务考核**

陆地撤离考核评分表如表 5-22 所示。

表 5-22 陆地撤离考核评分表

班级				组别					
项目	评分标准	配分	评分人	得分					
				乘务长	2 号	3 号	4 号	5 号	6 号
仪容仪表	妆面淡雅，晕色自然；头发、盘发整洁大方；服装按要求穿着整齐	10 分	学生						
			教师						
神态	自信、坚定、积极	10 分	学生						
			教师						
口令	清晰、连贯、准确，有紧迫感而不慌乱；声音 85dB 以上；撤离口令不混淆	10 分	学生						
			教师						
动作标准	防冲击姿势（面向驾驶舱/背向驾驶舱）	10 分	学生						
			教师						
	选择有效出口	10 分	学生						
			教师						

项目	评分标准	配分	评分人	得分					
				乘务长	2号	3号	4号	5号	6号
动作标准	应急开门（动作未达标准扣5分/次）	20分	学生						
			教师						
	清舱	10分	学生						
			教师						
	机组撤离飞机	10分	学生						
			教师						
团队协作	小组配合默契，分工明确，具有强烈的紧迫感	10分	学生						
			教师						
学生评分（40%）			合计						
教师评分（60%）									
评语备注									
评分人									

任务十　水上撤离

知识点

　　水上撤离的有效时间为飞机迫降在水面直至飞机沉没为止，使用所有可用的应急出口，从飞机迫降在水上直到机上人员全部撤离完毕。机组成员必须具备设备知识、救生程序和救援技术，还需要有效地保持并控制局势。水上撤离时，旅客的反应与地面撤离的反应有所不同，因为增加了很多不熟悉的因素。例如，客舱有水甚至上涨，漂浮设备的使用，飞机迅速下沉，这些因素会让旅客的惊恐程度更强烈。水上撤离行动图如图5-45所示。

一、撤离决定

（一）驾驶舱发出应急撤离决定

　　在接到预先安排的应急撤离信号或者听到驾驶舱撤离指令"紧急情况，撤离"时，应立即解开安全带，进行应急撤离。若没有来自驾驶舱的指令，则立即解开安全带，乘务长/前舱乘务员立即联络驾驶舱，协调是否需要应急撤离（提供机体结构性损伤、起火等信息）。

图5-45　水上撤离行动图

（二）客舱乘务员发出应急撤离决定

当客舱发生严重危及机上乘员生命安全的情况时，客舱乘务员才可以发起应急撤离。

（1）严重的结构性损伤、机体破损。

（2）机上出现烟雾火灾且无法控制。

（3）飞机进水。

（4）燃油严重漏出。

当飞机已经停稳，且发动机已经关车时，乘务组有权在明显危及生命的情况下实施紧急撤离而不等待驾驶舱的指令。但在任何可能的情况下，乘务组都应尽全力与驾驶舱联系。若不可能与驾驶舱取得联系或时间极其紧迫，乘务组应独立宣布并实施应急撤离，撤离时应按压撤离键，以告知飞行机组客舱已经宣布并正在实施应急撤离；对于客舱内无撤离键的飞机，应按照机组协作会时与飞行机组协调好的撤离通知方式进行。

二、防冲击

当听到飞行机组发出防冲击信号"防冲击、防冲击，Brace、brace"时，向旅客发布防冲击口令"低下头，全身紧迫用力，Heads down brace"，口令应清晰有力，语速放缓；保持防冲击姿势及向旅客发布防冲击口令，并持续关注客舱，直到飞机完全停稳。

三、撤离准备

机长发出："机组各就各位、机组各就各位，Crew at your station、crew at your station"。

客舱乘务员解开安全带，面向客舱发布："镇静，听指挥，Keep clam, follow instructions"，稳定客舱情绪。

四、选择有效出口

（1）通过机门上的观察窗或机门旁的客舱舷窗观察机门外的状况，确认出口是否有效、可用。注意结构性损伤、起火的地方，观察出口是否被水淹没或受到阻塞，如图 5-46 所示。

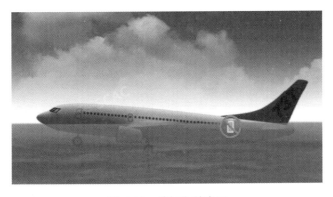

图 5-46　选择有效出口

169

（2）对迫降的类型进行评估，如有迹象显示飞机可能会很快下沉，应迅速将救生筏与飞机脱开。了解客舱中的情况、飞机的状况之后，再确定旅客撤离飞机的方法和撤离的方向。

> **注意**
>
> 水面将确定出口是否可用，应使用所有高于水线的出口。低于水面，或者从边角处渗出水的出口被认为是不可用的。若水面正好位于舱门的门槛处，直接将旅客撤离到滑梯／滑梯救生筏上，让滑梯／滑梯救生筏与飞机的地板连接。

五、打开出口

（一）应急开门

（1）如果出口可以使用，则迅速确定机门处于待命状态，并打开出口；如果出口打不开，则试着再次打开它。

（2）如果确实无法打开出口：

① 使用以下口令："这个门不能使用！走那边！ This door can't be used! That way!"，以重新把旅客引导到另一个可用出口。

② 除非附近的出口没有客舱乘务员指挥，否则不要离开已经失效的出口处，以防旅客擅自使用出口。

③ 如果附近的出口没有客舱乘务员指挥，应立即前往那个出口，在确定该出口可以使用的情况下立即打开出口。

（二）确认救生筏状况

确认救生筏状况，如救生筏的载量、是否完全充气等。

（三）指导旅客撤离

在应急撤离期间，应使用手势及口令指示，不要挡住应急撤离路线。

（1）在救生筏充气过程中：

① 两手抓住两侧辅助把手。

② 使用以下口令："解开安全带，不要带行李，脱下鞋子！ Release seat belt, no baggage, no shoes!"

（2）救生筏充气完毕后：

① 迅速面向客舱，退到一侧。

② 立即指挥旅客撤离，使用以下口令："快！到这边来，救生衣充气，上船！ Come this way, inflate your life vest, on board!"

③ 在烟雾环境中撤离时，还必须使用以下口令："伏下身，用衣袖捂住口鼻！ bend over/Lie down, cover your nose and mouth!"

④ 在黑暗环境下（应急电源失效）撤离时，立即拿上手电筒，伏下身，打开手电筒，照射附近的地板并来回晃动，同时使用以下口令："朝灯光方向走，Follow the flash light."。

> **注意**
>
> B737机型先释放滑梯，拉出断开手柄，使滑梯与飞机脱离，滑梯可作为浮板，让旅客救生衣充气跳入水中后扶住滑梯（浮板），再操作救生筏从水中登筏。

（四）旅客撤离时

1. 出口可以使用

（1）使用滑梯 / 救生筏（通常在机门出口处）。

① 在水上迫降中，最好使用配有滑梯 / 救生筏的门。尝试让旅客直接从飞机登上救生筏，如这些门无法使用，可使用翼上出口先撤离飞机，让旅客跳入水中并游到救生筏的登船处上船，但要防止溺水和体温过低。

② 使用以下口令指挥旅客："救生衣充气！上船！ Inflate your life vest! On board"（滑梯 / 救生筏）；"坐下，不要站起来！ Sit down, don't stand up!"（上滑梯 / 救生筏后）

③ 指示旅客相对在船内坐下，以均匀地分布重量并保持坐着的姿态（移动位置时应当用手和膝盖爬行）。

④ 在所有旅客都已登船之后，拉出断开手柄，割断系留绳，把滑梯 / 救生筏划至远离飞机的安全地带。

（2）使用天花板上的（圆形）救生筏。

① 需要由 2 ～ 3 个人把救生筏搬到出口处。搬动救生筏包时，绳扣一侧向上。

> **注意**
>
> 要让援助者小心提防红色把手，以防止在客舱内充气。

② 把救生筏固定到飞机上。

- 在机门处：把救生筏的连接绳紧固在机门处的稳固的可连接部位。
- 在应急窗口处：把窗口上 / 行李架内的撤离绳连接到机翼的连接点上，把救生筏的系留绳系到撤离绳之上。
- 把救生筏投到水中（救生筏外包装不必卸下）。

> **注意**
>
> 在机翼上，把救生筏掷离机翼前缘，以避免被金属件和机翼拉破。

- 猛拉系留绳，使救生筏充气（充气可能需要 15 ～ 20s）。
- 拉动并使救生筏靠近飞机，但要避开任何尖锐的物品。
- 如可能，让旅客直接上救生筏，或者让旅客跳入水中并游到救生筏的登船处上船。
- 使用以下口令指挥旅客："救生衣充气！上船！ Inflate your life vest! On board"（圆形救生筏）；"坐下，Sit down，不要站起来，Don't stand up！"。

- 指示旅客在船内分散坐下，以均匀分配重量并保持坐姿（所有的位置移动都应当用手和膝盖来爬行）。
- 当所有旅客都已登船之后，割断系留绳并把救生筏划至远离飞机的地带。

（3）使用滑梯作为浮板。

- 拉动断开手柄（不连机手柄），从飞机上卸下滑梯。
- 让旅客从飞机上跳入水中。把滑梯正面朝下翻转，应当把受伤的成年人和儿童安置在滑梯之上。所有其他旅客应当待在水中，握住滑梯四周的救生索。
- 割断系留绳，让滑梯从飞机上脱开。

（4）使用应急窗口（无救生筏）。

- 打开窗口，把窗口行李架处的撤离绳连接到机翼的连接点之上，指挥旅客："救生衣充气，跨出去！ Inflate your life vest! Go out""走那边，撤离！ That way, evacuate"。
- 指示旅客将撤离绳用作扶手。
- 指示旅客跳入水中并游到救生筏或滑梯／救生筏处。

2. 飞机迅速下沉（迅速应急撤离）

（1）打开出口，使救生筏充气。

（2）拉出断开手柄，从飞机上卸下充气的救生筏。

（3）断割系留绳，使救生筏脱离飞机。

（4）让援助者跳入水中，并且把救生筏推离飞机。

（5）让旅客在救生衣充气的情况下直接从飞机上跳入水中。

（6）要确保所有旅客都已撤离飞机。

（7）从水中登上救生筏。

3. 机门口离水面过高

（1）打开出口，使救生筏充气。

（2）拉出断开手柄，从飞机上卸下充气的救生筏。

（3）让旅客们将救生衣充气后直接上船；或跳入水中后，由水中登船。

（4）确保所有旅客已登上救生筏。

（5）割断系留绳。

4. 出口不能使用

（1）如果出口不能使用，则挡住出口并重新把旅客引导到其他出口处，并给予适当的指令："这个出口不能使用！ 走那边！ This door can't be used! That way!"；如果在任何出口上旅客们正在排队等候，则要把他们引导到不太拥挤的出口处。根据需要，指定援助者，对状况进行确认并启用出口。

（2）把滑梯／救生筏重新安置到已释放和拆卸了原来救生筏的可使用的门上。

5. 若事先未安排出口援助者

（1）让最前面的一位旅客站到对面，并告知旅客"你跟我一起指挥旅客"。

（2）对于另两名旅客："你们两位先上船让旅客爬到船头，相对坐下，You are on board. first, Let the passengers climb up to the bow and Sit down face to face"（仅在滑梯／救生筏）；"你们两位先上船协助旅客登船，并让旅客分散坐下，You are on board first, Help passengers boarding And let the passengers sit down Evenly"（在圆形救生筏）。

注意

> 无客舱撤离职责的其他机组成员（包括安全员）应先登上救生筏，指挥上船的旅客有序坐下。

六、机组撤离飞机

（1）要确保所有旅客已经撤离飞机。

① 客舱乘务员确保所负责区域的旅客已完全撤出后，从就近的出口撤离。

② 客舱经理 / 乘务长应协同机长由前至后对整个客舱做全面检查，确认其他所有人员撤离后，返回 1L 门撤离飞机。

（2）在检查客舱时，使用以下口令："客舱里还有人吗？听到请回答，anyone else? Answer me"。

（3）客舱乘务员撤离时应携带舱单。如撤离后能及时获得救援、飞机急速下沉或随时存在起火爆炸的可能，应尽快撤离飞机；如飞机迫降在未能及时获得救援的区域、没有快速沉没且在预计时间内没有起火爆炸的可能，应携带应急医疗箱、应急定位发射器、扩音器、手电筒、饮料食品等所需备用品。

（4）一旦撤出飞机，立即割断系留绳，将救生筏与机体完全断开。

七、应急撤离后

为保存体力，应使用蛙泳方式，漂浮时，仰面，用手臂慢慢划水。滑梯 / 救生筏、圆形救生筏内部设施以及操作等详细内容参见项目一任务四。

（一）救生筏上的管理。

（1）救生筏距离飞机不应过远。

（2）搜寻落水者，正确清点人数，保证所有人都已上船（图 5-47）。

（3）机组成员应是船上的指挥者，将机组成员均匀地分到每个船上。

（4）清理船内积水，堵塞漏洞，固定好所有物品，支好天篷。

（5）把小刀、舀水桶等小物件系在船上。

（6）如附近有其他救生筏，应以 7 ～ 8m 为间隔将船连在一起。

（7）保证充气柱体内的空气充足，但不要过多。白天高温时放些气体，夜冷时再补充些气体。

（8）不要把小刀、渔具、罐头拉环及各种尖锐物品扔在船舱地板上，不要用鞋蹭船底或充气柱体。

图 5-47　搜寻落水者

（9）确保船上的每个人都穿好救生衣，并充气；旅客均匀地分布在船内。

（10）不要坐在船舷上。

（11）在船内需移动位置时，应先告诉周围旅客。

（12）当发现有飞机时，将船相互拉近，使天篷的颜色更易被识别。但如有大浪，则不要这样做，否则可能会使船颠覆。

（二）救生筏上的指挥

（1）明确船上其他每个人的职责，使他们一同参与工作，除非他是受重伤或呼吸困难的人。

（2）不论昼夜，每时每刻都应有人值勤。

（3）值勤者用一根不短于3m的可用绳系在船上。

客舱机组应该发挥领导角色。旅客的生还取决于机组成员的知识、使用可用救生设备的能力，以及处理各种危险和困难的能力。

当旅客登上救生筏后，应确保旅客人数没有超过救生筏的容量。只要救生筏离开了飞机的残骸区域，客舱机组就应该抛锚，以避免救生筏随着海水漂流。救生筏一天可以漂流160km，这会对确定生还者的位置造成困难。如果发现水中有生还者，应该立即采取行动把他们拉上滑梯救生筏。向生还者扔出救生筏上的救生圈，以便把他们拉向救生筏。当把生还者带上救生筏时，重要的是确保平均分配筏上的重量，以避免翻船。滑梯救生筏上通常装有上船扶手或者上船梯子，以协助生还者。旅客应该从滑梯/救生筏的固定端上船。

一些生还者可能因受伤或者太虚弱而无法上船，所以需要援助。这也许会非常困难，不过有一些技术可以让它变得更容易，具体如下。

（1）两个人应该架着此人的腋窝（不是胳膊）。

（2）把此人推入水中，当随着救生衣产生的浮力再次把此人推上来时，拉上筏。

不过，一定要一直告诉此人救援的每个步骤，这样他/她可以进行配合。一旦上筏，所有人员应该穿好救生衣，直到被救出。记住，救生筏要停留在水上迫降的区域附近，这样（救援）定位工作会容易一些。

案例与拓展

为什么空难后要先找到"黑匣子"

之所以称其为"黑匣子"（图5-48），是因为它只有在飞机被毁的"黑色时刻"才发挥作用。"黑匣子"外观为长方形或圆柱形，外壳坚实，为四五块砖头叠在一起那样大。黑匣子其实是橙红色的，其学名为航空飞行记录器，里面装有驾驶舱话音记录器和飞行数据记录器。"黑匣子"能把飞机停止工作或失事坠毁前半小时的语音对话和前两小时三十多种飞行数据记录下来，需要时把记录的所有参数重新放出来，供飞行实验和事故分析使用。世界上所有空难原因都是通过"黑匣子"找出来的，因此它成为事故的见证者，也成为前车之鉴，为避免同样的事情发生，应更好地采取安全措施。"黑匣子"通常用一些金属和高性能的耐热材料做成，具有极强的抗火、抗压、抗冲击振动、抗海水或煤油浸泡、抗磁干扰等能力。根据欧洲标准，"黑匣子"必须要能够抵抗2.25t的撞击力，在1110℃的高温下10h仍不会受损，即便飞机已经完全损坏，"黑匣子"里的记录数据也可以完好保存。

图5-48　黑匣子

 任务实施

1. 背景资料

某架飞机从广州飞往青岛，由于发动机故障，机长决定采取水上应急撤离。客舱准备完毕，机上所有乘员必须在飞机沉没之前全部撤离飞机。

2. 实施步骤

步骤1：地点：客舱模拟器。将学生分组，每5～7人一组进行情景模拟。教师扮演机长，随机指定学生扮演乘务长和客舱乘务员。

步骤2：客舱机组根据机长的撤离指令组织旅客水上撤离。

步骤3：其他学生扮演旅客，配合、观察并评分。

步骤4：教师现场指导，针对学生实操训练中存在的问题及出现的错误，在纠错的同时进行示范，分析组织水上撤离的重点和难点以及注意事项，最后对学生的练习情况给予总结和评价。

 任务考核

水上撤离考核评分表如表5-23所示。

表5-23　水上撤离考核评分表

班级			组别						
项目	评分标准	配分	评分人	得分					
				乘务长	2号	3号	4号	5号	6号
仪容仪表	妆面淡雅，晕色自然；头发、盘发整洁大方；服装按要求穿着整齐	10分	学生						
			教师						
神态	自信、坚定、积极	10分	学生						
			教师						
口令	清晰、连贯、准确，有紧迫感而不慌乱；声音85dB以上；撤离口令不混淆	10分	学生						
			教师						

项目	评分标准	配分	评分人	得分					
				乘务长	2号	3号	4号	5号	6号
动作标准	防冲击姿势（面向驾驶舱/背向驾驶舱）	10分	学生						
			教师						
	选择有效出口	10分	学生						
			教师						
	应急开门（动作未达标准扣5分/次）	20分	学生						
			教师						
	清舱	10分	学生						
			教师						
	机组撤离飞机	10分	学生						
			教师						
团队协作	小组配合默契，分工明确，具有强烈的紧迫感	10分	学生						
			教师						
	学生评分（40%）		合计						
	教师评分（60%）								
	评语备注								
	评分人								

 项目总结

安全无戏言，空难事故的发生一再证明"安全不是一切，但没有安全就没有一切"这一事实。我们必须清醒地认识到，客舱乘务员的工作职责是在保持安全的前提下为旅客提供优质的服务。客舱乘务员是飞行机组在客舱的眼睛，可以通过自身和旅客发现客舱中不安全的隐患，及时与飞行机组交流，从而避免灾难的发生。在发生危险时，客舱机组转变为一名客舱安全专家，一名坚定的领导者，应沉着冷静地控制出现的任何紧急情况，运用标准化的程序提高处置事故时的效率，尽可能减少人员伤亡。认真学习理论知识，认真练习每一项任务，经常回顾程序、步骤和口令，一定会在需要时对自己有所帮助。

学习笔记

❧ **综 合 测 试** ❧

一、单项选择题

1. 危险的 11min 指的是（　　　）。

　　A. 起飞 3min 和落地前 8min　　　　　B. 起飞 8min 和落地前 3min

　　C. 起飞 2min 和落地前 9min　　　　　D. 起飞 9min 和落地前 2min

2. 飞机上的最高指挥权由（　　　）来负责。

　　A. 机长　　　　　　　　　　　　　　B. 第二机长

　　C. 客舱经理 / 主任乘务长　　　　　　D. 乘务长

3. 在撤离时可以随身携带（　　　）。

　　A. 钢笔　　　　　　　　　　　　　　B. 手表和首饰

　　C. 领带和围巾　　　　　　　　　　　D. 助听器

4. 陆地撤离要求在（　　　）s 内撤离完毕，水上撤离有效时间为飞机迫降在水面直至飞机沉没为止。

　　A. 60　　　　　　　B. 90　　　　　　　C. 120　　　　　　　D. 150

5. 水上撤离时如果附近有其他救生船，应以（　　　）为间隔将船连在一起。

　　A. 4 ～ 5　　　　　B. 5 ～ 6　　　　　C. 7 ～ 8　　　　　D. 8 ～ 9

二、多项选择题

1. 以下人员中属于机上援助者的选择对象的是（　　　）。

　　A. 军人、警察　　　　　　　　　　　B. 民航职工及有关人员

　　C. 航空公司雇员　　　　　　　　　　D. 消防员和执法人员

2. 可能导致飞机最终迫降的迹象有（　　　）。

　　A. 机外起火　　　　　　　　　　　　B. 客舱内充满烟雾

　　C. 机上有旅客突发急病　　　　　　　D. 发动机周围漏油

3. 迫降前，乘务员的个人准备包括（　　　）。

　　A. 取下身上的各类尖锐物品以及领带和丝巾，松开紧扣的衣领

　　B. 弄湿头发，以防被火引燃

　　C. 脱下高跟鞋，并在客舱中去除尼龙丝袜

　　D. 回顾撤离分工，并做静默 30s 复查

4. 面向机尾方向的客舱乘务员防冲击姿势为（　　　）。

　　A. 确保上背部和下背部紧靠座椅靠背，系紧安全带和肩带，安全带不应扭曲

　　B. 保持头部紧靠靠背或头枕

　　C. 胸前交叉手臂（不要握住肩带）

　　D. 将脚和腿稍微分开，保持膝盖弯曲 90°，脚平放在地板上

三、简答题

1. 静默 30s 的步骤具体包括哪些？

2. 在应急撤离过程中，如旅客坚持携带行李 / 物品，客舱乘务员应该如何处置？

项目六
求生

知识目标

- 理解求生的指导方针；
- 理解求生要素；
- 掌握陆地求生技能；
- 掌握水上求生技能。

技能目标

- 能够运用野外取火的方法；
- 能够在求生过程中获取水和食物；
- 能够在恶劣环境下辨别方向；
- 能够发出求救信号并取得联系。

职业素养目标

- 培养学生在恶劣环境中维持生存的能力；
- 培养学生学会生存、学会创造以及乐观积极的生活态度。

案例导入

  17岁的朱莉安娜·科普克和她的母亲以及其他90人从秘鲁利马飞往普卡帕。当飞越安第斯山脉时，飞机发生了事故。朱莉安娜醒来时，她的锁骨骨折，膝盖韧带撕裂，眼睛肿胀，手臂和腿上有几处深深的伤口。她花了一天的时间寻找其他人，但是一无所获。幸运的是，她对雨林的生活有一些了解，她沿着河流顺流而下，穿过茂密的植被，4天后，她遇到了其他几名乘客的尸体，到了第10天，朱利安到达了一条更大的河流，河流不远处有一个小茅屋。她在茅屋里过夜，天亮时被一群伐木工人发现，他们给她食物，照顾她的伤势，把她带回城里。第二天，朱莉安与父亲团聚，然而她的母亲和其他所有的人都丧生了。

任务一 求生的基本原则

 知识点

当飞机迫降后，幸存者必须面对可能出现的诸如地形和气候等困难，为了保全生命，得以生存而采取的一切行动被称为"求生"。生存的首要条件是具备求生的欲望、求生的知识和技能，以及强健的身体。客舱乘务员必须有能力使自己和其他共同患难者拥有乐观的精神；客舱乘务员还应懂得如何获得水、食品、火种、容身之地等生存的必需物品，如何呼救以吸引营救人员，如何在没有援助时获得安全的保护或脱离险境；客舱乘务员还应掌握保存体能的方法，避免和对应疾病与受伤的方法，以便帮助那些比自己更不幸的人们。

求生技能并不仅仅用于应付空难等极端条件，如在起飞和下降时系上安全带，这就增加了空难发生时的幸存机会；生活中，过马路时会左右查看；临睡前检查煤气阀和门窗等，其实质都是本能地运用求生技能，我们应该也必须将这些技能变成一种良好的习惯。

一、必须牢记的指导方针

（一）撤到安全地带

（1）如果飞机有起火或爆炸的可能，必须远离飞机（至少应保持100m）并待在上风侧处直至危险过去。

（2）为了便于搜救，当危险过去后，移向飞机的着陆地点。

（3）不要惊慌失措地奔向未知地域，设法与其他幸存者保持联络。

（4）除非身处毫无遮蔽的空旷地或危险之中，否则没有必要另选安全地带。

（5）不要将山顶或山腰作为避难之所，地势低的地方更易建掩体设施。

（6）不要全体出动去寻找安全地带，应分组行动，不要单干，相互保持联络并做好路标，以便顺利返回。

（7）离开失事地点时应做好标记，以便营救人员寻找。

（二）携带有用物品

（1）尽可能多地带上饮料、食品、毛毯，以便更好地抵御进一步的灾难。

（2）带上医疗救护用品，如药箱、急救箱，甚至于氧气瓶。

（3）带上信号器具，如手电筒、扩音器、应急定位发生器，以便发布求救信号。

（4）带上旅客舱单，用于确定受伤、死亡、失踪者。

（5）带上客舱乘务员手册，从中获取有关求生的指导方针（至少纸张是一种很好的引火材料）。

（6）如果飞机已无进一步危险，可设法返回机舱获取更多有用物品。

（三）救护伤员

（1）应将伤员一起转往安全地带。

（2）区别伤势，展开救护，首先是呼吸困难者，然后依次是大出血、骨折和惊恐者。

（3）如有死者，应与生还者分开。死亡会制造恐怖气氛，这样做有利于使幸存者安宁。

（四）采取保护措施——建掩体

当意外发生后，如搜救人员没有及时发现生还的乘客和机组，此时应当建造简易的掩体来保护生还者的安全。掩体是个人的第二条保护线，它的主要用途是使人免遭寒冷、灼热、潮湿和风吹之苦。掩体相对的重要性是由天气状况决定的。

（1）尽可能利用天然场所和手边的材料来加固和扩充掩体。

（2）身处空旷地带时，利用装备与飞机残骸（可用于挖坑），也可利用天然洼地，用浮土加固加高四周作掩体。

（3）用石块、残骸、树枝、毛毯、滑梯布等制成防风墙。

（4）掩体除可防风、防雨外，还应能遮阳。

（5）如有伤势严重不便移动者，就地建简便掩体。

（6）生火取暖，并利用反光材料增强热效应，大家聚在一起减少热量散发。

（7）靠近可以发信号和接收信号的地方。

（8）靠近食物和水源。

如果掩体位于赤道以北，那么理想的通风口应当是朝南的；如果在赤道南部，那么理想的位置应当是朝北的。如果是这样，白天掩体内就能得到足够的光线和热量。建造掩体时入口处要朝东，这样就能迎来最好的晨光照射。

（1）避开危险的区域，如可能发生爆炸的飞机。

（2）避开可能发生雪崩的山坡。

（3）避开有突发洪水可能性的排水区域和干河床。

（4）如果靠近水源，要将掩体建在潮水可以影响到的位置以上。

（5）避开有很多岩石的区域，因为岩石有可能滚落。

（6）避开已经枯死的树木，因为这些树可能会被吹倒。

（7）避开动物的活动区域和它们的行进路线。

二、求生要素

生存的首要条件就是要有强烈的求生欲望，尽可能地保存体能，具备保持健康与清洁的方法。

（一）强烈的求生欲望

（1）充分地预见可能存在的危险和困难局面，并做出行动计划。

（2）经过训练和平时经验的积累，能增强求生的欲望。

（3）保持乐观的情绪，使自己和周围的人能放松下来。

（4）保证身体处于健康的状态，有利于增强求生的信心。

（5）尽快适应陌生的环境，并进行心理调节，排除抑郁情绪。

（二）保存体能

（1）必须保证有水和食品供应，但不要为此过分劳累。

（2）不要无目的地走动或大声呼叫，不要做超出能力范围的事。

（3）保暖御寒，防止曝晒，避免身体过冷或过热。

（4）建造掩体，以应付寒风、烈日与风沙的威胁。

（5）避免流汗，以免导致体内水分流失。

（6）尽量睡觉，减少体能消耗。

（三）保持健康与清洁

（1）脚：行走是求生过程中唯一的交通方法，不要让脚受伤。脚受伤后必须立即求助。注意保持脚的清洁与温度，尽可能地穿上鞋和袜子。

（2）眼睛：使用太阳镜或专用护目镜；用布片或树皮保护眼睛，中间留一条狭缝；用炭笔涂黑眼睑下方；注意保护视网膜，防止雪盲；防止外伤感染；不要揉搓眼睛；避免使用隐形接触镜，没有专用清洁剂时，可含在口中用唾液浸润消毒。

（3）个人清洁：饮食不当会导致腹泻与呕吐；密切注意毒虫叮咬与毒蛇的攻击；注意个人清洁，尤其是女士；注意环境清洁，将污物与废物在远离生活区的地方加以掩埋。

案例与拓展

盐是人体必需品，正常饮食条件下，每天每人需要摄入 10g 盐。如果盐的排出量大于摄入量，人体就会出问题。缺盐的首要症状是肌肉痉挛、头晕目眩、恶心和易于疲惫乏力。排汗和撒尿都会带走盐分，所以气候越温暖，盐分损失也就越多。体力劳动也会增加盐的消耗。

如果没有盐，该怎么办？位于海岸边或海上时，可从海水中得到充足的盐分，蒸发海水就可以得到盐块结晶。如果身处内陆，也必须解决盐分问题。所有哺乳动物都需要盐，注意观察它们的行踪就可以找到盐。例如，非洲象会甘冒风险探入漆黑幽深的洞中，只是为了舔食洞壁的盐分。

有些植物也含盐。例如，在北美洲，可利用核桃树的根；在东南亚，可利用夏柏椆的根。将树根烧烤至所有水分都被蒸发，便会发现黑色的盐晶。如果直接找盐有困难，也可以尝试间接方法，如动物血液在任何时候都不要随便抛弃，因为它是矿物质元素的重要来源。

任务实施

1. 背景资料

某架客机遭遇暴风雨，不幸失控迫降在一座无人荒岛上，机体严重破损，随时有爆炸的可能。飞行机组已经全部遇难，幸存者包括 2 位客舱乘务员和 10 名旅客，其中有 3 位伤势比较严重。岛上资源贫瘠，很快就要天黑。

2. 实施步骤

步骤 1：地点是教室。将全班分组，每 12 人一组进行情景模拟，随机指定学生扮演客舱乘务员和旅客。

步骤 2：教师根据背景资料提出相关问题，12 人小组讨论并提交答案。

步骤 3：教师现场指导，针对小组讨论的结果或处理方案的合理性进行有效的分析，培养、引导学生对于求生基本原则有更多的理解与深度思考。

任务考核

求生基本原则考核评分表如表 6-1 所示。

表 6-1　求生基本原则考核评分表

班级			组别	
题　　目	配分	评分人		得分
在求生过程中，必须牢记指导方针包含的内容	10 分	教师		
撤离的安全地带包括哪些	10 分	教师		
撤离时携带有用物品	10 分	教师		
救护伤员的处置程序	10 分	教师		
建造掩体的方法以及注意事项	10 分	教师		
在求生过程中，求生要素包含的内容	10 分	教师		
在恶劣的求生环境中如何进行有效的心理调节	20 分	教师		
保存体能的方法	10 分	教师		
保持健康与清洁，除了脚、眼睛、个人清洁外，还需要注意什么	10 分	教师		
教师评分			合计	
评语备注				
评分人				

任务二　陆地求生

 知识点

一、应对严寒

大部分地区冬季气温通常在 0℃以下，且伴有大风，尤其在极地地区，冬季气温在 -60 ～ -50℃，风速有时会在 40km/h 以上，大风会导致实际气温远低于温度计显示的温度。当人身体发颤时，表明体温已开始下降，体温低于 30℃对身体是有害的。

在冰天雪地中求生时必须注意：不要试图在暴风雪来临时迁移；在冰雪融化的季节里注意避开浮冰和陷入沼泽中；防止跌入冰水中（在冰水中 4min 中会使暴露部分冻僵，7min 会丧失意识，15 ～ 20min 死亡）；避免将身体弄湿或长时间待在潮湿的环境中；寻找或搭建掩体和雪房，以避开风、雪、冷空气、海浪等。

应对严寒需要注意清理环境和个人健康：在体能足够时清理周围环境；饮用热饮或饮酒驱寒；挤成一团，防止热量失散；适当做热身运动；防止体温下降、冻伤、足部浸水、一氧化碳中毒。

用衣物将身体、手、脚裹起来，尽量穿毛料衣服。穿着衣物保暖时，注意 COLD（寒冷）一词的寓意，具体如下。

（1）C（Clean）：保持清洁。

（2）O（Avoid，Overheat）：避免过热，适当通风。

（3）L（Loose）：衣服宽松，身体过热时允许热量散发。

（4）D（Dry）：包括内衣和外套的干燥。

二、应对酷暑

夏季气温通常较高，且日照强烈，在赤道附近与亚热带地区还会出现 40 ～ 50℃的高温，且通常伴有高湿度的情况（相对湿度高达 80% ～ 90%）。直接在阳光下曝晒会导致疾病的发生（如日射病、中暑、热消耗、热痉挛等），这会加速体能的消耗，身体脱水或缺水会直接威胁生存。

在炎热的天气中求生时应注意：尽量穿白色或浅色衣服；戴上遮阳帽／罩，防止阳光直射；白天注意休息（不要坐在热腾腾的地面上）；搭建掩体，或在树荫下休息；尽量把工作安排在夜间，不要图快，慢慢做事；尽量多喝水，适当补充盐分；不要光脚，以免受到水蛭、沙蚕和蜈蚣的攻击；点上火堆，并弄出烟来（任何湿材料燃烧时都会有烟），这样可以驱赶蚊子和飞虫；不到休息时不要脱掉湿衣服，这样可以防止皮肤被晒伤，并防止被外物刮伤；穿戴衣服前把衣服抖开，并仔细检查一遍，尤其是手伸入口袋时要谨慎。

三、应对沙漠

沙漠地带通常昼夜温差很大。例如，夏季白天的温度有时高达 40℃左右，而夜间则降至 15℃左右；而在冬季，昼夜温差也在 20℃左右，有时还伴随连绵不断的雨雪天气；有些地区则终年没有降雨，偶尔出现的降雨可能会是滂沱而下，并形成洪水，但很快会被地表吸干。

在沙漠中求生时，应注意以下几点。

（一）寻找水源

（1）设法从绿洲、干涸河床底部的水洞、坎儿井中寻找水源。

（2）仙人掌类植物中富含水分。

（3）在昼夜温差很大时，凝结水蒸气取水。

（4）在沙丘间的最低处奋力下挖，可能会找到水源。

（二）防止体液缺损

（1）流汗后及时补充水分。流汗是人体降温机制，体液减少时，依然可能会大汗不止。

（2）昼伏夜行或白天休息，夜间工作（如搭建掩体）。

（3）在夜间生火取暖或烧水（灌木与大型动物粪便都很易于燃烧）。

（4）全身着衣，白天不要脱下衣服，否则会增加流汗；衣服应宽松，以便隔热或保暖。

（5）使用头巾，可以隔热、防晒，且能防止沙暴眯眼。

（6）注意眼睛的防护，因为沙漠中会有闪烁光和风沙危害。

（7）不要光脚走在热沙上，否则皮肤会烫起泡，也不要穿凉鞋行走。

（8）注意防止食物变质，食品开启后应尽量吃完。

四、水和食物

（一）水

人体的 75% 由水组成，呕吐、腹泻、流汗都会使体液流失。当人的体重下降 20% 时，生命就会受到威胁。气温低于 29℃时，人可承受脱水 25%；气温高于 29℃时，脱水 15% 就会威胁生存。身体消耗的水分必须及时、不断地补充。求生中注意寻找水源，流动的水是最理想的选择。如果有条件，应避免喝生水。对于水质不佳的水，必须煮沸或使用水净化片后方可饮用。正常人仅靠饮水可维持生命 20 天左右，而断水 3 天就可能造成死亡。

1. 维持体液平衡的方法

（1）饮水或吃含水分的食物来补充体液。

（2）多休息，少活动。

（3）不要抽烟、饮酒。

（4）待在荫凉处，不要坐在热的地面上。

（5）若缺水，减少或不要进食，因为消化脂肪类食品需大量水分。

（6）不要谈话，用鼻子呼吸。

2. 获取淡水

寻找水源，水通常在低洼处，植被之下常会有水。但是，对周围有动物残骸的水源要保持警惕，沙漠中的死湖往往含盐量很高，不能直接饮用。

（1）凝结水汽：在一段树木的枝叶上套一只塑料袋，叶面蒸腾作用会在袋内产生凝结水；甚至可以将刚砍断的新鲜植物枝叶放在大塑料袋里，温度升高时，也会产生凝结水。

（2）日光蒸馏：挖一个大坑，坑底部中央放一个收集器皿，坑顶覆上塑料布周边压实，塑料布中央搁一块石头。光能升高坑内潮湿土和空气的温度，蒸发产生水汽，水汽逐渐饱和，与塑料膜接触遇冷凝结成水珠，下滑至收集器皿中。这种方法适用于沙漠地区或者日夜温差相当大的地区。特别注意，无论何时也不要饮用海水和尿液。但是，通过蒸馏，两者都可用来产生可饮用水，同时海水的残余物还能提供人体必需的盐分。

（3）冰雪化水：融冰比融雪更容易，且所需热量较少，可以更快更多地化出水来。如果只能用雪，应先融化小块的雪在罐子里，然后逐渐加多，一次性放入大量雪块的弊端在于不利于进一步传热甚至会把锅烧坏。

（4）从动、植物中取水：植物的根、茎、叶中都会含有水分，但有些植物的汁液是有毒的，应注意鉴别。动物的眼眶中含有较多水分，可直接吸吮；所有鱼类体内都有可饮用的流汁。

缺乏饮用水时，饮用水应定量供应。求生第 1 天，不要饮水，利用体内储存的水分；求生第 2 ～ 4 天，每天最多不超过 400mL；求生第 5 天后，每天控制在 55 ～ 225mL，依天气而定。长期缺水后，绝不可以突然大量饮水；饮水前先浸润唇、舌、喉，此时不要吃富含蛋白质的食物。

（二）食物

食物对于短期生存并非绝对必要，尽可能多带点飞机餐，可解决食物问题，但要记住只进食、不饮水会使人脱水。体力劳动与脑力劳动都会消耗人的体能。当食物缺乏时，应心境平和、放松，以免浪费能量。

1. 食物分类

（1）碳水化合物。碳水化合物主要包含两大类：①蔗糖类，存在于果汁、糖浆、蜂蜜与水果中，可直接食用；②淀粉类，存在于植物块根、块茎与谷物类的种子中。碳水化合物的缺陷是不含维生素 B，可引起便秘。

（2）脂肪。脂肪主要存在于动物皮下脂肪组织与器官周围。动物、蛋类、奶类、坚果、真菌及部分植物中都有脂肪。但是，脂肪的缺陷是不易消化，消化时需大量水分。

（3）蛋白质。蛋白质主要存在于肉类、鱼类、蛋类、谷类、豆类、真菌类、坚果中。但是，植物类蛋白质不包含人体所需的全部氨基酸。

（4）矿物质。人体需要的矿物质包括大量的钙、磷、氯、钠、钾、锰和少量铁、氟、碘等及微量的锶、铝、砷、金等，这些矿物质在人体行使正常的生理功能中发挥各自不可缺少的作用。

（5）维生素。维生素共有 40 种左右，其中有 12 种是人体必需的。植物中含有微量的维生素，皮肤照光可合成维生素 D，小肠内的细菌也可合成维生素，多数维生素可从外界获得。缺乏维生素会造成皮肤病、坏血症、佝偻病等。

2. 尝试植物

当食物缺乏时，我们不得不寻找其他食物来源。某些植物可能有食用价值，应遵循以下介绍的程序进行毒性鉴定，且每人每次只可尝试一种，必须按序进行，当有疑惑时立即停止试验。当有不适时，尽快刺激喉咙把它呕吐出来或吞少量炭灰诱使呕吐。

（1）看：若植物茎、叶上附着有蛆或其他蠕虫，则不能食用；有些植物在衰老期会分散代谢，产生有毒物质。

（2）闻：切下一小块，若有难闻的苦杏仁或桃树皮味，则立即扔掉。

（3）抹：稍挤榨一些汁液在体表敏感处，如肘部与腋下间的前上臂，如有不适，起疹或肿胀，则立即扔掉。

（4）尝：若以上步骤进行完毕后无任何不适症，则进行以下步骤：触动唇部、触动嘴角、舌尖舔尝、舌根舔尝、咀嚼少量，每一步之间相互间隔不少于 5s。每次尝试取少量植物材料。若有任何不适，如喉咙痛痒、强烈的灼伤感、刺激性疼痛，则立即扔掉，切勿再做进一步试验。

（5）吞：吞咽少量植物，耐心等待 5h，其间不得饮食。

（6）食：若无口部痛痒、不停打嗝、恶心、发虚、胃痛、下腹绞痛以及其他任何不适症状，则可认为该植物是可食用的。

3. 食物定量

（1）所有食物必须分作三等分，在预计的营救日前一半时间动用其中的 2/3。

（2）应急食品、不易腐烂的食品应最后动用。

（3）体力许可时应尽量采集野生食品。

（4）避免过度劳累，使体能下降。

（5）进食应有规律，即使水和食物已很少。

（6）应急食品中所含的碳水化合物越高越好。

（7）尽量减少进餐数，每日两餐即可。

案例与拓展

由于丛林里有丰富的食物和水源，因此丛林求生是最容易的，其中最大的危机是惊慌失措和昆虫及植物引起的疾病。

丛林求生，幸存者们应带上救生衣，便于在任何空旷地带显出对比色彩，卸下并带上所有滑梯救生船，找到空旷的地方将滑梯/救生船展开，架好顶篷，作为庇护所。机组人员立刻启动应急发射机，向外界发出求救信号。

在山林中需要注意：不要触摸鸟巢，不要抄近路到危险地方，不要大声喧嚷，不要乱摘花草，不要靠近带着幼子的动物，不要随便发出叫喊声。

在野外取水时，可以凭借灵敏的听觉器官，多注意山脚、山涧、断崖、盆地、谷底等是否有山溪或瀑布的流水声、有无蛙声和水鸟的叫声等。如果能听到这些声音，说明已经离有水源的地方不远了，并可证明这里的水源是流动的活水，可以直接饮用。但要特别注意的是，不要把风吹树叶的"哗哗"声当作流水的声音。也可以沿气味的方向寻找水源，当然这要有一定的经验积累。

关于食物，从动植物"王国"中得到的绝大多数无毒性种类都可以食用，只要小心谨慎，就很容易避开那些有毒或危险的食物。

当发现搜救的人员和设备，如飞机、直升机、车等，白天使用烟雾信号和反光镜，夜间使用火炬或信号弹，使用烟雾信号和火炬时一定要对下风侧施放。

 任务实施

1. 背景资料

某架客机遭遇暴风雨，不幸失控迫降在荒无人烟的地区，机体严重破损，随时有爆炸的可能。飞行机组已经全部遇难，幸存者包括 2 位客舱乘务员和 10 名旅客。

2. 实施步骤

步骤 1：地点是教室。将全班分组，每 12 人一组进行情景模拟，随机指定学生扮演客舱乘务员和旅客。

步骤 2：教师根据背景资料提出相关问题，12 人小组讨论并提交答案。

步骤 3：教师现场指导，针对小组讨论结果或处理方案的合理性进行有效的分析，培养、引导学生对于陆地求生有更多的理解与深度思考。

 任务考核

陆地求生考核评分表如表 6-2 所示。

表 6-2 陆地求生考核评分表

班级		组别		
题　目	配分	评分人		得分
严寒陆地求生的注意事项	20 分	教师		
"CLOD"一词的寓意	10 分	教师		
酷暑陆地求生的注意事项	20 分	教师		
沙漠地区求生的注意事项	20 分	教师		
获取淡水的方法	10 分	教师		
获取食物的方法	10 分	教师		
掌握食物的定量	10 分	教师		
教师评分	合计			
评语备注				
评分人				

任务三　水上求生

知识点

地球表面约 71% 被水覆盖着，在所有求生环境中，由于人们对海洋环境缺乏认识，海上求生就变得尤其可怕和难以存活。在寒冷的海水中，人体体温会迅速下降，必须设法尽快登上陆地或救生筏中。

海上生存的特点：海上缺乏参照物，难辨方向，不易发现目标，生存人员很难判断所处的位置；风大浪高，平均风力 3 ~ 4 级，大风时可达 10 级以上；缺乏淡水；水温低，表面平均水温不超过 20℃，有 13% 的水表温度为 4℃以下；海洋生物会对人造成伤害。所以如果可能，尽量避免撤离旅客直接到水中，虽然可能没有其他任何的选择。

一、生存者在水里

（一）水面遇有重油

飞机进行水上迫降时，产生的重油（包括燃油、液压油和滑油等）可能会污染水面，吞入这些液体或者与其接触会导致听力和视力受损并且会感到恶心。从水里登上救生筏是一项困难的任务，因为生存者浸在被燃油和滑油污染的水中身上会比较滑，很难从水里抓起来。

（1）用蛙泳方式。

（2）将正前方与两侧的油拨开。

（3）在越出油面前，紧闭双眼与嘴，直至浮出水面。

（4）保持身体浮在水面之上，直至游出该水域。

（二）水面有油或气体燃烧

（1）拨开正前方的火苗。

（2）如水面感觉有高温时，做深呼吸，潜入水下。

（3）尽快游出起火的水域，并浮出水面。

（4）在起火水域游泳时，救生衣千万不要充气。

（三）水中保暖

低水温度可能还会造成体温过低的威胁，生存者在 10min 内开始出现体温过低的症状。水温寒冷，可能引起恐慌和休克。休克会导致严重的肌肉紧张，从而导致心跳停止。那些不会游泳的成员即便穿着救生衣，也非常可能晕厥和溺水。

（1）在冷水中尽量减少活动，保存体力，减少热量的散发。

（2）尽可能地把身体露出水面，减少冷水与人体的接触面，保持体温，以减少热量的损失。

188

客舱应急处置教程

项目六　求生

（3）让生存者互相靠近，集中身体的热量。几人为小组的聚集保暖法：几人组成一个面向中心圆圈，手臂相搭，身体的侧面相接触，紧紧地围成一个圈。

（4）单人保暖休息法：双腿向腹部弯曲，两手交叉抱住双膝于胸前，保持胎儿的体态。

（5）不要在水中脱弃衣服、鞋袜。

（6）尽快使用救生绳把生存者从水里拉到救生筏上。

二、生存者在救生筏里

（1）尽量降低身体重心，以防救生筏倾覆。

（2）保存好体能，不要做无谓的事，尽量睡觉。

（3）不因船内空间狭小而影响大小便。

（4）在寒冷环境中，在船底垫上毛毯、衣服，并保持衣服干燥。

（5）在炎热环境中，适当用水浸湿衣服，并每日清洗，日落前晾干。

（6）把救生筏连接在一起，防止救生筏分散而失去联系。救生筏之间的距离取决于海上的状况。

（7）只有在相对平静的海上才把救生筏直接系在一起。在有浪的海面上，为了防止救生筏可能的碰撞，应用尽可能长的绳子把救生筏连接在一起。当救生筏离开了有油污的水面后，从第一条或最后一条救生筏上抛下海锚。

（8）在救生筏内不准吸烟。

（9）支起顶篷，可以使用救生筏顶篷收集雨水并遮挡太阳。收集雨水时，要等到雨水将顶篷上的盐渍冲洗干净后再开始。把中间的支撑杆移去，在取水口下部放一个容器（舀水桶、塑料水瓶或任何盛水的物品）接水。露水也可以通过救生筏顶篷收集到容器中。遮挡太阳时，可以通过把顶篷卷上去或者打开顶篷的两端窗通风。

（10）保持救生筏内干燥，经常检查其是否漏水。如有漏水，应根据救生包内的要求修补漏处。尽可能保持救生筏内干燥，用水桶将水舀出，再用救生包内的海绵将救生筏内的水吸干。

（11）检查浮力管的正常充气。

（12）对付鲨鱼时，用力拍打水面吓阻鲨鱼，不要将手、脚泡在水中。

三、水和食物

（一）水

水是生存中至关重要的必需品，有了水，才能保证身体的正常代谢；没有水，人只能活几天。所以，幸存者感到干渴时应尽量饮水，以保证身体的正常需要。海水是海上生存者面对的最大水源，然而海水是不能直接饮用的，即使加入部分淡水也不能饮用。如果饮用海水，会增加脱水，对人体组织具有破坏作用，引起许多器官和系统的严重损伤。因此，在海上生存中禁止直接饮用海水。

海上生存时，如何确保淡水供应是一个大问题。解决这一问题的方法：离机前，尽量收集机上饮料带到船上；收集雨水，利用筏上的设备储存雨水；收集金属表面的露水；

北半球海域冰山是淡水的来源，但要靠近冰山要很小心，利用海水淡化剂淡化海水，使其成为可饮用的淡水。

饮水时要注意的问题：先使用已有的淡水，再进行海水的淡化。除非特别渴，否则在救生筏上的第一个 24h 不要喝水（婴儿和重伤员可适当分配些水）。以后的日子，如果水量有限，每天喝 450mL 水。当雨水充足或 450mL 不能满足需要时，每天可以适量增加。当淡水很少时，在下雨前只能用水湿润嘴或含一点水。为减少渴的欲望，可在嘴中含一个纽扣或口香糖，增加唾液。不能抽烟，不能饮酒及饮用咖啡因制品，避免体内水分的散发。酒可以留下，用于外伤消毒止痛。尽量少活动，多休息，减少体内水分的消耗。

（二）食物

在离开飞机前应尽可能地收集机上的食品，以备带上救生筏食用，如机身断裂后从货舱漂浮在水面上可食用的货物、海里的鱼类及海面上飞着的鸟、救生包内的应急食品等。进食时要注意：水量多时，先吃蛋白食物；水量少时，先吃碳水化合物。鱼类是海上生存最大的食物来源，但不熟悉的鱼类不要食用。

四、发现陆地

（一）确定陆地海岛的位置

（1）在晴朗的天空，远处有积云或其他云集聚，则积云下面可能有陆地或岛屿。

（2）黎明鸟群飞出的方向，黄昏鸟群飞回的方向可能是陆地岛屿。

（3）通常情况下，白天风吹向陆地，晚上风吹向海岸。

（4）在热带海域，天空或云底的淡绿色通常是由珊瑚礁或暗礁反射形成的。

（5）如果有漂浮的树木或植物则意味着附近有陆地。

注意

不要被海市蜃楼所迷惑，在救生筏上改变座位高度时，海市蜃楼则会消失或改变形状。

（二）登陆

登陆是海洋生存的最后环节，要想顺利成功地实施登陆，必须注意以下几点：选择最佳登陆点，尽力向其靠近；穿好救生衣并充好气；穿好所有的衣服鞋帽；靠岸时，尽量放长海锚绳，降低救生筏向登岸点的接近速度，保证安全。救生筏在海滩上着陆前不能爬出救生筏；救生筏一旦登陆，迅速下筏并立即设法将其拖上海滩。

五、获救

当救援船驶到救生筏旁边时，不要认为可以很容易地登上救援船。切记，如果已经在海上等了好几个小时，此时身体已经很虚弱，一定要静坐筏上等待救援人员来救，不要急于离开救生筏。当直升机来救时，一个吊篮只能容纳一个人。

案例与拓展

潘濂，海南人。他本身是海员，熟悉大海，会游泳，意志坚定，年轻，身体素质好，再加上聪明智慧，所以创造了奇迹。

1939 年，第二次世界大战爆发，英国大量招募中国海员，潘濂签约英国"贝洛蒙"号商船，在大西洋上运输战时物资。1942 年 11 月 23 日，"贝洛蒙"号行驶在大西洋上，被德国潜艇发现，潜艇先后发射两颗鱼雷将其击沉。中国船员潘濂迅速穿上救生衣，跳入海中。当他刚入水里，第二颗鱼雷又击中商船，船身迅速下沉，从此他开始海上漂流。潘濂漫无目的地在海上漂流了 2h，突然，奇迹发生了。货船上的一个救生筏没有被炸坏并漂了过来，他立刻游了过去，并爬上去，发现筏上竟然有一些食物、几发照明弹和手电筒。但是，在海面上漂流并不容易，这是智慧和毅力的考验。潘濂面对的第一个考验就是脱水。热带海面，太阳暴晒，需要补充大量的水分。他把木筏上的帆布绑在桅杆上，搭了一个顶棚，这样既能遮阳，还可以收集雨水，装进金属罐中，以备饮用。但淡水有限，潘濂要安排好每天食物和水的用量。第二个考验就是食物。聪明的潘濂用手电筒里的弹簧做成鱼钩，又把木筏上的缆绳拆开，重新搓成细渔线。他把附着在木筏上的贝类软体当鱼饵，这样就能钓上一些小鱼。当然，这些小鱼只能生吃。这也让他看到了希望，生存问题总算解决了，但是更大的危险却来了——暴风雨和身体的病痛。正当潘濂的体力和精神已经到达极限时，他发现海水的颜色变浅了，他明白快得救了。终于，他看到了陆地，3 个巴西渔民也发现了他，把他救上了岸。这一天是 1943 年 4 月 5 日，他已经整整在海上漂流了 133 天。

英国皇家海军根据潘濂的漂流求生传奇编写成海上求生指南，潘濂还应美国海军之邀，现场还原他海上的求生之术，被编成了美海军作战教材手册。人在困境中，最重要的是不要绝望，有时"坚持下去"就是最坚定有效的信念。

 任务实施

1. 背景资料

某架客机遭遇暴风雨，不幸失控迫降在海上，部分旅客登上救生筏，部分在海水中等待救援。飞行机组已经全部遇难，幸存者包括 2 位客舱乘务员和 10 名旅客。

2. 实施步骤

步骤 1：地点是教室。将全班分组，每 12 人一组进行情景模拟，随机指定学生扮演客舱乘务员和旅客。

步骤 2：教师根据背景资料提出相关问题，12 人小组讨论并提交答案。

步骤 3：教师现场指导，针对小组讨论的结果或处理方案的合理性进行有效的分析，培养、引导学生对于水上求生有更多的理解与深度思考。

任务考核

水上求生考核评分表如表 6-3 所示。

表 6-3　水上求生考核评分表

班级		组别		
题　目	配分	评分人	得分	
生存者在被燃油严重污染的海水中的处理方法	10 分	教师		
生存者在燃烧的海水里的处理方法	10 分	教师		
生存者在海水中如何保暖	10 分	教师		
生存者在救生筏上求生的注意事项	10 分	教师		
海上生存如何获取淡水	20 分	教师		
淡水的分配	10 分	教师		
海上生存如何获取食物	20 分	教师		
登陆的注意事项	10 分	教师		
教师评分	合计			
评语备注				
评分人				

任务四　其他求生技能

知识点

一、取火

火是野外生存的基本需要之一。它可以取暖、做饭、烘干衣服，防止野兽的袭击和作为联络信号。把柴火分开烧，这样可以有足够的氧气支持燃烧。几个小火堆比一个大火堆能提供更多的热量。

（一）生火的必备条件

生火的一般顺序是从火花源到引火物，再到燃料。

（1）火花源：包括火柴、抽烟用的打火机、火石和小件钢制品、信号弹（最佳火种，但是最后的手段）、蓄电池（但不要在飞机附近使用）、放大镜。

（2）引火物：作为引火物的材料应细些，保持干燥和高度易燃。引火物包括棉绒、纸绒、脱脂棉、蘸过汽油的抹布、干枯的草和毛状植物、鸟的羽绒以及鸟巢。

（3）燃料：凡是可以燃烧的东西都可以作为燃料，并可以混合在一起使用。在准备燃料时，一定要尽可能地使之充足够用。燃料包括干燥的树枝和枯枝、灌木、捆成束的干草、干燥的动物粪便、动物脂肪、地面裸露的煤块、飞机上的汽油和滑油。

（二）火场的设置

（1）火场最好设置在沙土地和坚硬的岩石上。如要在丛林中生火，要尽可能地选择在林中的空地上，同时要清除周围地面上的一切可燃物，如树枝、树叶、枯草等，还要在近处准备好水、沙子或干土，以防引起森林大火。

（2）如果是在雪地、湿地或冰面上生火，可先用木头或石块搭一个生火的平台。作为取暖用的火，可利用天然的沟坎，或先用圆木垒成墙，以利于将热量反射到隐蔽所中。

（三）成功取火的条件

（1）经常保持足够的火花源并使其始终干燥。

（2）要为第二天准备足够的引火物和燃料，并用干燥的东西将其盖好。

（3）点火时火种应在引火堆的下风向。

二、辨别方向

在求生过程中，我们需正确辨别方向，以便能尽早脱离危险的环境。辨别方向时一定要冷静，保证思维和行动不混乱，在确保自身安全后，通过自身的知识或经验来辨别方向，仔细观察周围环境，借助一些辅助工具找准方向。以下介绍几种实用的辨别方向的方法。

（一）影钟法

无论身处南半球还是北半球，都可用树影移动来确定方向，北半球树影以顺时针移动，南半球树影以逆时针移动。

（1）在一块平地上竖直放置 1m 长的垂直树干，注明树影所在位置，顶端用石块或树棍标出；15min 后，再标记出树干顶端在地面上新的投影位置。两点间的连线会给出东西方向——首先标出的是西，南北方向与连线垂直。这种方法适用于任何经纬度地区，以及一天中的任何时间，只是必须要有阳光。用这种方法可以检测人移动的方向（图 6-1）。

（2）如果有时间，还可以用另一种更精确的方法。在早晨标出第一个树影顶点，以树干所落点为圆心，树影长的半径为弧，随着中午的来临，树影会逐渐缩短移动，到了下午，树影又会逐渐变长，标记出树影顶点与弧点的交点，弧上这两点间的连线会提供准确的东西方向——早晨树影顶点为西（图6-2）。

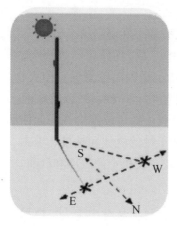

图 6-1　影钟法（1）

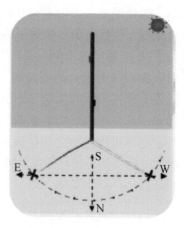

图 6-2　影钟法（2）

（二）手表法

传统的手表有时钟和分钟，可用来确定方向，前提是其表示的是确切的当地时间（没有经过夏时制调整，也不是统一的跨时区标准时间）。越远离赤道地区，这种方法会越可靠，因为如果阳光几乎是直射则很难精确确认方向。

北半球：将表水平放置，时针指向太阳，时针与12点刻度之间的夹角平分线指向南方。

南半球：将表水平放置，将12点刻度指向太阳，12点刻度与时针指向之间的夹角平分线指向北方。

（三）简易指南针

（1）一截铁丝（缝衣针即可）反复同一方向与丝绸摩擦，会产生磁性，悬挂起来可以指示北极。这种方法产生的磁性不会很强，隔段时间需要重新摩擦，以增强磁性。

（2）如果有一块磁石，则会比用丝绸更有效。注意，沿同一方向将铁针不断与磁石摩擦。

（3）用一根绳子将磁针悬挂起来，以便不影响平衡，但不要用有扭结强绞缠的绳线。

（四）利用地物

（1）独立的大树通常南面枝叶茂盛，树皮光滑；北面树枝稀疏，树皮粗糙。其南面通常青草茂密；北面较潮湿，长有青苔。

（2）对于建筑物和土堆等，北面积雪多融化慢，而土坑等凹陷地方则相反。

（3）以中国为例，如果在沟谷地带有存雪，那么先融雪的一面山体是阳坡（朝南的坡），另一面则相反。

（4）中国的大河一般自西向东流，一般能大致确定方向。

（5）森林中空地的北部边缘青草较茂密。树桩断面的年轮，一般南面间隔大，北面间隔小。

（6）在中国北方草原，沙漠地区西北风较多，在草丛附近常形成许多雪龙、沙龙，其头部大，尾部小，头部所指的方向是西北。

（7）在密林中，岩石南面较干，而岩石北面较湿且有青苔。

（8）桃树、松树分泌胶脂多在南面。

（9）树墩的年轮，朝南的一半较疏，而朝北的一半较密。

（10）山沟或岩石等物体积雪难以融化的部位总是在朝北的方向上。

（11）蚂蚁的洞穴多在大树南面，而且洞口朝南。

（12）若是夜晚天空可看到星星，只要找到北斗七星，沿着"勺柄"的延伸线可找到明亮的北极星，北极星的方向便是正北。

三、求救信号

获得援救的首要前提是使他人知道你的处境，告知别人你的位置，并努力取得联系。国际通用的求救信号中，英文字母 SOS 是最为人熟知的。信号可以直接在地上写出，也可以通过无线电、灯光、声响等方式发出。

（一）可用资源

（1）飞机残骸

① 坠机后可以找到很多有用的信号源，如燃油、轮胎及一些可燃或绝缘材料，燃烧它们形成大火或浓烟。

② 还可利用飞机的玻璃、整流罩、救生衣、滑梯等有反光作用或色彩鲜艳的物品堆放在周围，以引起别人的注意。

（2）天然材料，如干的树枝、树皮、树叶都是很好的燃料，而湿的材料燃烧时会形成浓烟。

（3）应急定位发生器在陆地和海上都可使用，是发布无线电求救信号的最佳选择。

（4）手电筒可用于发布灯光信号，如 SOS 的莫尔斯代码（三短、三长、三短）。

（5）哨子是发出声响信号的理想手段，在求援时除通行的 SOS 信号外，还用 1min 发出 6 次哨音（也包括挥舞 6 次或 6 次闪光），间歇 1min，再重复的方式。

（6）可以在小溪中施放一个刻有 SOS 求救字样的漂流瓶或木块等，这也是一种引人注目的方法。

（二）信号方式

1. 火光信号

（1）燃放 3 堆大火，并摆成三角形是国际通行的方式。若材料不足，也可只点一堆火。为防火势蔓延，火堆附近应围小墙。

（2）若附近有河流，也可扎 3 个小木筏，将火种放在上面，并在两岸固定，沿水流做箭头状。

2. 浓烟信号

（1）浓烟是很好的定位方式，浓烟升空后会与周围环境形成反差，易受人注目。

（2）在火堆上添加绿草、绿叶、苔藓、蕨类植物或任何其他湿的物品如坐垫等都可形成亮色浓烟，这种方式适用于丛林。

（3）在火堆上添加汽油与橡胶会形成黑色浓烟，这种方式适用于雪地或沙漠。

3. 地对空目视信号

地对空目视信号至少长 2.5m（8ft），并须尽可能醒目（表 6-4）。

表 6-4　供幸存人员用的地对空目视信号

编　号	意　　义	信　号	编　号	意　　义	信　号
1	需要援助	V	4	是或肯定	Y
2	需要医药援助	X	5	向此方向前进	↑
3	不是或否定	N			

（1）信号可由任何东西做成，如用布带条、保险伞材料、木片、石块等，表面用机油涂刷或加以踩踏，以使醒目。

（2）可用其他方法，如无线电、火光、烟或反光等，以引起救援人员对上述信号的注意。

4. 空对地信号

飞机使用下列信号，表示已明白地面信号。

（1）昼间：摇摆机翼。

（2）夜间：开关着陆灯两次，如无此设备，则开关航行灯两次。

如无上述信号，则表示不明白地面信号。

5. 莫尔斯代码

莫尔斯代码是一种通用的国际代码，每个字母间应有短暂停顿，每个词组间应有明显停顿。

（1）求救方式一：发出声响，三短三长三短（... ＿＿＿ ...）。

（2）求救方式二：灯光，如手电，三短三长三短（开关灯）。

6. 身体语言

图 6-3 为一系列信号，空中救援人员都能理解这些信号，可以据此向他们发出信号。注意从身前到两侧的位置改变、腿与身体姿势的运用、手部的动作。手上持一块布条对 Yes（是）或 No（否）加以强调。做这些动作时，要求十分清晰，且幅度尽量大。

拉上我　　需要医疗救护　　在这里着陆　　　　是　　　　　　否

一切很好　　可立刻行动　　有无线电　　不能在这里着陆　　需要药品　　可以降落

图 6-3　身体语言

7. 信息信号

当离开失事地点或营地时，应留下一些信号物。制作一些大型的箭头形信号，表明自己的前进方向，且使这些信号在空中也能一目了然；再制作其他一些方向指示标，使地面搜寻人员可以理解。地面信号物使营救者能了解求救者的位置或者过去的位置，方向指示标有助于他们寻求救者的行动路径。一路上要不断留下指示标，这样做不仅可以让救援人员追寻而至，且在自己希望返回时也不致迷路——如果迷失了方向，找不到想走的路线，它就可以成为一个向导。信息信号如图6-4所示。

a—将岩石或碎石片摆成箭形。

b—将棍棒支撑在树权间，顶部指着行动的方向。

c—在一卷草束的中上部系上一结，使其顶端弯曲指示行动方向。

d—在地上放置一根分叉的树枝，用分叉点指向行动方向。

e—用小石块垒成一个大石堆，在边上再放一小石块指向行动方向。

f—用一个深刻于树干的箭头形凹槽表示行动方向。

g—两根交叉的木棒或石头意味着此路不通。

h—用3块岩石、木棒或灌木丛传达的信号含义明显，表示危险或紧急。

图6-4　信息信号

案例与拓展

使用绳索

日常生活中常使用绳索作系扎与固定之用，在求生过程中使用绳索进行攀爬与救援，可以帮助克服各种复杂地形。以下介绍3种救援中实用的绳索方法，客舱乘务员应学会，并牢记正确的操作与使用方法。不正确的系扣方法有时会导致危险的发生。

（1）单套环：此环制作快速，承受力强，可用于各种需绳环固定的场合。用一根带子活端制作一个反手结，将另一根带子的活端沿反手结的运动轨迹的相反方向穿越此结，活端应该恰好在结内，这样拉紧时活端就不会滑落。

（2）环中环：此环用于支撑或拉出缝隙，如遇到其他地方的遇险者难以爬出，可用其中一环绕过臀部，另一环绕过上体即可，也可将两腿放入环中，手抓牵引绳索。将双股绳索弯曲成一环，将活端穿过此环；将活端向下，套过双层环，轻轻移至固定部分后面，拉动大的双层环，使其变紧。

（3）绳梯结：此结用于光滑绳索上，按一定间隔连续打出多个反手结，以利于使用绳索进行攀爬。绳索的末端留出一截合理的长绳，在一根短树枝或圆木末端用绳索打一个半结；沿着圆木连续制作一些松弛的半结；将留出的绳端向后依次穿过所有环，将所有的环滑下圆木末端；将每个绳结依次穿过半结，另一端固定，系紧每个结。

任务实施

1. 背景资料

某架客机遭遇暴风雨不幸失控迫降野外。飞行机组已经全部遇难，幸存者包括2位客舱乘务员和10名旅客。

2. 实施步骤

步骤1：地点是教室。将全班分组，每12人一组进行情景模拟，随机指定学生扮演客舱乘务员和旅客。

步骤2：教师根据背景资料提出相关问题，12人小组讨论并提交答案。

步骤3：教师现场指导，针对小组讨论的结果或处理方案的合理性进行有效的分析，培养、引导学生对于其他求生技能有更多的理解与深度思考。

任务考核

其他求生技能考核评分表如表6-5所示。

表6-5　其他求生技能考核评分表

班级		组别		
题　　目	配分	评分人		得分
生火的必备条件	10分	教师		
火场的设置方法	10分	教师		
成功取火的条件	10分	教师		
辨别方向的方法	10分	教师		
利用地物辨别方向包含的内容	10分	教师		
发求救信号可用资源包括哪些	20分	教师		
信号的方式	20分	教师		
方向指示包括的内容	10分	教师		
教师评分	合计			
评语备注				
评分人				

项目总结

　　求生是客舱乘务员必须掌握的技能。客舱乘务员的镇定自如，会有助于幸存者尽快恢复理智；客舱乘务员扎实的专业知识，能够帮助幸存者树立生存的信念；客舱乘务员丰富的求生技能，可以让自己适时适地做出最正确的判断。我们必须知道，生存才是首要的，应尽可能将危害程度降到最低。

学习笔记

一、单项选择题

1. 应急撤离后，如果飞机有起火或爆炸的可能，必须远离（　　）m直至危险过去。

  A. 风上侧100　　　B. 风下侧100　　　C. 风上侧200　　　　D. 风下侧200

2. 当人跌入冰水中后，（　　）min会使暴露部分冻僵，（　　）min会丧失意识，15～20min死亡。

  A. 5，8　　　　　B. 4，7　　　　　C. 3，6　　　　　D. 4，8

3. 所有食物必须分作（　　），在预计的营救日前一半时间动用其中的（　　）。

  A. 二等份，2/3　　B. 二等份，1/3　　C. 三等份，2/3　　D. 三等份，1/3

4. 低水温度可能会造成体温过低的威胁，生存者在（　　）min内开始出现体温过低的症状。

  A. 5　　　　　　　B. 8　　　　　　　C. 10　　　　　　　D. 12

5. 地对空目视信号：信号至少长（　　），并尽可能使之醒目。

  A. 2m（5ft）　　　B. 2.5m（8ft）　　　C. 3m（10ft）　　　D. 3.5m（12ft）

二、多项选择题

1. 生存的首要条件就是有（　　）。

  A. 强烈的求生欲望　　　　　　　B. 尽可能地保存体能

  C. 保持健康　　　　　　　　　　D. 保持清洁

2. Cold（寒冷）一词的寓意有（　　）。

  A. Clean　　　　　　　　　　　B. Overheat

  C. Loose　　　　　　　　　　　D. Dry

3. 获取淡水的方法有（　　）。

  A. 凝结水汽　　　　　　　　　　B. 日光蒸馏

  C. 冰雪化水　　　　　　　　　　D. 用海冰化水

4. 生火的必备条件包括（　　）。

  A. 火花　　　　　　　　　　　　B. 燃料

  C. 氧气　　　　　　　　　　　　D. 引火物

5. 辨别方向的方法有（　　）。

  A. 影钟法　　　　　　　　　　　B. 手表法

  C. 简易指南针　　　　　　　　　D. 利用地物

三、简答题

1. 在沙漠中求生应如何获取食物？

2. 简述水上求生时，在救生筏上的注意事项。

客舱应急处置教程

项目七
高原运行

知识目标

- 掌握高原机场定义；
- 掌握高原运行要求；
- 掌握高原飞行的客舱安全要求；
- 掌握机上特殊紧急供氧设备；
- 掌握高原航线客舱释压处置程序；
- 掌握高原机场鼠疫应急处置程序。

技能目标

- 熟练掌握高高原机场机组成员医学放行标准；
- 完成高原航线客舱释压处置程序；
- 完成高高原机场鼠疫应急处置。

职业素养目标

- 培养学生的职业意识与职业素养；
- 培养学生在紧急情况下的应急能力；
- 培养学生的团队合作能力。

一架编号为 B-6430 的空客 A319 飞机执行某航班，计划从成都双流国际机场前往康定机场。康定机场海拔高达 4238m，属于高高原机场。飞机于当地时间早上 6:52 起飞。由于目的地机场天气不符合最低降落标准，因此飞机在康定机场上空盘旋等待了 20min，后获得管制许可降落。然而，在仪表进近过程中，气象条件恶化，飞机降低到决断高度后仍无法看清跑道。机组没有按照规定立即复飞，导致飞机水平尾翼被进近灯光系统的灯柱戳穿，飞机随即复飞并返航成都，8:52 安全落地。

知识点

一、高原机场的定义

高原机场是指机场标高在 1524 ～ 2438m（5000 ～ 8000ft）的机场。目前中国的高原机场共 19 座，分布在我国西南地区和西北地区。高原机场包括一般高原机场和高高原机场两类。一般高原机场是指海拔高度在 1524m（5000ft）及以上，但低于 2438m（8000ft）的机场，如位于昆明、丽江、大理、兰州和西宁的机场；高高原机场是指海拔高度在 2438m（8000ft）及以上的机场，如位于拉萨、九寨沟、中甸和格尔木的机场。

二、高原航路运行的特点和要求

（一）高原航路运行的特点

（1）航路安全高度高，对飞机性能要求高。

（2）航路天气复杂，飞行限制多。空气对流强烈，空中颠簸强烈，高空激流常伴有中度以上颠簸。

（3）通信导航设施少，有效工作范围受限。高原航线主要在山区飞行，航路上的无线电通信干扰大，信号弱，通信较为困难。高原航线上的导航设备较少，指示误差较大。

（4）特殊情况的处置程序复杂。当飞机因客舱释压紧急下降高度时，飞行机组需根据不同航线特点，执行对应的航线客舱释压应急操作程序。

（5）航路备降机场少，运行控制难度大。某些高原航线在起飞机场和目的地机场之间可供使用的备降机场很少，对于某些机型甚至没有备降机场，若发生特殊情况（如失火等）要求飞机尽快着陆时，机组决策和处置的难度非常大。

（二）高原航路运行的要求

高原机场海拔高，空气密度和大气压力小，地形复杂，这对高原机场的航班运行提出了更高的要求。

首先，实施高原机场运行的飞机需满足相应的适航要求，飞机机型必须已经完成所飞高原机场的运行评估。实施的飞机维护工作要满足高原机场运行的航空器维修标准和程序。运行高高原机场的飞机，座舱增压系统必须通过型号审定。飞机的供氧能力应当符合运行高原机场及航路的应急下降和急救用的补充氧气要求，并且满足机组人员在着陆后至下一次起飞前的必要供氧要求。

其次，实施高原机场运行的人员要求也不同于一般机场运行要求。驾驶舱机组飞行经历需满足所飞高原机场的相关要求，如飞行经历和培训经历，同时需要进行定期复训。执行高原航线的飞行机组人员数量根据不同高原机场类型来配备，一般高原机场需要配备两名具备该航线运行经历和资格的机长或配备具备该航线运行经历和资格的标准机组。高高原机场需要配备两名具备该航线运行经历和资格的机长和一名具有资格的副驾驶或观察员。客舱乘务员进入高原机场运行，首先需要通过航空公司特定机型的合格审定，通过高原航线培训，了解高原机场特点，掌握航空公司执行高原航线飞行的飞机供氧系统、安全管理和服务注意事项，如高原运行要求、航路飞行的特点、特殊应急设备、客舱安全规则和高原救生知识。

最后，高原的特殊环境对人的身体会有一定的影响，机组人员对常规的高原航卫知识的掌握能帮助自己和他人应对突发的生理不适，能为旅客提供准确的急救，能够更好地理解高原运行中的应急处置规则和航卫要求。

高原运行的要求不仅限于以上内容，还涉及航空公司的组织结构、各保障部门的工作标准和各类人员职责、航空公司的运行规范等。

三、高原飞行的客舱安全要求

只有通过了航空公司高原运行航线培训合格后的客舱乘务员，才有资格参加高原航线飞行任务。客舱乘务员自身应按照规定，在飞行前24h禁止饮用含酒精的饮品，避免劳累或过量的无氧运动，保证充足的睡眠。

（一）预先准备阶段

在执行航班时，客舱乘务员的航前预先准备工作中，除了完成正常航线的工作内容外，还需要重点完成以下工作内容。

（1）了解航路特点。

（2）了解氧气设备的数量、分布和使用要求。

（3）熟悉紧急情况的处置预案，重点回顾客舱释压处置程序。

（4）熟悉旅客高原病症的特点及处置原则。

（二）直接准备阶段

在直接准备阶段，除了完成常规的工作外，还需检查确认以下内容。

（1）氧气设备的数量和分布。

（2）额外配备的手提式氧气瓶、连接管及吸氧管的数量和状态。

（3）航路天气、客舱释压及航路颠簸的应急处置预案及空防预案。

（三）飞行实施阶段

在飞行实施阶段，客舱乘务组需要完成以下工作。

（1）严格执行客舱信号灯的指示。

（2）向旅客介绍氧气设备的位置和分布，并演示使用方法。

（3）及时进行高高原机场落地前提醒广播。

（4）在旅客登机时，应及时观察并了解旅客的身体状况。在整个飞行过程中，若发现身体不适的旅客，客舱乘务组应重点观察和检查其体征，对出现高原病症状及体征的旅客及时处置。

（5）飞行中出现颠簸时，客舱乘务组应注意自我保护，并广播通知旅客系好安全带。

（四）航后讲评阶段

在航后讲评阶段，主任乘务长／乘务长需组织飞行后的讲评工作，针对高原航线空中服务和空防安全工作进行总结，及时向公司相关部门反馈意见和建议。

四、高原航卫知识

（一）高原反应的症状

高原的主要特点是气压低，空气中的氧浓度也低，易导致人体缺氧，引起高原病，包括急性高原反应、高原肺水肿、高原脑水肿等。短时间内进入3000m以上高原均可产生头痛、头昏、心悸、气短等反应，重者还有食欲减退、恶心、呕吐、失眠、疲乏、腹胀和胸闷。如果出现口唇轻度发绀及面部浮肿等症状，则称其为急性高原反应。

急性高原反应多起于脑部症状，表现为头痛、食欲减退和疲劳，头痛可从轻度发展到剧痛，食欲减退可导致恶心和呕吐，疲劳可发展成极度乏力。有时，这些症状足够严重就成为高原脑水肿，它的诊断多半是出现了意识改变或躯体运动失调。高原脑水肿会快速发展到昏迷直至死亡。高原脑水肿可单独出现，也可和高原肺水肿相伴发生。

高原肺水肿通常没有脑部症状。如果肺部症状单独出现，则会从活动耐力降低、行走困难，发展到严重呼吸困难、胸闷，一直到连坐着都呼吸困难，这样就会快速演变为急性肺水肿，衰竭时会有粉红色、泡沫样痰出现。给氧及降低高度是高原反应最有效的急救处理，若有休克现象，应优先处理，注意失温及其他并发症。立即休息，将病患者移至无风处，若疼痛严重，可通过医生的指导服用镇痛剂止痛。如果仍不能适应，则需降低高度，直到患者感到舒服或症状明显减轻之高度为止。一般而言，高山病患者降低至平地后会不治而愈。虽然如此，严重患者仍需送医处理。

（二）预防措施

高原运行中，机组人员在机场只做短暂停留过站，在此期间只要机组人员不做剧烈活动，注意吸氧，就可以减轻高原低气压对机体的影响。为保障机组人员完成航班飞行任务，应采取如下预防措施。

（1）患有慢性病的人员，包括心血管疾病、高血压、消化系统、胃及十二指肠溃疡和各种贫血的人不宜进入高原飞行。

（2）航医应严格执行高高原运行机组成员医学放行标准。

（3）飞机上的增压座舱及供氧设备一定要保持良好状态。

（4）空勤人员要加强体育锻炼，以增强机体对低气压缺氧的耐受能力。

（5）执行航班当日早晨应减少豆制品、油炸食品及高纤维蔬菜的摄入，可补充维生素E，提高机体对缺氧的耐受力。

（6）保持10h以上的充足睡眠时间。

（7）高原除了存在低气压缺氧等情况外，还存在低温现象，机组人员应注意保暖。

（8）空勤人员在平时应有意识地加快呼吸锻炼，有意识加深加快呼吸，加强通气量。

案例与拓展

高空病症与机组保健

　　高空减压病是海拔上升时机上人员可能发生的一种特殊病症。它的主要症状是关节疼痛，有时伴有皮肤刺痛或者瘙痒症状，咳嗽、胸痛等；严重时，人体还可能出现中枢神经系统的症状甚至休克。绝大多数症状是上升到8000m以上高空，并且停留一段时间后会出现。随着高度的下降，缺氧症状会逐渐消失。随着高度的增加，人体会出现胃胀气，会明显开始腹胀、腹痛、呼吸困难、心跳加快、面色苍白、出冷汗等症状；有些会出现航空性中耳炎和鼻窦炎，如耳鸣耳痛、听力下降，严重时出现耳膜充血、疼痛甚至鼓膜穿孔。

　　作为机组人员，在执行高原航班时，应多注意自身的保健，加强体育锻炼。若空勤人员患有慢性病，则不宜进入高原运行。执行高原航班的机组，在执勤当天早晨应尽量少进食豆制品、油炸食品及高纤维的蔬菜，避免增加胃肠负担，减少胃肠胀气。在饮食配比中，碳水化合物和易消化的食物、维生素丰富的水果蔬菜应占主要部分。同时，多饮水，保持体内充足的水分。有效的补充维生素E，提高机体对缺氧的耐力，保持飞行前充足的睡眠时间。参与高原运行的机组人员应注意保暖，预防感冒；在平时的生活中有意识地训练呼吸，为高原运行做好充分的保健准备。

任务实施

1. 背景资料

　　某架飞机执行成都到拉萨的航班，客舱乘务员根据高原运行规定，按照飞行四阶段要求进行模拟训练。

2. 实施步骤

　　步骤1：地点是客舱模拟器。将学生分组，每5～7人一组进行情景模拟。教师扮演机长，学生分别扮演乘务长和客舱乘务员。

　　步骤2：按照飞行四阶段的要求，学生模拟完成每一个阶段的工作流程。

　　步骤3：其他学生担任旅客，观察并评分。

　　步骤4：模拟训练结束后，讨论分析每位客舱成员的操作情况，最后教师针对学生的练习情况给予总结和评价，通过加强过程性的评估与分析，培养、引导学生对于高原运行的基本知识有更多的理解与深度思考。

任务考核

　　高原运行基本知识考核评分表如表7-1所示。

表 7-1 高原运行基本知识考核评分表

班级			组别					
项目	评分标准	配分	评分人	得分				
				乘务长	2 号	3 号	4 号	5 号
仪容仪表	妆面淡雅，晕色自然；头发、盘发整洁大方；服装按要求穿着整齐	10 分	学生					
			教师					
高原运行飞行四阶段	预先准备阶段	15 分	学生					
			教师					
	直接准备阶段	15 分	学生					
			教师					
	飞行实施阶段	15 分	学生					
			教师					
	航后讲评阶段	10 分	学生					
			教师					
航卫医学常识	内容完整性	10 分	学生					
			教师					
	回答清晰、流畅	5 分	学生					
			教师					
团队协作	小组配合默契	20 分	学生					
			教师					
学生评分（40%）			合计					
教师评分（60%）								
评语备注								
评分人								

任务二　高原运行应急处置

知识点

一、高原航线特殊的应急医疗设备

高原运行中，客舱配备有一定数量的应急氧气设备，分布在客舱不同的区域。除了一般航线中配备的氧气瓶外，高原航线还配备有额外的手提式氧气瓶、连接管及吸氧管，这些设备的数量和状态都应该由客舱乘务员在航前检查中进行确认。除了氧气设备不同外，高高原运行的客舱中还配备了特别的应急医疗药箱，主要包含适用于高原运行的应急医疗设备，如鼻氧管（图7-1）和氧气袋（图7-2）；还有处方药品，如用于急性肺水肿的药物、用于支气管哮喘的药物，以及消炎药和感冒药。

图 7-1　鼻氧管

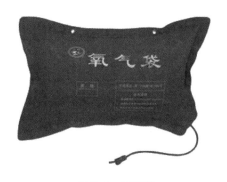

图 7-2　氧气袋

二、高原航线客舱释压处置

（一）客舱释压时的直接处置

客舱释压处置行动图如图7-3所示。

飞机在巡航期间如出现客舱释压，客舱乘务员需要在确保自身安全的情况下，对客舱进行及时有效的管理。

在飞行中，一旦客舱氧气面罩脱落，客舱乘务员需要戴上离自己最近的氧气面罩。如有可能，客舱乘务员可以通过内话将客舱状况报告机长，然后迅速坐在就近的座位上，系好安全带；如果没有空座位，可以采取蹲下或坐下的动作，抓住结实的部件，如座位

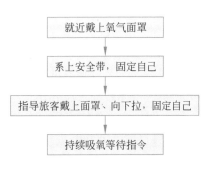

图 7-3　客舱释压处置行动图

下方的挡杆来固定住自己。如果正在进行餐饮服务，客舱通道中的推车需要由乘务员根据实际情况，采取可行的方式进行固定。同时，客舱乘务员在做好自我保护的前提下，根据实际能力以手势或口令指导旅客，帮助难以戴上氧气面罩的旅客或指示旅客戴上氧气面罩；如果部分旅客无法自己戴上氧气面罩，如戴眼镜的旅客，客舱乘务员可在能到达的范围内迅速指导旅客；遇到未成年人，需要指示旁边已经戴上氧气面罩的成年人进行协助。

无论是客舱乘务员还是旅客，都必须持续佩戴氧气面罩保持吸氧，并系好安全带，等待驾驶舱机组进一步的通知。

（二）客舱释压后的检查工作

高原客舱释压后处置行动图如图 7-4 所示。

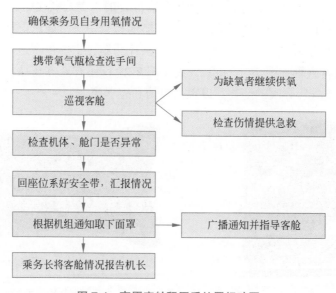

图 7-4　高原客舱释压后处置行动图

飞机下降到航路安全高度进入平飞后，客舱乘务员必须听从机组指令。在飞机进入平飞后，客舱乘务员应在保证自身安全和保持吸氧的前提下进行客舱工作。除必要的检查、急救、调整座位等工作外，尽量减少活动。客舱乘务员主要通过目视检查或旅客反馈信息进行客舱状况确认，在必须进行客舱移动时，可使用便携式氧气瓶。同时，需要对客舱进行必要的广播，提醒旅客继续吸氧。客舱乘务员应检查卫生间内有无旅客，根据情况采取就地处置或移到工作区域处置，乘务员自身要注意保持吸氧。若发现飞机机体出现破损，客舱乘务员应重新安置该区域旅客的座位，让其离开危险区域，并及时向机长报告机体破损及旅客伤亡情况。在有条件的情况下，协助机组和旅客做好保暖防冻工作。当检查工作结束后，客舱乘务员尽可能回到自己的座位上坐好，系好安全带。

飞机到达 10000ft 安全高度后，当客舱接到驾驶舱明确的指令，如"飞机已经到达安全高度，可以取下氧气面罩"后，客舱乘务员应该按照飞行机组的指令取下氧气面罩，并及时进行客舱广播，提醒旅客取下氧气面罩，并指导旅客将用过的面罩放到座椅口袋里，做好着陆准备。在此之后，客舱乘务员携带手提氧气瓶对客舱进行再次确认，同时完成飞机落地前的安全检查。

如果释压发生后，飞机需降落到海拔3000m以上的高高原机场，客舱乘务员应在飞机着陆前广播通知旅客继续戴上氧气面罩，直到飞机落地后得到进一步通知。客舱乘务员可以在保证自身用氧安全的情况下，进行飞机落地前安全检查。飞机着陆后，继续进行广播指导旅客，确认并监控客舱状况，关注旅客的用氧情况及用过面罩的放置位置，并将客舱情况及时报告机长。

整个客舱释压过程中，客舱乘务员应该做好自身安全保护，时刻注意自身和旅客的用氧情况；保持与驾驶舱之间的沟通，保持客舱乘务员之间的沟通。到达安全高度后，及时组织伤者救助，对客舱各区域进行检查并保持监控，对飞机以及客舱人员做出评估。整个过程中，客舱乘务员必须根据机长的指示完成客舱工作，并及时有效地向机组汇报客舱情况。

三、高原机场运行鼠疫应急处置

鼠疫是一种自然疫源性疾病，其自然疫源地分布在亚洲、非洲、美洲的60多个国家和地区。我国目前存在着12种类型的鼠疫自然疫源地，主要在西藏和青海，其他地区也有散发。鼠疫最主要的传染源是啮齿类动物，包括鼠类、旱獭等。鼠疫患者主要是肺鼠疫患者，在疾病早期即具有传染性，无症状感染者不具有传染性。

（一）传播媒介

鼠疫的传播媒介主要为蚤类，传播途径主要如下。

（1）经跳蚤叮咬传播。人类鼠疫的首发病例多由跳蚤叮咬所致。

（2）经直接接触传播。人类通过捕猎、宰杀、剥皮及食肉等方式直接接触染疫动物而感染，食用未煮熟的鼠疫病死动物（如旱獭、兔、藏系绵羊等）可发生肠鼠疫。

（3）经飞沫传播。肺鼠疫患者或动物呼吸道分泌物中含有大量鼠疫菌，会形成细菌微粒及气溶胶，造成肺鼠疫传播。

人类的鼠疫多发生在6～9月，肺鼠疫多在10月以后流行，这与鼠类活动和鼠蚤繁殖情况有关。人群普遍易感，病后可获稳固免疫，如果接种疫苗，免疫有效期为1年。鼠疫潜伏期通常为数小时到8天不等，一般为2～3天，凡具有鼠疫临床表现，如发热、淋巴结肿痛、肺炎、出血倾向等的患者，均应及时就医。确诊或疑似鼠疫患者均应迅速组织严密的隔离，就地治疗。

（二）应急处置

鼠疫应急处置行动图如图7-5所示。

由于鼠疫动物病在限定的区域内长期存在和流行，因此有必要了解高原运行的鼠疫应急处置相关内容。

首先，地面服务人员应严禁鼠疫患者或有鼠疫临床症状的旅客登机。

其次，起飞前，客舱乘务员发现有鼠疫临床症状的旅客，应立即

图7-5　鼠疫应急处置行动图

向机长和地面服务人员报告疫情，并及时进行有效隔离，等候地面医务人员处理。必要时机长有权责令该旅客下飞机，并请求有关部门协助。若在空中发现有鼠疫临床症状的旅客，客舱乘务员应立即进行有效隔离并报告机长，机长视情况返航或备降或飞至目的地，并将疫情报告空中交通管制人员，同时向公司报告。接到报告后，公司应立即将情况报告当地检验检疫局、机场医务部门、民航地区管理局有关政府部门。

客舱乘务员按照机长的指令，组织人员立即封锁鼠疫疑似病人所在舱位，禁止各舱间人员流动，控制机组成员进出驾驶舱。将鼠疫疑似病人就地隔离，不得离开被封锁的舱位；疑似病人同排和前、后各3排的旅客视为密切接触者，就地隔离。启用卫生防疫包，对污染或者可能被污染的环境和病人的分泌物、排泄物采取有效控制措施。机组成员采取必要的自我防范措施，做好必要的解释工作，稳定旅客情绪，避免引起恐慌，影响飞行安全。飞机落地后，按照卫生检疫部门的要求，对机组、旅客、飞机、货物以及保障车辆等进行相应消毒处理。

案例与拓展

（1）2019年11月18日，乌兰浩特机场结合机场实际情况就本场鼠疫疫情控制进行了安排。各部门熟悉和掌握了本场突发公共卫生事件应急处置预案，并启动相关预警工作；在候机楼开展了灭鼠、灭虱工作，增加粘鼠板、灭虫剂、消毒剂等器械；加强对餐厅、商贸的管理，增强员工群防意识，提高自我保护能力；各部门结合《乌兰浩特机场关于近期鼠疫防控工作实施方案》，做好鼠疫防控工作；做好鼠疫防控知识的宣传教育和鼠疫舆情管控。机场公司分别在进出港位置设立了体温检测点，地方政府派驻2名卫生专家辅助机场体温检测。

（2）高原求生。除了陆地、森林、极地外，野外求生基本原则同样适用于高原求生。若飞机迫降在雪线以上，在选择避难所时，应避开山口、冰塔林、雪檐或容易发生雪崩的地方；避免攀爬冰壁，尽量远离明裂缝、暗裂缝。客舱乘务员可以携带救生衣作御寒之用，带上所有滑梯、救生艇，在等待救援地充好气作为掩体，尽快让旅客进入掩体避寒。在可能条件下，客舱乘务员需要收集飞机上的枕头和毛毯分配给旅客。进入掩体的旅客，应保持身体干燥，尽量靠近坐好以保存体温，避免身体直接坐在或躺在雪地上。贴身的保暖衣服不能太紧，以防止身体不能与外界空气交换以至于身体过热出汗和身体热量散失过快。头部和手易被冻伤，故应当采取保暖措施，客舱乘务员也可以指挥旅客在掩体内活动手指和脚趾。脚部保暖时应保持脚的干燥，如有可能，应在鞋底增加保暖物品后再进行包裹。在掩体中，要不定时地让新鲜空气进入掩体，避免旅客饮用酒类饮料，以免体温散发。不要让旅客在同一时间睡着，应安排旅客日夜轮流值班。同时，客舱乘务员打开应急发报机，合理使用救生包。发现搜救者时，白天使用烟雾信号和反光镜，夜间使用火炬和信号。

210

任务实施

1. 背景资料

一架飞机执行成都到拉萨的航班，飞机进入巡航阶段发生客舱释压，客舱乘务员根据要求进行模拟训练。

2. 实施步骤

步骤 1：地点是客舱模拟器。将学生分组，每 5～7 人一组进行情景模拟。教师扮演机长，学生分别扮演乘务长和客舱乘务员。

步骤 2：客舱机组成员根据机长下达的指令进行相应的程序操作。

步骤 3：其他学生担任旅客，观察并评分。

步骤 4：模拟训练结束后，讨论分析每位客舱机组成员的操作情况，最后教师针对学生的练习情况给予总结和评价，通过加强过程性的评估与分析，培养、引导学生对于高原航线客舱释压处置的基本知识有更多的理解与深度思考。

任务考核

高原释压处置考核评分表如表 7-2 所示。

表 7-2　高原释压处置考核评分表

班级			组别					
项目	评分标准	配分	评分人	得分				
				乘务长	2 号	3 号	4 号	5 号
仪容仪表	妆面淡雅，晕色自然；头发、盘发整洁大方；服装按要求穿着整齐	10 分	学生					
			教师					
神态语言	神态自信、坚定、积极，语言短暂、大声、清楚	10 分	学生					
			教师					
释压直接处置	戴上氧气面罩	10 分	学生					
			教师					
	就近固定自己	10 分	学生					
			教师					
	提示旅客戴氧气面罩、固定自己	10 分	学生					
			教师					
释压后客舱检查	携带手提式氧气瓶，巡视客舱	10 分	学生					
			教师					
	检查客舱内容完整性	10 分	学生					
			教师					
机组沟通	报告内容	10 分	学生					
			教师					

项目	评分标准	配分	评分人	得分				
				乘务长	2号	3号	4号	5号
团队协作	小组配合默契	20分	学生					
			教师					
学生评分（40%）			合计					
教师评分（60%）								
评语备注								
评分人								

项目总结

　　由于高原运行的特殊性，客舱乘务员必须从不同角度了解高原运行的知识，才能更有效地保证安全的高原运行。通过本项目的学习，学生可以了解高原机场的特点和高原运行的基本要求，以及高原机场机组成员医学放行标准；同时能了解高原飞行的客舱安全要求，掌握高原航线客舱释压处置程序和鼠疫应急处置程序。

 学习笔记

❀* 综 合 测 试 *❀

一、单项选择题

1.高原航线运行,在处置客舱释压时,乘务员如果得到驾驶舱发出的"飞机进入平飞,保持吸氧"口令,客舱处置程序是(　　　)。

　　A.保持吸氧

　　B.除必要的检查外,尽量减少活动

　　C.广播指导

　　D.以上都是

2.适应高原反应的措施包括(　　　)。

　　A.保暖

　　B.情绪放松

　　C.控制饮食,控制活动量

　　D.以上都是

3.高原航路运行的特点不包括(　　　)。

　　A.航路安全高度高,对飞机性能要求高

　　B.航路天气复杂,飞行限制多

　　C.航路备降机场少,运行控制难度大

　　D.阳光充足,空气稀薄

4.鼠疫的传播途径主要包含(　　　)。

　　A.经跳蚤叮咬传播

　　B.经直接接触传播

　　C.经飞沫传播

　　D.以上都是

二、多项选择题

1.高高原机场运行的鼠疫应急处置预案,正确的处置有(　　　)。

　　A.地面服务人员应严禁鼠疫患者或有鼠疫临床症状的旅客登机

　　B.起飞前,乘务员发现有鼠疫临床症状的旅客,应立即向机长和地面服务人员报告疫情,并及时进行有效隔离,等候地面医务人员处理

　　C.必要时,机长有权责令该旅客下飞机,并请求有关部门协助

　　D.空中发现有鼠疫临床症状的旅客,乘务员应立即进行有效隔离并报告机长,机长视情况返航或备降或飞至目的地,并将疫情报告空中交通管制人员

2.高原运行中客舱释压时,客舱机组的直接处置是(　　　)。

　　A.立即戴上最近的氧气面罩,选择坐在就近的座位上,系好安全带。如果没有空座位,则蹲在地上,抓住就近的结实机构固定住自己

　　B.在戴上氧气面罩的情况下,用力拍打旅客座椅靠背以引起旅客的注意,以明显

的肢体手势指导旅客戴上氧气面罩，在有可能的情况下呼喊指示旅客，并让旅客遵照执行

    C. 在使用氧气系统期间，所有的旅客禁止吸烟

    D. 通过内话或事先约定好的方式尽快向飞行机组报告客舱情况

3. 高原机场飞行，以下属于客舱安全规定的是（　　　　）。

    A. 客舱乘务员必须参加高原运行航线培训

    B. 飞行前 8h 禁止饮用酒精饮品，避免劳累或过量无氧运动，应保证有足够的睡眠

    C. 航前重点检查氧气设备

    D. 航前认真与飞行机组协同，准备客舱失压预案、颠簸处理程序

三、简答题

1. 高原机场包括哪两类？

2. 高原运行的客舱安全要求有哪些？

3. 客舱释压发生后，飞机需降落到海拔 3000m 以上的高高原机场，客舱乘务员需要完成哪些工作？

4. 急性高原反应的症状是什么？

项目八
危险品处置

知识目标

- 了解危险品的定义；
- 熟知航空危险品的法律法规；
- 掌握危险品的航空运输限制；
- 识别 9 类 13 项危险品及相应图标；
- 掌握危险品处置报告程序。

技能目标

- 灵活分辨并识别 9 类 13 项危险品及相应图标；
- 模拟完成航空危险品紧急情况报告处置程序；
- 熟知航空危险品法律法规及危险品响应措施。

职业素养目标

- 培养学生的职业意识与职业素养；
- 培养学生在紧急情况下的处置航空危险品事件的技能；
- 培养学生团队的合作能力。

加拿大航空客机航班所载的一票危险品货物在温哥华中转时被发现包装破损，且实际载运货物与申报品名不符。始发航站地面代理人国货航接到国外反馈信息后，对事件进行了上报。接报后，民航华北局会同民航北京监管局危险品监察员成立联合调查组，经对证据链进行缜密梳理，最终对 4 家主体提出处理意见：一是对托运人瑞格运通违反托运人责任处以罚款 29000 元行政处罚；二是对运单显示的销售代理人腾昌国际"代表托运人托运危险品"处以罚款 3000 元行政处罚；三是对地面代理人国货航在安检过程中暴露出的问题，民航华北局已做出相关处罚；四是对实际订舱销售代理人青岛德玛未尽到对货物及文件进行查验的义务和责任等问题交由航协另行处理。

任务一 危险品基础知识

 知识点

一、危险品概述

(一)航空危险品相关定义

1. 危险品

危险品是指在航空运输中，对健康、安全、财产或环境构成危险，并在国际航空运输协会《危险品规则》的危险品表中列明和根据此规则进行分类的物品或物质。

2. 危险品事故

危险品事故是指与危险品航空运输有关联，造成致命或严重人身伤害或财产损失的事故。

3. 危险品事件

危险品事件不同于危险品事故，但与危险品航空运输有关联，是指不一定发生在航空器上，但造成人员受伤、财产损失、起火、破损、溢出、液体或放射性物质渗漏或包装未能保持完好的其他情况。任何与危险品航空运输有关并严重危及航空器机上人员的事件也视为危险品事件。

4. 危险品违规行为

危险品违规行为指不构成危险品事故或事故征候，但与危险品航空运输有关，违反276部法律或《危险品航空安全运输技术细则》的行为，包括但不限于旅客行李中夹带禁止携带的危险品、瞒报谎报危险品运输、危险品货物错误粘贴标签等。

(二)航空危险品识别

(1)航空危险品是指能危害健康、危及安全，造成财产损失或环境污染的物品或物质。

(2)航空危险品包括某些少量物质，如指甲油去除溶剂（可燃液体）、丁烷打火机液体（可燃气体）和旅客携带需冷冻物品的干冰等（属危险品）是允许携带进客舱的，除符合《危险品操作速查指南》中"旅客或机组人员携带危险品的规定"外，旅客和机组人员禁止携带危险品进入客舱和驾驶舱。

> **注意**
>
> 旅客个人携带的医用氧气装置（设备）严禁载运。但作为机载设备，如防护式呼吸装置、便携式氧气瓶，以及公司为病人提供的经适航批准的氧气设备，则豁免于上述规定。另外，用于保障机上服务用的干冰也豁免于上述规定。

（3）危险品的识别

对装有危险品的包裹，必须在每个包裹上贴有特殊标签，这些标签表明运输的是危险品。在客舱内决不允许出现任何带有这些标签的包裹，一旦发现，立即通知机长。

（4）怀疑破损或泄露

在货舱区域，危险品的破损或泄露将威胁飞行安全。其迹象可能包括客舱地板上一个极热的点或客舱内的烟/雾。上述情况一旦出现，立即通知机组。

二、法律法规

（一）民航公约附件 18

有关危险品航空运输安全规则是《国际民用航空公约》附件 18，即《危险品的安全航空运输》（ *The Safe Transport of Dangerous Goods by Air* ）。

（二）《危险品安全航空运输技术细则》

国际民航组织（ International Civil Aviation Organization，ICAO ）公布的《危险品安全航空运输技术细则》（ *Technical Instruction for the Safe Transport of Dangerous Goods by Air* ）（ 简称 ICAO《技术细则》，每两年出版一次 ）是国际上公认的危险品运输技术规范，其基本宗旨在于保障国际航空运输的安全。

（三）《危险品规则》

《危险品规则》是航空公司每天都在使用的行业文件（ 每年出版一次 ），包括 ICAO《技术细则》的所有要求。基于运营和行业标准实践方面的考虑，在某些方面，该文件限制更为严格。

（四）《中华人民共和国民用航空法》

《中华人民共和国民用航空法》是为了维护国家的领空主权和民用航空权利，保障民用航空活动安全和有秩序地进行，保护民用航空活动当事人各方的合法权益，促进民用航空事业的发展而制定的法律。

《中华人民共和国民用航空法》于 1995 年 10 月 30 日由第八届全国人民代表大会常务委员会第十六次会议经审议通过，自 1996 年 3 月 1 日实施。当前版本于 2021 年 4 月 29 日由第十三届全国人民代表大会常务委员会第二十八次会议修改。

（五）《中国民用航空危险品运输管理规定》

《中国民用航空危险品运输管理规定》（ CCAR-276-R1 ）经 2012 年 12 月 24 日中国民用航空局局务会议通过，2013 年 9 月 22 日中国民用航空局令第 216 号公布。《中国民用航空危险品运输管理规定》分总则、危险品航空运输的限制和豁免、危险品航空运输许可程序、危险品航空运输手册、危险品航空运输的准备、托运人的责任、经营人及其代理人的责任、危险品航空运输信息、培训、其他要求、监督管理、法律责任、附则 13 章 145 条，自 2014 年 3 月 1 日起施行。2004 年 7 月 12 日中国民用航空局发布的《中国民用航空危险品运输管理规定》予以废止。

（六）《大型飞机公共航空运输承运人运行合格审定规则》（CCAR-121-R2）

交通运输部以 2021 年第 5 号令颁布了《关于修改〈大型飞机公共航空运输承运人运行合格审定规则〉的决定》，并于 2021 年 3 月 15 日起正式实施。为便于各级民用航空管理部门、有关企业更好地理解相关内容，要切实做好贯彻实施工作。

（七）中国民用航空总局发布的其他有关条例、规章、规定和文件

中国民用航空规章是指由中国民用航空主管部门——中国民用航空总局依据《中华人民共和国民用航空法》和国际民用航空公约制定和发布的关于民用航空活动各个方面的专业性、具有法律效力的行政管理法规，在中国境内从事民用航空活动的任何个人或单位都必须遵守其各项规定。该规章覆盖了民用航空的各个方面，涉及航空器管理、参与民航活动的人员执照、机场管理、航行管理、航空营运、空中交通管理、搜寻救援、事故调查等。每一个部分都由民航总局的有关专业部门拟定后，经局长签发后发布实施。为了和国际上的民航有关规定协调，中国民用航空规章按国际通行的编号分为许多部。

（八）航空公司《危险品手册》

航空公司《危险品手册》是依据国际国内有关危险品运输的相关法规编写而成的，为公司运输具有危险性的物质和物品提供有关的运输规定和操作程序，从而保证在充分安全的条件下进行危险品航空运输。

三、运输限制

一些危险品由于危险性太大，因此在任何条件下都不允许进行航空运输；一些危险品在一般情况下被禁运，但在有关国家的特殊批准下可进行航空运输；一些危险品限制只能货机运输。大多数危险品在符合一定要求的情况下，都可以在客机上安全运输。

（一）在任何情况下都禁止航空运输的危险品

在正常运输条件下，易爆炸、易发生危险性反应、易起火或易放出导致危险的热量、易散发导致危险的毒性、腐蚀性或易燃性的气体或蒸汽的任何物质，在任何情况下都禁止用航空器运输。

（二）经豁免可以运输的危险品

在极端紧急情况下，或当其他运输方式不适宜时，或完全遵守规定的要求违背公众利益时，在尽一切努力保证运输整体安全水平与 ICAO《技术细则》所规定的安全水平相当的前提条件下，有关国家可对 ICAO《技术细则》中的规定给予豁免。这里的国家是指托运货物的始发国、中转国、飞越国，以及目的地国和运营人所属国。如果飞越国没有相关豁免标准，则给予豁免完全取决于是否达到航空运输的同等安全水平。

（三）隐含危险品的航空实例举例

（1）紧急航材（airplane on ground，AOG）部件。

（2）飞机零备件 / 飞机设备：可能含有爆炸品（照明弹或其他烟幕弹）、化学氧气发生器、不能使用的轮胎组件、压缩气体（氧气、二氧化碳、氮气或灭火器）钢瓶、油漆、黏合剂、气溶胶、救生用品、急救包、设备中的燃料、湿电池或锂电池、火柴等。

客舱手电筒

由于处理危险品事件时需要仔细观察处理，因此客舱手电筒（图 8-1）是必不可少的工具。下面介绍客舱手电筒飞行前的检查标准。

（1）在位。

（2）玻璃罩清洁，光亮正常（干电池手电筒）。

（3）带电量指示灯的手电筒外壳上的灯在 10 秒以内闪亮一次，或按压电筒底座测试按钮，状态指示灯显示绿色属正常。

图 8-1 客舱手电筒

219

 任务实施

1. 背景资料

某航班检查员航前停机坪检查，抽查客舱乘务员关于危险品相关知识的掌握。

2. 实施步骤

步骤 1：地点是教室。将全班分组，每 5 人一组，小组探究。

步骤 2：教师根据背景资料提出相关问题，5 人小组讨论并书写在白板上，将每组学生的答案进行比较讲评。

步骤 3：教师现场讲评，引导学生对于危险品基础知识有更多的理解与深度思考。

任务考核

危险品基础知识考核评分表如表 8-1 所示。

表 8-1 危险品基础知识考核评分表

班级		组别		
题　目		配分	评分人	得分
危险品概述知识点		20 分	教师	
危险品识别		20 分	教师	

题　目	配分	评分人	得分
法律法规	30 分	教师	
危险品运输限制	20 分	教师	
团队协作	10 分	教师	
教师评分	合计		
评语备注			
评分人			

任务二　危险品的分类和特征

 知识点

一、危险品分类

（1）9 类 13 项。

根据危险品具有的不同类型危险性质，危险品分为 9 类，其中某些类别又进一步划分为若干项。

① 第 1 类：爆炸品。

② 第 2 类：气体。

③ 第 3 类：易燃液体。

④ 第 4 类：易燃固体、自燃物质、遇水释放易燃气体的物质。

⑤ 第 5 类：氧化剂和有机过氧化物。

⑥ 第 6 类：毒性物质和感染性物质。

⑦ 第 7 类：放射性物质。

⑧ 第 8 类：腐蚀性物质。

⑨ 第 9 类：杂项危险物质和物品（包括环境危害物质）。

（2）根据危险品具有的危险程度的不同，危险品划分为 3 个包装等级，具体如下。

① Ⅰ 级包装：危险性较大。

② Ⅱ 级包装：危险性中等。

③ Ⅲ 级包装：危险性较小。

（3）国际航空运输协会和国际民航组织对危险品标签和标记有具体要求。典型危险品标签有下列特点。

① 钻石形状。

② 上半部有危险品识别标志。

③ 等级和分类号在下角。

④ 易燃固体容易自燃。

注意

如果在客舱发现贴有危险品标签或标记的行李，应立即报告机长。

二、第 1 类：爆炸品

可装载在客机的易爆品等级限制在 1.4（图 8-2），低于 1.4 类（图 8-3）的易爆品即使发生点火或爆炸，现象也非常轻微且不影响包裹外的环境。这一类物品中，可运输的主要物品有小型雷管、小型武器的空弹药筒、小型武器的弹药子弹（用于运动或打猎）等；不可运输的主要物品有黑火药、爆炸物（甘油炸药、TNT）、催泪弹、烟花爆竹等。

图 8-2　1.4 项 S 配装组爆炸品　　　　图 8-3　爆炸品（1.1～1.6 项）

三、第 2 类：气体

2.1 项　易燃气体（图 8-4）

可运输的此类主要物品有打火机（作为货物时）、烟雾产品（化妆品、药品）等，不可运输的此类主要物品有氢气、一氧化碳、甲烷、丙烷、丁烷、液化石油气等。

2.2 项　非易燃无毒气体（图 8-5）

可运输的此类主要物品有空气（压缩的）、氧气（压缩的）、氮（压缩的）、灭火器、液化氮（非压缩的或低压）等，不可运输的此类主要物品有液态氮、氯气、液态空气、液态氧气液态氦、甲基溴化物等。

2.3 项 毒性气体（图 8-6）

此类物品除特殊物品外一律禁运。不可运输的此类主要物品有氟、氯化氢、氧化氮、硫化氢、氰、氰化氢、碳酰氯、乙硼烷等。

图 8-4　易燃气体　　　　图 8-5　非易燃无毒气体　　　　图 8-6　毒性气体

四、第 3 类：易燃液体

易燃液体的标签如图 8-7 所示，如酒精、油漆等。

可运输的此类主要物品有石油衍生物、酒精、油漆、真漆、胶黏剂、药品、打火机用燃油、航行用涡轮燃油等，不可运输的此类主要物品有丙烯醛、乙醚、丙烯腈（氰乙烯）、乙醛、火棉、硝化甘油（不少于 1% 或酒精溶液中的质量达到或超过 5%）等。

图 8-7　易燃液体

五、第 4 类：易燃固体、自燃物质、遇水释放易燃气体的物质

4.1 项　易燃固体（图 8-8）

可运输的此类主要物品有硫、镁、萘球（卫生球）、安全火柴、引火物、红磷、金属钛、金属锆、氢化钛、氢化锆、火棉、明胶（只限固体）等，不可运输的此类主要物品有黄磷、癸硼烷等。

4.2 项　自燃物质（图 8-9）

可运输的此类主要物品有铁屑、钢屑、鱼食粉、硫化钠、金属钛粉、钙（在特定条件下）等，不可运输的此类主要物品有催化剂镍等。

4.3 项　遇水释放易燃气体的物质（图 8-10）

可运输的此类主要物品有金属钡、金属钙、铝粉、石灰氮等，不可运输的此类主要物品有氢化铝、氢化钙、金属铯、金属锂等。

图 8-8　易燃固体　　　　图 8-9　自燃物质　　　　图 8-10　遇水释放易燃气体的物质

六、第 5 类：氧化剂和有机过氧化物

5.1 项　氧化剂（图 8-11）

氧化剂自身不一定可燃，但通常可放氧引起其他物质燃烧或起助燃作用。生活常用品漂白粉属于这一类。可运输的此类主要物品有硝铵、硝化钙、次氯酸钙盐（普通漂白粉）等，不可运输的此类主要物品有过氧化钾、过氧化钠、五氟化碘等。

5.2 项　有机过氧化物（图 8-12）

有机过氧化物遇热不稳定，可以放热并因而加速自身的分解。此外，它还可能具有下列一种或几种以上特性：易于爆炸分解、速燃、对碰撞和摩擦敏感、与其他物质发生危险反应、损伤眼睛等。常见的有机过氧化物如过氧化氢等。可运输的此类主要物品有过氧化戊二酮、过氧化苯酰乙酰、三丁基、过氧化氢、过氧化苯酰、过乙酸等。

图 8-11　氧化剂　　　　　图 8-12　有机过氧化物

七、第 6 类：毒性物质和感染性物质

6.1 项　毒性物质（图 8-13）

可运输的此类主要物品有亚砷酸铜、药品、杀虫剂、杀菌剂、灭鼠药、砒霜、甲酚、酚溶液等；不可运输的此类主要物品有丙酮氰氢、催泪弹、毒气弹、氯乙酰苯、硫酸二甲酯、士的宁等。

6.2 项　感染性物质（图 8-14）

ICAO《技术细则》中把感染性物质分为 A 级和 B 级：A 级感染性物质是指在运输中与之接触能对本来健康的人或动物造成永久性残疾，危及生命或致命疾病的感染性物质，B 级感染性物质是那些不符合 A 级标准的感染性物质。

图 8-13　毒性物质　　　　　图 8-14　感染性物质

可运输的此类主要物品有能传染人类或动物的物质，如棒状杆菌白喉、瘟疫杆菌、麻疹病毒、小儿麻痹病毒等。

八、第 7 类：放射性物质

按照其运输指数的不同，可以将放射性物质分为 I 级白放射性物质（图 8-15）、II 级黄放射性物质（图 8-16）和III级黄放射性物质（图 8-17）3 个等级，III级的辐射性最强。裂变物质（核武器），除适当的放射性标签外，还必须使用临界安全指数标签（图 8-18），用专机运输，如铀 233、235，钚 239 等。

图 8-15　I 级白放射性物质

图 8-16　II 级黄放射性物质

图 8-17　III级黄放射性物质

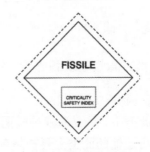

图 8-18　临界安全指数标签

可运输的此类主要物品有《药物、化妆品和医疗设备条例》中提到的药品、医疗设备中使用的物质等；不可运输的此类主要物品有除用于医疗（非损伤性检查等）的放射性同位素外的所有放射性物质，如 BM- 型、BU- 型以及可裂变的物质、核原料、核燃料中的放射性同位素等。

九、第 8 类：腐蚀性物质

腐蚀性物质的标签如图 8-19 所示，如电池酸、硫等。

可运输的此类主要物品有盐酸、乙酸、甲酸、硫酸、蓄电池、杀菌剂（含有腐蚀性物质）、烧碱等，不可运输的此类主要物品有硝酸、钾、氯化碘、王水、高氯酸等。

十、第 9 类：杂项危险物质和物品（包括环境危害物质）

杂项危险物质和物品（包括环境危害物质）的标签如图 8-20 所示，如汽车、磁铁、干冰等。

可运输的此类主要物品有干冰以及所有在 1～8 类中未列出而在通知中规定的物质等。

图 8-19 腐蚀性标签　　　　　　图 8-20 杂项危险物质和物品
　　　　　　　　　　　　　　　　　　（包括环境危害物质）

十一、危险品操作标签和标记

危险品操作标签和标记如图 8-21～图 8-31 所示。

225

图 8-21 磁性物质标签　　　　　　图 8-22 仅限货机标签

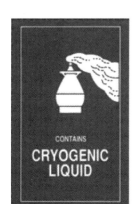

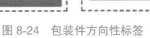

图 8-23 深冷液化气体操作标签　　　　　　图 8-24 包装件方向性标签

图 8-25　远离热源标签

图 8-26　锂电池操作标签

图 8-27　放射性物质例外数量标签

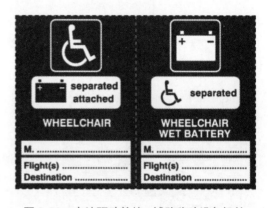

图 8-28　电池驱动轮椅 / 辅助移动设备标签

图 8-29　例外数量标记

图 8-30　限制数量标记

图 8-31　环境危害物质标签

案例与拓展

爆炸物威胁处置

（1）接听炸弹威胁电话的人员应尽量获得如下信息（包括但不限于）。

①爆炸的目标、位置。

②爆炸的时间。

③是什么样的爆炸装置。

④放置炸弹的原因以及信息来源。

⑤对方的姓名和身份。

⑥具体的联系方法。

（2）接听人员在接听电话时，应记录听到的内容，信息传递要简明、准确、及时。

（3）飞机在空中的处置。

①立即报告机长，机长迅速报告地面，并应急下降高度，进行释压，使舱内外压力等于零。

②断开与爆炸物区域无关紧要的电源，防止爆炸后起火。

③在确保飞机平衡的前提下，立即疏导旅客远离爆炸物。

④机组应对爆炸物进行初步判断，有条件时寻求有专业知识的旅客帮助协商，慎重处置。

⑤爆炸物一般不应移动，可用湿毛毯、坐垫、柔软材料等物将爆炸物覆盖包围，并准备灭火器材。

⑥如确认爆炸物必须移动，应迅速在飞机受爆炸物威胁最小位置构建 LRBL（Least Risk Bomb Location）平台（表 8-2）。

表 8-2　各机型受爆炸物威胁最小位置

机　　型	受爆炸危害程度最小位置
B777	5R 门
B737	2R 服务舱门
A350/A330/A321/A320/A319	右后客舱门

⑦如果确有把握，也可以用其他办法处理，如切断导线、电源、停止定时摆轮等。

⑧按"炸弹搜查检查单"搜查有无其他爆炸物。

⑨争取就近机场降落。

 任务实施

1. 背景资料

航前准备会带班乘务长提问客舱乘务员有关航空危险品的规定，并指导客舱乘务员配合好地面人员严格检查旅客行李的危险品标识。

2. 实施步骤

步骤 1：地点是教室。将全班分组，每 5 人一组，小组探究。

步骤 2：教师根据背景资料提出相关问题，5 人小组讨论并书写在白板上，用彩笔画出相关危险品标签和标记，将每组学生的答案进行比较讲评。

步骤 3：教师现场讲评，引导学生对于危险品分类和识别知识有更多的理解与深度思考。

 任务考核

危险品分类和特征识别考核评分表如表 8-3 所示。

表 8-3　危险品分类和特征识别考核评分表

班级		组别	
题　目	配分	评分人	得分
第 1 类：爆炸品	10 分	教师	
第 2 类：气体	10 分	教师	
第 3 类：易燃液体	10 分	教师	
第 4 类：易燃固体、自燃物质、遇水释放易燃气体的物质	10 分	教师	
第 5 类：氧化剂和有机过氧化物	10 分	教师	
第 6 类：毒性物质和感染性物质	10 分	教师	
第 7 类：放射性物质	10 分	教师	
第 8 类：腐蚀性物质	10 分	教师	
第 9 类：杂项危险物质和物品（包括环境危害物质）	10 分	教师	
危险品操作标签和标记	10 分	教师	
教师评分	合计		
评语备注			
评分人			

228

任务三　危险品应急响应程序

 知识点

一、危险品的处置

危险品的处置程序如表 8-4 所示，相应危险品的种类参见本项目任务二。

表 8-4　危险品的处置程序

分　类	属　性	泄漏时处理	失火时处理
第 1 类	爆炸品	（1）将物品置于远离火或高温处（勿阳光直射）。 （2）将物品置于不易受到碰撞、摩擦，不易跌落、翻滚的地方	（1）不能将容器移至安全区域时，在容器周围洒水。 （2）如果容器周围着火，立即灭火。但因为存在爆炸和释放有毒气体的可能，所以除负责灭火的人员外，其他人不要接近。 （3）有效的灭火剂：粉末、泡沫、喷射水

客舱应急处置教程

项目八　危险品处置

续表

分　类	属　性	泄漏时处理	失火时处理
2.1 项	易燃气体	（1）将物品置于远离火或高温处（勿阳光直射）。 （2）避免与气体接触或吸入气体，加强通风。 （3）在其周围撒上沙子使其蒸发或消失	（1）不能将容器移至安全区域时，在容器周围洒水。 （2）如果容器周围着火，立即灭火。但因为存在爆炸和释放有毒气体的可能，所以除负责灭火的人员外，其他人不要接近。 （3）有效的灭火剂：粉末、泡沫、喷射水
2.2 项	非易燃无毒气体	（1）将物品置于远离火或高温处（勿阳光直射）。 （2）避免与气体接触或吸入气体，加强通风。 （3）在其周围撒上沙子使其蒸发或消失	（1）不能将容器移至安全区域时，在容器周围洒水。 （2）如果容器周围着火，立即灭火。但因为存在爆炸和释放有毒气体的可能，所以除负责灭火的人员外，其他人不要接近。 （3）有效的灭火剂：粉末、泡沫、喷射水
2.3 项	毒性气体	（1）将物品置于远离火或高温处（勿阳光直射）。 （2）避免与气体接触或吸入气体，加强通风。 （3）在其周围撒上沙子使其蒸发	（1）如果容器周围着火，立即灭火。但因为存在爆炸和释放有毒气体的可能，所以除负责灭火的人员外，其他人不要接近。 （2）有效的灭火剂：粉末、泡沫、喷射水
第 3 类	易燃液体	（1）将物品置于远离火或高温处（勿阳光直射）。 （2）避免与气体接触或吸入气体。 （3）避免与易燃品直接接触，如有可能，将漏出的液体搜集起来	（1）不能将容器移至安全区域时，在容器周围洒水。 （2）如果容器周围着火，立即灭火，以防吸入可能产生的有毒气体。 （3）有效的灭火剂：碳酸气、粉末、泡沫、沙或喷射水
4.1 项	易燃固体	（1）严格禁火。 （2）避免与粉尘或气体接触或吸入。 （3）避免碰撞、摩擦，如有可能，将漏出的物品搜集起来	（1）不能将容器移至安全区域时，在容器周围洒水。 （2）如果容器周围着火，立即灭火，以防吸入可能产生的有毒气体。 （3）有效的灭火剂：碳酸气、粉末、泡沫、沙或喷射水
4.2 项	自燃物质	（1）严禁任何火、火花。 （2）避免接触粉末或溶液。 （3）禁止泄漏的溶液流入河流等水域，空容器留给专业人员处理。 （4）因其可自发燃烧，故要时刻监视	（1）不能将容器移至安全区域时，在容器周围洒水。 （2）容器起火时，有可能产生有毒气体，故没有必要不要接近。 （3）有效的灭火剂：碳酸气、粉末、泡沫、沙或喷射水
4.3 项	遇水释放易燃气体的物质	（1）切勿向其上倒水。 （2）严禁任何火、火花。 （3）避免接触气体、粉末或溶液。 （4）禁止泄漏的溶液流入河流等水域，空容器留给专业人员处理。 （5）因其可自发燃烧，故要时刻监视	（1）切勿向其上倒水。 （2）容器起火时，有可能产生有毒气体，故没有必要不要接近

分 类	属 性	泄漏时处理	失火时处理	
5.1项	氧化剂	（1）严格禁火。 （2）避免接触粉末或溶液。 （3）避免与易燃品接触。 （4）空容器以及其他有关事情留给专业人员处理	（1）不能将容器移至安全区域时，在容器周围洒水。 （2）容器着火，立即灭火，以防吸入可能产生的有毒气体。 （3）因为有可能爆炸，所以除非火灭，否则不要接近。 （4）有效的灭火剂：大量的水	
5.2项	有机过氧化物	（1）严格禁火。 （2）避免接触粉末或溶液。 （3）避免与易燃品接触。 （4）空容器以及其他有关事情留给专业人员处理	（1）不能将容器移至安全区域时，在容器周围洒水。 （2）容器着火，立即灭火，以防吸入可能产生的有毒气体。 （3）因为有可能爆炸，所以除非火灭，否则不要接近。 （4）有效的灭火剂：大量的水	
6.1项	毒性物质	（1）避免吸入气体、粉尘，避免接触溶液。 （2）漏出的溶液留给专业人员处理。 （3）切勿向禁水的物品上倒水。 （4）严格禁火	（1）不能将容器移至安全区域时，在容器周围洒水（切记不要向上倒水）。 （2）容器着火时，千万勿吸入可能产生的有毒气体（如无必要，请勿靠近）。 （3）有效的灭火剂：干沙、粉末和碳酸气	
6.2项	感染性物质	使人和财产远离该物质，建立一个避开区，等待专业人员处理	当容器周围着火时，将该容器移至安全区域。如不可，则向容器周围洒水	
第7类	放射性物质	**保护人类的措施** （1）避免与人体接触，如果不小心碰倒了，应用中性的清洗剂将手指、手和其他接触的部位洗干净（如果没有中性的清洗剂，用清水洗也可）。 （2）如果衣服等物品接触到放射性物质，应把它放到一个塑料袋或类似的袋子里隔离	**保护物体的措施** （1）将货物尽可能地远离放射性物质。 （2）在雨天，用塑料袋将其罩上，以防雨水渗漏。 （3）在货物周围1m范围内建立一个隔离区，用红布、红灯或红粉笔标明。 （4）使油物、未冲洗的胶片远离它	**该物质由专业人员处理** 因L-型运输物质的危险非常小，即使有些货物泄漏，也没有放射的危险。当从标签上判断飞机上装有L-型运输物质时，如出现意外，应使用已说明的紧急处置办法
第8类	腐蚀性物质	（1）请勿与人体、有机物、其他货物，尤其是化学品接触。 （2）撒上沙土来吸收它，然后将其移开，撒上中和剂，用大量的水冲洗。这时千万要戴上防毒面具和保护品，最后的处理留给专业人员	（1）近的容器起火，将容器移至安全区域，如不可能，向容器周围洒水。 （2）起火时，有可能产生有毒气体，所以要远离危险地区	
第9类	杂项危险物质和物品（包括环境危害物质）	破损处置： （1）检查飞机是否有损坏情况。 （2）通知货运部门主管人员进行调查和事件处理。 （3）通知有关主管部门	备注： 对于需要中转运输的，如包装件破损，应拍发电报通知始发站支付更换包装的全部费用，得到始发站的确认后，按照始发站的指示处理	

二、危险品响应措施

危险品响应行动图如图 8-32 所示。

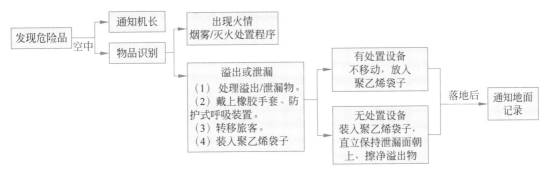

图 8-32　危险品响应行动图

（一）初步措施

1. 通知机长

机上发生危险品事故时，应当立即通知机长。

2. 物品识别

请有关旅客识别其物品，并且指出其潜在的危险性。该旅客或许能够对物品所涉及的危险性及如何处理这些危险给予一定指导。如果该旅客能够识别发生事故的危险品，客舱乘务员按照处置程序进行处置。对于客舱内只有一个乘务员的飞机，乘务员应该与机长协商，是否需要向旅客寻求帮助以处理危险品事故。

（二）发生火情

任何火灾都必须使用标准应急处理程序来处理。通常，对于溢出物或在出现烟雾时，不应使用水。因为水可能使溢出物的面积扩大或增加客舱空气中的烟雾浓度。当使用水灭火瓶时，应该考虑到水对机上电子元件的影响。

（三）溢出或泄漏

（1）提取机上所设应急处理设备，或寻找其他用来处理溢出物或泄漏物的如下物品。

① 纸巾、报纸、其他吸水性强的纸张或织物（如坐垫套、枕套、毛毯）。

② 烤箱手套或防火手套（如果有）。

③ 至少 2 个大的聚乙烯袋子。

④ 至少 3 个小一些的聚乙烯袋子，如垃圾袋、塑料袋等。

（2）戴上橡胶手套和防护式呼吸装置。在接触可疑的包装件或瓶子以前，应该时刻防护好自己的手。在防火手套或烤箱手套外面加上一层用聚乙烯材料覆盖的袋子，能够对手起到适当的保护作用。当处理伴有浓烟的火情时，应该始终戴着防护式呼吸装置。

（3）旅客转移。在充满浓烟的客舱内，不能使用便携式氧气瓶或从旅客座位上方服务面板储藏室掉落下的氧气面罩。如果烟雾扩散，客舱乘务员应该立刻采取行动，同时把旅客从发生事故的区域转移至安全区域，向旅客提供湿毛巾捂住口、鼻。

（4）把危险品放进聚乙烯袋子里。

（四）有应急处理设备时

如果肯定危险品不会产生问题，可以做出不移动危险品的决定。然而，在大多数情况下，最好将危险品移开。在移动危险品时，应当按下列建议去做。

（1）准备两个周边卷起的袋子，并且把它们放在地板上。

（2）将物品放在第一个袋子里，物品封盖或容器泄漏的部位向上。

（3）脱掉橡胶手套，将手套放进第二个袋子里，避免皮肤被污染。

（4）将袋子里多余的空气排尽后，把第一个袋子开口的一端绕上，并用袋子捆扎带将袋子扎紧，但不要扎得太紧，以使袋子的内外压力均衡。

（5）将第一个袋子放进已装着橡皮手套的第二个袋子里，并且以同样方式将袋口扎紧。

（五）无应急处理设备时

将物品放进聚乙烯袋子里，保证装有危险品的容器保持直立或容器泄漏的部位向上。在确定用于擦拭的物品不会和危险品发生反应后，可使用毛巾、报纸等把溢出物擦净。将用过的毛巾、手套和用于保护手的袋子等放在另一个聚乙烯袋子里。如果没有多余的袋子，可把毛巾、手套等与该物品放在同一个袋子里，把袋子里多余的气体排出后，将袋口扎紧，但不要封得太紧，以使袋子的内外压力均衡。

1. 存放聚乙烯袋子

（1）如果机上有食品或盛装饮料的箱子，将箱子腾空后，把装有物品的袋子放在箱子里并盖上盖。

（2）将箱子或袋子放在尽量远离驾驶舱和乘客的地方（不能放在应急出口处），并进行固定。在可能的情况下，可以使用飞机尾部的厨房或厕所，但不要使箱子或袋子紧靠增压的舱壁或机身内壁。如果使用厨房，可以将箱子或袋子放进垃圾箱内。如果使用厕所，可以将箱子或袋子放在地板上或空的垃圾箱内，并从外部将该厕所的门锁上。

（3）当移动箱子或袋子时，要保证装有危险品的容器始终直立或容器泄漏的部位朝上。

（4）按处理危险品同等方式处理受到污染的设备。

2. 地毯／地板上的溢出物处理

（1）地毯被溢出物污染，尽管被覆盖住，仍然会引起浓烈的烟雾。如果可能，应该把地毯卷起来，放进一个大聚乙烯袋子里，并放置在飞机尾部的厕所或厨房里。如果无法把地毯移去，应该尽可能地多用一些大聚乙烯袋子把地毯盖住，以减少浓烈烟雾的冒出。

（2）如果有聚乙烯袋子，可以把溅在机舱地板上或其他设备上的溢出物遮盖住；如果没有，将机上呕吐袋撕开，用袋子的塑料面或安全须知卡盖住溢出物。

（六）飞机着陆以后

飞机着陆以后，带班乘务长 / 客舱经理通知地面人员机上装载有危险品，并且告知危险品在机上的装载位置及相关情况。

（七）记录

在客舱记录本上做相应记录，填写机上紧急事件报告单并交客舱服务部门。

三、机上危险品处理措施操作对照

机上危险品处理措施操作对照如表 8-5 所示。

表 8-5　机上危险品处理措施操作对照

操作代号	固有危险	对航空器危险	对乘员危险	溢出或泄漏处理程序	灭火程序	其他
1	爆炸可能引起结构破损	起火和 / 或爆炸	操作方法字母所指出的危险	使用 100% 氧气，禁止吸烟	使用所有可用的灭火剂，使用标准灭火程序	可能突然失去增压
2	气体、非易燃，压力可能在火中产生危险	最小	操作方法字母所指出的危险	使用 100% 氧气；对于操作方法字母为 "A" "i" 或 "P" 的物品，要建立和保持最大通风量	使用所有可用的灭火剂，使用标准灭火程序	可能突然失去增压
3	易燃液体或固体	起火和 / 或爆炸	烟、烟雾和高温，以及操作方法字母所指出的危险	使用 100% 氧气；建立和保持最大通风量；禁止吸烟，尽可能最少地使用电气设备	使用所有可用的灭火剂；对于操作方法字母为 "W" 的物品，禁止使用水	可能突然失去增压
4	当暴露于空气中时，可自动燃烧或发火	起火和 / 或爆炸	烟、烟雾和高温，以及操作方法字母所指出的危险	使用 100% 氧气，建立和保持最大通风量	使用所有可用的灭火剂；对于操作方法字母为 "W" 的物品，禁止使用水	可能突然失去增压；如果操作方法字母为 "F" 或 "H"，应尽可能最少地使用电气设备
5	氧化性物质，可能引燃其他材料，可能在火的高温中爆炸	起火和 / 或爆炸、可能的腐蚀损坏	刺激眼睛、鼻子和喉咙，接触造成皮肤损伤	使用 100% 氧气，建立和保持最大通风量	使用所有可用的灭火剂；对于操作方法字母为 "W" 的物品，禁止使用水	可能突然失去增压

操作代号	固有危险	对航空器危险	对乘员危险	溢出或泄漏处理程序	灭火程序	其他
6	有毒物质*,如果吸入、摄取或被皮肤吸收,可能致命	被有毒的液体或固体污染	剧毒,后果可能会延迟发作	使用100%氧气,建立和保持最大通风量,不戴手套不可接触	使用所有可用的灭火剂;对于操作方法字母为"W"的物品,禁止使用水	可能突然失去增压;如果操作方法字母为"F"或"H",应尽可能最少地使用电气设备
7	从破损的/未防护的包装件中产生的辐射	被溢出的放射性物质污染	暴露于辐射中,并对人员造成污染	不要移动包装件,避免接触	使用所有可用的灭火剂	请一位有资格的人员接机
8	具有腐蚀性,烟雾如果被吸入或与皮肤接触可致残	可能造成腐蚀损坏	刺激眼睛、鼻子和喉咙,接触造成皮肤损伤	使用100%氧气,建立和保持最大通风量,不戴手套不可接触	使用所有可用的灭火剂;对于操作方法字母为"W"的物品,禁止使用水	可能突然失去增压;如果操作方法字母为"F"或"H",应尽可能最少地使用电气设备
9	没有一般的固有危险	操作方法字母所指出的危险	操作方法字母所指出的危险	使用100%氧气,建立和保持最大通风量	使用所有可用的灭火剂;对于操作方法字母为"Z"的物品,可以使用水(如有);对于操作方法字母为"W"的物品,禁止使用水	如果是操作方法字母为"Z"的物品,应考虑立即着陆,否则,无
10	气体、易燃,如果有任何火源,极易着火	起火和/或爆炸	烟、烟雾和高温,以及操作方法字母所指出的危险	使用100%氧气,建立和保持最大通风量,禁止吸烟,尽可能减少使用电气设备	使用所有可用的灭火剂	可能突然失去增压
11	感染性物质,如果通过黏膜或外露的伤口吸入、摄取或吸收,可能会对人或动物造成影响	被感染性物质污染	对人或动物延迟发作的感染不要接触	在受影响区域保持最低程度的再循环和通风	使用所有可用的灭火剂;对于操作方法字母为"Y"的物品,禁止使用水	请一位有资格的人员接机

234

客舱应急处置教程

续表

操作方法字母	附加危险	操作方法字母	附加危险
A	有麻醉作用	N	有害
C	有腐蚀性	P	有毒（Toxic）*（Poison）
E	有爆炸性	S	自动燃烧或发火
F	易燃	W	如果潮湿，释放有毒①或易燃气体
H	高度可燃	X	氧化性物质
i	有刺激性/催泪	Y	根据感染性物质的类别而定，有关国家主管当局可能需要对人员、动物、货物和航空器进行隔离
L	其他危险低或无		
M	有磁性	Z	航空器货舱灭火系统可能不能扑灭或抑制火情，考虑立即着陆

注：＊Toxic 与 Poison（有毒）意思相同。

 案例与拓展

北京空港航空地面服务有限公司（Beijing Aviation Ground Services Co., Ltd., BGS）接收了"大通国际运输公司"一票货物，货运单上品名为八羟基隆啉的是固体，而实际运输的是淡黄色有毒、有腐蚀性的液体草酰氯。此货在吉隆坡机场发生泄漏，造成 5 名工人中毒，飞机报废。

马航向我国民航总局投诉，并将我国 6 家公司告到法庭。2007 年 12 月，北京一些报纸和国内一些网站上刊登了北京市高院对此案进行判决的报道，北京市高院判决大连化建等赔偿 5 家境外保险公司 6506.3 万美元。

任务实施

1. 背景资料

某航班货舱接收了"大通国际运输公司"一票货物，货运单上品名为八羟基隆啉的是固体，而实际运输的是淡黄色有毒、有腐蚀性的液体草酰氯。

2. 实施步骤

步骤 1：地点是客舱模拟器。将学生分组，每 5 人一组进行情景模拟，教师扮演机长，学生分别扮演乘务长和客舱乘务员。

步骤 2：客舱机组成员根据机长下达的任务进行相应的程序操作。

步骤 3：其他学生担任旅客，观察并评分。

步骤 4：模拟训练结束后，讨论分析每位客舱机组成员的操作情况，最后教师针对学生的练习情况给予总结和评价，通过加强过程性的评估与分析，培养、引导学生对于航空运输危险品应急处置有更多的理解与深度思考。

 任务考核

危险品应急响应处置考核评分表如表 8-6 所示。

表 8-6　危险品应急响应处置考核评分表

班级				组别					
项目	评分标准	配分	评分人	得分					
				乘务长	2 号	3 号	4 号	5 号	
仪容仪表	妆面淡雅，晕色自然；头发、盘发整洁大方；服装按要求穿着整齐	10 分	学生						
			教师						
神态语言	神态自信、坚定、积极，语言短暂、大声、清楚	10 分	学生						
			教师						
旅客登机前客舱安全检查对于危险品的发现	安全检查的落实性	10 分	学生						
			教师						
	与旅客的沟通	10 分	学生						
			教师						
危险品响应	内容完整性	10 分	学生						
			教师						
	回答清晰、流畅	10 分	学生						
			教师						
及时报告	报告的内容	10 分	学生						
			教师						
	报告的途径	10 分	学生						
			教师						
团队协作	小组配合默契	20 分	学生						
			教师						
学生评分（40%）			合计						
教师评分（60%）									
评语备注									
评分人									

 项目总结

本章列举的两个案例充分体现了相关部门对危险品事件的有效调查与处罚，对这两

起案例的处理积极促进了危险品航空运输安全工作的运行，实时规范了危险品监察员的行政执法。一是响应了民航局在危险品安全航空运输领域进一步推进"三基"建设、锤炼过硬工作作风的要求，强化了局方监察员"严"字当头的行业安全监管责任意识；二是引发了辖区危险品从业主体对工作流程等严谨性的思考，促使相关单位更深入地开展了危险品自查工作，进一步规范了危险品运输活动；三是对隐藏的违规运输行为起到了有力的警示作用，敦促有关主体进一步加强了每一次危险品操作保障过程中的遵章守法安全意识。

学习笔记

一、单项选择题

1. 危险品是指在航空运输中，对健康、安全、财产或（　　　）构成危险，并在国际航空运输协会《危险品规则》的危险品表中列明和根据此规则进行分类的物品或物质。

　　A. 环境　　　　　　　　　　　　B. 人员

　　C. 大自然　　　　　　　　　　　D. 机组

2. 危险品违规行为指不构成危险品事故或事故征候，但与危险品航空运输有关，违反（　　　）部或《技术细则》的行为。

　　A. 276　　　　　　　　　　　　 B. 275

　　C. 274　　　　　　　　　　　　 D. 273

3. 第 1 类爆炸品中，不可运输的主要物品有黑火药、爆炸物〔甘油炸药、（　　　）〕、催泪弹、烟花爆竹等。

　　A. TAT　　　　　　　　　　　　 B. BAT

　　C. TNT　　　　　　　　　　　　 D. TTT

4. 2.2 项中，不可运输的此类主要物品有液态氮、（　　　）、液态空气、液态氧气、液态氦、甲基溴化物等。

　　A. 氮气　　　　　　　　　　　　B. 氯气

　　C. 氖气　　　　　　　　　　　　D. 氨气

5. 第 3 类危险品中，不可运输的物品有丙烯醛、乙醚、丙烯腈（氰乙烯）、乙醛、火棉、硝化甘油〔不少于（　　　）% 或酒精溶液中的质量达到或超过 5%〕等。

　　A. 2　　　　　　　　　　　　　 B. 1.5

　　C. 1　　　　　　　　　　　　　 D. 0.5

二、多项选择题

1. 在危险品识别中，乘务员需要注意的内容有（　　　）。

　　A. 旅客个人携带医用氧气装置（设备）严禁载运

　　B. 但作为机载设备，则豁免于上述规定

　　C. 用于保障机上服务用的干冰也豁免于上述规定

　　D. 发胶可免于上述规定

2. 航空危险品法律法规有（　　　）。

　　A. 民航公约附件 18《危险品的安全航空运输》

　　B. ICAO《技术细则》

　　C. 国际航协《危险品规则》

　　D. 其他

3. 典型危险品标签的特点有（　　　）。

　　A. 钻石形状

B. 上半部有危险品识别标志

C. 等级和分类号在下角

D. 易燃固体容易自燃

4. 隐含危险品的航空实例有（　　）。

　　A. 紧急航材部件

　　B. 飞机零备件 / 飞机设备

　　C. 压缩气体（氧气、二氧化碳、氮气或灭火器）钢瓶

　　D. 急救包

三、简答题

1. 9 类 13 项危险品各是哪些物质？

2. 简述航班危险品响应程序。

参考文献

[1] 中国民用航空局职业技能鉴定指导中心 . 民航乘务员 [M]. 北京：中国民航出版社，2020.

[2] 陈卓，兰琳 . 客舱安全管理与应急处置 [M]. 北京：清华大学出版社，2017.

[3] 薛佳秋 . 民航客舱应急 [M]. 北京：中国民航出版社 ,2016.

[4] 宫宇，邹函，李剑 . 客舱安全管理与应急处置 [M]. 北京：航空工业出版社，2019.

[5] 约翰·怀斯曼 . 怀斯曼生存手册 [M]. 张万伟，于靖蓉，译 . 哈尔滨：北方文艺出版社，2019.